见证新时代

国家文物局 编

南京出版传媒集团
南京出版社

前言

党的十八大以来，中国特色社会主义进入新时代。在以习近平同志为核心的党中央坚强领导下，党和国家事业取得举世瞩目的重大成就。新时代十年的伟大变革，在党史、新中国史、改革开放史、社会主义发展史、中华民族发展史上具有里程碑意义。

为学习贯彻党的二十大精神，全面展现新时代伟大成就，国家文物局、中央网信办、中央广播电视总台联合开展“见证新时代”主题活动，旨在遴选和展示一批具有时代价值和深远意义的实物见证，挖掘其中蕴含的思想内涵、教育意义和时代价值，以小见大，以物见史，以真人、真事、真情实感，以亲历者、见证者、讲述者身份，生动讲好新时代的故事。

该主题活动得到各行业各地方热烈响应、积极申报，所报新物件类型多样、内涵丰富。我们认真遴选了部分代表性新物件成书出版，有反映党员干部群众情怀和担当、牺牲与奉献的勋章、奖章；有体现集中力量实施脱贫攻坚战的实物、图表；有展现我国科技水平和制造能力跃升的自主研发关键产品实物、模型；有坚持人民至上、生命至上的抗击新冠肺炎疫情文物、实物；有体现“绿水青山就是金山银山”发展理念的生动实践；有彰显“一带一路”国际影响力的中国智慧、中国方案、中国力量……一件件实物、一幅幅图片，生动描绘了新时代的十年，我们党和国家事业取得的历史性成就、发生的历史性变革。

日月开新元，万象启新篇。今日之中国，江山壮丽、人民豪迈、前程远大，全国人民自信自强地站立于全面建设社会主义现代化国家、全面推进中华民族伟大复兴的新起点、新征程。全国文物工作者将不忘初心、牢记使命，守正创新、踔厉奋发，坚定历史自信，增强历史主动，用心用情用力保护好、管理好、运用好革命文物，统筹推进新时代革命文物工作高质量发展，让新时代革命文物绽放新光彩、作出新贡献！

目录

第十九届
中共中央政治局常委集体
重温入党誓词时的
党旗

在中共一大纪念馆宣誓大厅的西面墙上，悬挂着一面鲜红的巨幅党旗，旗长288厘米，宽192厘米。这不是一面普通的旗子，它是中国共产党第十九次全国代表大会后，习近平同志率领新一届中共中央政治局常委重温入党誓词时的党旗。这次宣誓活动是十九大后中国共产党新的最高决策层的第一次集体活动，也是共和国历史上全体中共中央政治局常委第一次在上海郑重亮相。

见证新时代

这面珍贵的党旗是新时代以习近平同志为核心的党中央领导集体坚定政治信念、不忘初心、牢记使命的重要见证。

2017年10月31日习近平率第十九届中共中央政治局常委重温入党誓词时的党旗

2017年10月，党的十九大闭幕仅一周，中共中央总书记、国家主席、中央军委主席习近平带领中共中央政治局常委李克强、栗战书、汪洋、王沪宁、赵乐际、韩正，于31日专程从北京前往上海和浙江嘉兴，瞻仰上海中共一大会址和浙江嘉兴南湖红船，回顾建党历史，重温入党誓词，宣示新一届党中央领导集体的坚定政治信念。

31日上午，秋高气爽，碧空如洗，习近平总书记等一下飞机，就径直来到位于上海市兴业路76号的中共一大会址。这是一幢典型的石库门建筑，建于1920年秋天，地处上海法租界望志路106号，也就是现在的黄浦区兴业路76号。当年，这里是一大代表李汉俊和他的哥哥李书城的寓所，会址就在他们家的餐厅。

瞻仰会址时，习近平总书记的车本来可以停到兴业路76号一大会址门口，但总书记和政治局常委们在黄陂南路、兴业路路口即下车，步行来到会址，小小细节足见总书记对中国共产党诞生地充满崇敬之情。早在2007年，习近平总书记在上海工作的半年多时间里，就曾3次来到这里。

习近平总书记首先瞻仰了中共一大会议室原址。这个18平方米的房间按照当年会议场景复原布置。总书记动情地说，毛泽东同志称这里是中国共产党的“产房”，这个比喻很形象，我看这里也是我们中国共产党人的精神家园。

随后，习近平总书记等瞻仰了中共一大代表群像浮雕，

参观了“伟大开端——中国共产党创建历史陈列”。总书记对党史非常熟悉，在参观过程中不时抛出一些“专业级”的问题。他对着浮雕一一列数中共一大13名代表的姓名，感叹英雄辈出，也感叹大浪淘沙。总书记指出，建党时的每件文物都十分珍贵、每个情景都耐人寻味，我们要经常回忆、深入思索，从中解读我们党的初心。在观看尾厅“追梦”的视频短片时，总书记说，这个视频做得很好，我们党的全部历史都是从中共一大开启的，我们走得再远都不能忘记来时的路。

在纪念馆的宣誓大厅里，习近平总书记带领其他常委同志面对党旗，一道举起右拳、庄严宣誓，铿锵有力的宣誓声响彻大厅。那一刻，总书记的眼里闪动着泪光。现场所有人都深受感染，仿佛回到了那个风雨如磐的年代。总书记强调，入党誓词字数不多，记住并不难，难的是终身坚守。每个党员要牢记入党誓词，经常加以对照，坚定不移，终生不渝。

旗帜引领前进方向，旗帜凝聚奋斗力量。从硝烟弥漫、艰苦卓绝的革命战争年代，到一穷二白、筚路蓝缕的建设岁月，从波澜壮阔、惊涛拍岸的改革时代，再到攻坚克难、砥砺前行的新时代，鲜艳的党旗始终高高飘扬。中共一大纪念馆里这面珍贵的党旗是新时代以习近平同志为核心的党中央领导集体坚定政治信念、不忘初心、牢记使命的重要见证，成为激励人们不畏艰难、不怕牺牲，为实现中华民族伟大复兴的中国梦而不懈奋斗的力量源泉。

国家级
红色荣誉勋章

在中国共产党历史展览馆的展厅里，展出了“八一勋章”“国家荣誉称号奖章”“共和国勋章”“友谊勋章”“七一勋章”等。这些最美、最耀眼的红色勋章，吸引了无数参观者。

崇尚英雄才会产生英雄，争做英雄才能英雄辈出。党的十八大以来，习近平总书记多次对党和国家功勋荣誉表彰工作作出重要指示，强调要充分发挥党和国家功勋荣誉表彰的精神引领、典型示范作用，推动全社会形成见贤思齐、崇尚崇尚英雄才会产生英雄，争做英雄才能英雄辈出。红色勋章，至高荣誉，激励我们传承红色基因、汲取前进力量，共同谱写新时代壮丽凯歌！

七一勋章

八一勋章

友谊勋章

共和国勋章

国家荣誉称号奖章

英雄、争做先锋的良好氛围。2015 年 12 月，中共中央印发了《关于建立健全党和国家功勋荣誉表彰制度的意见》，对党和国家功勋荣誉表彰制度进行整体设计；当月，全国人大常委会颁布《中华人民共和国国家勋章和国家荣誉称号法》。2016 年 4 月，党中央决定成立党和国家功勋荣誉表彰工作委员会，负责统筹协调党和国家功勋荣誉表彰工作。2017 年 7 月，《中国共产党党内功勋荣誉表彰条例》《国家功勋荣誉表彰条例》《军队功勋荣誉表彰条例》《“共和国勋章”和国家荣誉称号授予办法》《“七一勋章”授予办法》《“八一勋章”授予办法》《“友谊勋章”授予办法》经党中央批准实施，我国建立了党、国家、军队功勋簿。这标志着以“五章一簿”为主干的统一、规范、权威的中国特色功勋荣誉表彰制度体系已经确立。

“八一勋章”是由中央军委决定、中央军委主席签发证书并颁授的军队最高荣誉，授予在维护国家主权、安全、发展利益，推进国防和军队现代化建设中建立卓越功勋的军队人员。

“共和国勋章”“国家荣誉称号”“友谊勋章”是由全国人大常委会决定、国家主席签发证书并颁授的勋章。

“共和国勋章”和“国家荣誉称号”是国家最高荣誉。“共和国勋章”授予在中国特色社会主义建设和保卫国家中作出巨大贡献、建立卓越功勋的杰出人士。

“国家荣誉称号”授予在经济、社会、国防、外交、教育、科技、文化、卫生、体育等各领域各行业作出重大贡献、享有崇高声誉的杰出人士。

“友谊勋章”是中国国家对外最高荣誉勋章，授予在中国社会主义现代化建设和促进中外交流合作、维护世界和平中作出杰出贡献的外国人。

2019 年 9 月 29 日，为庆祝中华人民共和国成立 70 周年，授予于敏等 8 人“共和国勋章”，授予叶培建等 28 人“国家荣誉称号”。2020 年 9 月 8 日，在全国抗击新冠肺炎疫情表彰大会上，授予钟南山“共和国勋章”，授予张伯礼等 3 人“人民英雄”国家荣誉称号。“友谊勋章”自设立以来共有 9 位国际友人获得。

“七一勋章”是由中共中央决定、中共中央总书记签发证书并颁授的党内最高荣誉。授予在中国特色社会主义伟大事业和党的建设新的伟大工程中作出杰出贡献的党员。2021年6月29日，中共中央首次颁授“七一勋章”，授予马毛姐等29名同志“七一勋章”。

为记载上述功勋荣誉获得者及其功绩，还专门设计了党、国家、军队功勋簿。

以“五章一簿”为主干的统一、规范、权威的党和国家功勋荣誉表彰制度体系的确立是完善和发展中国特色社会主义制度、推进国家治理体系和治理能力现代化的必然要求，是培育和弘扬社会主义核心价值观、增强中国特色社会主义事业凝聚力和感召力的重要手段。红色勋章，至高荣誉，激励我们传承红色基因、汲取前进力量，共同谱写新时代壮丽凯歌！

七一勋章

“七一勋章”是中国共产党党内最高荣誉，以朴素、庄重为主要设计理念，以红色、金色、白色为主色调，使用冷压成型、花丝镶嵌、彩丝织锦等工艺制作。章体采用党徽、五角星、旗帜、丰碑与光芒、向日葵、大山大河、如意祥云等元素。党徽体现了党的领导核心地位，五角星象征共产主义崇高理想与薪火相传，丰碑与光芒寓意党的辉煌历程与丰功伟绩，向日葵象征全党全国各族人民紧密团结在党中央周围，大山大河体现党员的理想和追求，如意祥云寓意祖国繁

见证新时代

在中国共产党成立100周年之际，以中共中央名义首次颁授『七一勋章』，表彰全国优秀共产党员、全国优秀党务工作者和全国先进基层党组织。

七一勋章

荣昌盛、和谐发展，旗帜寓意在党的领导下，勋章获得者一心向党，全心全意为人民服务，不忘初心、牢记使命、砥砺前行，为实现革命理想而永远奋斗。

2021年2月，中共中央办公厅印发《关于做好“七一勋章”提名和全国“两优一先”推荐工作的通知》，在中国共产党成立100周年之际，以中共中央名义首次颁授“七一勋章”，表彰全国优秀共产党员、全国优秀党务工作者和全国先进基层党组织。

2021年6月29日10时，“七一勋章”颁授仪式在人民大会堂举行，在雄壮的《忠诚赞歌》乐曲声中，中共中央总书记、国家主席、中央军委主席习近平为崔道植等29名“七一勋章”获得者颁授勋章并发表重要讲话。习近平总书记指出，“在他们身上，生动体现了中国共产党人坚定信念、践行宗旨、拼搏奉献、廉洁奉公的高尚品质和崇高精神”，“他们的事迹可学可做，他们的精神可追可及”。

“文物保护杰出贡献者”奖章和证书

在 2019 年 9 月 29 日的中华人民共和国国家勋章和国家荣誉称号颁授仪式上，习近平总书记向“文物保护杰出贡献者”樊锦诗颁授了国家荣誉称号奖章和证书，以表彰她为中国文物事业作出的重大贡献。

现年 84 岁高龄的樊锦诗，出生在北京，成长在上海，是著名的敦煌学家、石窟考古专家、文化遗产保护管理专家。1963 年从北京大学历史系考古专业毕业后她被分配到大漠深处的敦煌文物研究所工作至今，历任敦煌文物研究所副所长，敦煌研究院副院长、常务副院长、院长，现任敦煌研究院名誉院长，研究馆员。她长期从事石窟考古、保护与管理等方从青丝到白发，樊锦诗择一事终一生，把自己的青春和热血全部奉献给了崇高的敦煌文物事业。

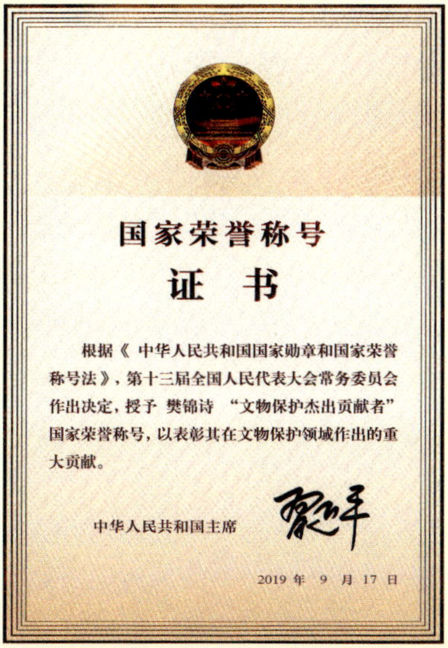

国家荣誉称号

证　书

根据《 中华人民共和国国家勋章和国家荣誉称号法》，第十三届全国人民代表大会常务委员会作出决定，授予 樊锦诗 “文物保护杰出贡献者”国家荣誉称号，以表彰其在文物保护领域作出的重大贡献。

中华人民共和国主席

2019 年 9 月 17 日

『文物保护杰出贡献者』国家荣誉称号证书

『文物保护杰出贡献者』国家荣誉称号奖章

面的研究工作，为敦煌石窟的保护、研究、弘扬事业奉献了一生的心血和精力，极大地提高了敦煌石窟科学保护和管理的现代化水平，被赞誉为“敦煌的女儿”。

初到敦煌的樊锦诗和同事们一起住土屋、睡土炕、喝咸水、吃杂粮。极端匮乏的物质生活没有消磨他们工作的热情，艰苦恶劣的自然环境反而激发了他们昂扬的斗志。为了敦煌文物事业，她舍小家顾大家，长期与丈夫两地分居，和孩子聚少离多。她曾动情地说：“敦煌已经成为我生命中不可分割的一部分，能为敦煌做事，我无怨无悔！”

樊锦诗坚持改革创新，带领团队致力于世界文化遗产保护传承。在文博系统首开国际交流合作先河，使莫高窟的保护、研究、弘扬和管理逐步与国际接轨，提升了莫高窟保护管理的科学水平，扩大了敦煌研究院在国内外的影响。她率先开展文物保护专项法规和保护规划建设，促成了《甘肃敦煌莫高窟保护条例》的颁布和《敦煌莫高窟保护管理总体规划（2006—2025）》的编制，使莫高窟的保护、研究、弘扬和管理纳入法制化和规范化的轨道。

樊锦诗首次提出利用数字技术使莫高窟“容颜永驻”的大胆构想。倡导建设数字敦煌档案，主导研发石窟文物数字化成套关键技术，制定文物数字化保护标准体系。先后上线的中英文版本的“数字敦煌资源库”，实现了敦煌石窟艺术经典高清图像的全球共享。她在国内最早开展游客承载量研究，建成莫高窟数字展示中心，实行“总量控制、网上预约、数字展示、实地看窟”的莫高窟旅游开放新模式，既减轻了莫高窟的开放压力，又丰富了游客的参观体验，达到了文物保护和开放利用的双赢。

除了承担繁忙的行政管理工作，樊锦诗还坚持进行专业研究，完成了敦煌莫高窟北朝至唐代洞窟的分期断代，揭示了各时期洞窟发展演变的规律和时代特征，为敦煌石窟的各项研究奠定了坚实的基础。她先后承担国家及省部级研究课题 10 余项，主持国际合作项目 10 余项，出版专著 13 部，发表学术论文 120 多篇，编制国家和行业技术标准 3 部。她 40 年磨一剑，主持编写的多卷本记录性考古报告《敦煌石窟全集》中的第一卷《莫高窟第 266 ~ 275 窟考古报告》为其他石窟寺遗址考古报告的撰写提供了借鉴。

从青丝到白发，樊锦诗择一事终一生，把自己的青春和热血全部奉献给了崇高的敦煌文物事业。先后被国家授予“文物保护杰出贡献者”国家荣誉称号、“改革先锋”称号和“最美奋斗者”称号。樊锦诗和她的同事们还被中宣部授予文物保护利用群体“时代楷模”称号。这些奖章和荣誉也将激励莫高窟守护人继续发扬“坚守大漠，甘于奉献，勇于担当，开拓进取”的莫高精神，向着习近平总书记提出的努力把敦煌研究院建设成为世界文化遗产保护的典范和敦煌学研究的高地的目标携手奋进。

· 供稿 · 敦煌研究院

小康宝鼎

2021 年 7 月 1 日，习近平总书记在庆祝中国共产党成立 100 周年大会上向全世界庄严宣告：“经过全党全国各族人民持续奋斗，我们实现了第一个百年奋斗目标，在中华大地上全面建成了小康社会，历史性地解决了绝对贫困问题，正在意气风发向着全面建成社会主义现代化强国的第二个百年奋斗目标迈进。”

在中国共产党历史展览馆的展厅中，矗立着一座小康宝鼎，用以纪念这一具有里程碑意义的历史时刻。小康宝鼎通高 3221 毫米，由鼎身、鼎禁和底座组成，其中鼎身和鼎禁为青铜铸造，其余部分材质为汉白玉。鼎身高 2021 毫米，底座（含鼎禁）高 100 厘米，象征着 2021 年建党百年之际全面建成小康社会。鼎身饰有小康图案，底座刻有文字：“以民为本，吾党所向，民族复兴，百年担当，摆脱贫困，全面小康，惠

见证新时代

『我们党是全心全意为人民服务的党，党的一切工作就是要为老百姓排忧解难谋幸福。全面小康路上一个不能少，脱贫致富一个不能落下。』

小康宝鼎

此中华，以利四方。”庄严厚重的器物和大气磅礴的语句相得益彰，深深震撼着每一位在此驻足的观众。

“小康”是中华民族的千年梦想，在古代中国两千多年的历史中，总是乱世多、盛世少。近代之后，中国逐步沦为半殖民地半封建社会，在兵连祸结、民不聊生的环境中，“小康”之梦更是遥不可及。中国共产党自成立以来，就把为中国人民谋幸福、为中华民族谋复兴确立为自己的初心使命。党团结带领人民，取得新民主主义革命胜利，建立中华人民共和国，完成社会主义革命，确立社会主义基本制度，推进社会主义建设，为小康社会建设奠定了根本政治前提和制度基础，积累了重要物质基础，提供了强大精神支撑和安全保证。

1979 年 12 月 6 日，邓小平在会见日本首相大平正芳时，第一次以“小康”概念阐述中国的现代化目标。1982 年，党的十二大将 20 世纪末“人民的物质文化生活可以达到小康水平”作为经济建设的奋斗目标。2002 年，党的十六大提出了全面建设小康社会的目标。到了 2010 年，经过 30 余年的奋斗，国家经济实力和综合国力显著增强，人民群众物质文化生活得到根本性改善。在此基础上，2012 年召开的党的十八大明确指出，要在中国共产党成立 100 年时全面建成小康社会。彼时，摆在我国面前的还有 9899 万的农村贫困人口。

针对这一情况，习近平总书记明确指出：“我们党是全心全意为人民服务的党，党的一切工作就是要为老百姓排忧解难谋幸福。全面小康路上一个不能少，脱贫致富一个不能落下。”

党的十八大以来，习近平总书记将脱贫攻坚摆在治国理政的突出位置，多次深入贫困地区调查研究，了解真扶贫、扶真贫、脱真贫的实际情况，走遍了14个集中连片特困地区。在深入广泛开展调查研究的基础上，习近平总书记围绕打赢脱贫攻坚战进行了深邃的理论思考和战略构思，多次对脱贫攻坚工作作出重要指示，要求做到扶贫对象精准、措施到户精准、项目安排精准、资金使用精准、因村派人（第一书记）精准、脱贫成效精准。中西部22个省份党政主要负责同志向中央签署《脱贫攻坚责任书》，脱贫攻坚工作成为十八大以来唯一的由党政一把手向中央立“军令状”的工作。到2020年底，中国如期完成脱贫攻坚目标任务，现行标准下9899万农村贫困人口全部脱贫，十四亿多人民携手共同走向更加美好的明天。

全面建成小康社会，实现了中国现代化建设的阶段性目标，中华民族伟大复兴迈出了关键一步。今天，我们已经踏上为实现第二个百年目标而奋斗的新征程。到21世纪中叶，中国将建成富强民主文明和谐美丽的社会主义现代化强国，到那时，中国人民将享有更加幸福安康的生活。站在新的历史起点上，面对更加艰巨的历史任务，中国共产党将团结带领人民为实现国家富强、民族振兴、人民幸福而接续奋斗，在新时代新征程上赢得更加伟大的胜利和荣光！

中俄国界
第一次联检界桩

中俄国界全长 4300 多千米。两国自 20 世纪 90 年代起至 2008 年全线划定并实地勘定国界线，彻底解决了历史遗留的边界问题。根据《中俄国界管理制度协定》，两国每隔 10 年应开展一次国界联合检查。经批准，我国于 2011 年至 2019 年历时 8 年与俄方共同完成中俄国界第一次联合检查。中俄国界联检的顺利完成维护了两国国界线的清晰稳定，有利于

见证新时代

中俄国界联检的顺利完成有利于增进两国边境地区的安全互信，有利于两国边境地区的长治久安和繁荣发展。

满洲里中俄国界 41 号界桩

增进两国边境地区的安全互信，有利于两国边境地区的长治久安和繁荣发展。中俄两国政府为此专门发表联合声明，高度评价国界联检工作对巩固两国关系作出的积极贡献。

此次联检共测定1410颗界桩位置，新竖界桩222颗，移位和原位重竖界桩81颗，测制1 ：5万大比例尺地图182幅，全面反映两国边界地区的新变化。根据联检成果，双方签署联检议定书及其附图，以国际条约形式再次确认了两国国界。

中俄国界41号界桩为此次联检期间原位重新竖立。该界桩最早于1993年8月中俄勘界期间竖立，位于满洲里铁路口岸国门西侧。2014年7月中俄国界联检期间，该界桩原位重竖并更换为大型界桩。界桩桩体高1.8米，正面为中文、背面为俄文，矗立于满洲里国门景区内，庄严肃穆，备受游客欢迎，有助于民众了解我国陆地国界、提升国家版图意识、激发爱国主义精神。

《领事认证办法》

人员跨国流动需要办理“签证”，文书跨国使用同样需要办理“签证”。为了使一国出具的文书能在另一国境内得以承认，不会因为怀疑文书上的印鉴、签名的真实性而影响其域外的法律效力，需要对涉外文书颁发“签证”，即领事认证。

领事认证是指领事认证机构根据自然人、法人或其他组织的申请，对国内涉外公证书、其他证明文书或国外有关文书上的最后一个印鉴、签名的真实性予以确认的活动，分为国内文书的领事认证和国外文书的领事认证。

《领事认证办法》是领事工作坚持外交为民理念、践行以人民为中心发展思想的具体体现。

关于公布《领事认证办法》的外交部令

中华人民共和国外交部令

第 2 号

《领事认证办法》已于2015年11月6日经国务院批准，现予公布，自2016年3月1日起施行。

部　长　王毅

2015年11月19日

《领事认证办法》

领事认证办法

第一章　总　则

第一条　为了规范领事认证工作，维护领事认证公信力，促进对外交往，保障自然人、法人或者其他组织的合法权益，制定本办法。

第二条　本办法适用于国内出具的需送往国外使用的文书和国外出具的需送至国内使用的文书的领事认证。

第三条　本办法所称领事认证，是指领事认证机构根据自然人、法人或者其他组织的申请，对国内涉外公证书、其他证明文书或者国外有关文书上的最后一个印鉴、签名的真实性予以确认的活动。

前款所称领事认证机构，是指依照本办法办理领事认证的机构，包括外交部、外交部委托的地方人民政府外事部门（以下称地方外办）和驻外使馆、领馆以及外交部委托的其他驻外机构。

领事认证机构委托代办接件、录入、咨询等服务性事务的单位，应当在委托范围内从事相关活动。

第四条　领事认证机构办理领事认证，应当遵守法律，坚持客观、真实的原则，不得损害国家利益和社会公共利益。

第五条　外交部负责国家领事认证工作。

第六条　领事认证分为国内文书的领事认证和国外文书的领事认证。

外交部和地方外办负责办理国内文书的领事认证。

驻外使馆、领馆以及外交部委托的其他驻外机构负责办理国外文书的领事认证。

第七条　领事认证人员包括领事认证签署人员和领事认证协助人员。

领事认证签署人员负责审核、签署工作。

领事认证协助人员负责受理、制证、收费等事务性工作。

第八条　外交部和驻外使馆、领馆以及外交部委托的其他驻外机构的领事认证签署人员应当为随员及以上外交职务或者领事随员及以上领事职务。

地方外办的领事认证签署人员应当为主任科员及以上职务。

领事认证签署人员应当具有 3 年以上外交或者外事工作经历，具备领事认证签署工作所需的专业知识和能力，并参加外交部组织的相应培训。

驻外使馆、领馆以及外交部委托的其他驻外机构和地方外办的领事认证签署人员应当报外交部备案，特殊情况应当报外交部批准。

第九条　领事认证人员不得实施下列行为：

（一）为本人及其近亲属办理领事认证或者办理与本人及其近亲属有利害关系的领事认证；

（二）未按规定程序出具领事认证书；

举例来说，公民出国自驾需要使用的驾照，企业跨境开展经贸合作需要提供的营业执照、财务状况证明等文件，通常需要在国内办好公证认证。反之，国外出生的中国籍儿童回国办理户籍手续需要的出生证、中国公民在国外结婚领取的婚姻证明回国使用则需要在当地办妥公证和认证手续。

领事认证并非新鲜事物。早在中华人民共和国成立之初，就有所谓“货单签证”“文件签证”，这些都是中国驻外使领馆办理领事认证的形式。1955 年 1 月，外交部成立领事司，开始对包括领事认证在内的国内外领事工作进行管理。当年 10 月，外交部向中国驻外使领馆通发《领事认证暂行办法》。此后，我国以《维也纳领事关系公约》《民事诉讼法》《收养法》《公证法》等其他相关法律法规为依据，开展领事认证实践。

党的十八大以来，随着中外人员交往及经贸往来规模的不断扩大，文书跨国流转日益频繁，领事认证数量逐年上升，涉及当事人重大人身、财产权益的认证申请文书明显增多，领事认证促进对外交往，保障公民、法人和其他组织合法权益的作用更加凸显。

为填补领事认证立法空白，依法开展领事认证工作，经国务院批准，外交部部长王毅于2015年11月19日签署第2号外交部令，公布《领事认证办法》，2016年3月1日正式施行。《领事认证办法》首次以部门规章的形式明确了领事认证的定义、领事认证机构和人员、领事认证程序、领事认证的审核标准、领事认证的效力以及异议处理程序等内容，使领事认证工作更透明、领事认证服务更高效、文书公信力更有保障、文书跨国流转更顺畅。

《领事认证办法》是我国第一部关于领事认证工作的涉外部门规章，该办法规范我国领事认证工作，维护领事认证公信力，协调推进国内治理和国外治理的衔接，是领事工作法治化进程的重要里程碑之一。

《领事认证办法》是领事工作坚持外交为民理念、践行以人民为中心发展思想的具体体现。它的出台与实施，使我国涉外文书跨国流转的服务管理水平有了质的飞跃，有力促进了中外人员和经贸往来，同时我国企业和公民海外合法权益也得到更好维护。

“同心共筑中国梦”十字绣匾

民族文化宫博物馆收藏有一件“同心共筑中国梦”十字绣匾。绣匾长 152 厘米、宽 80 厘米，画芯棉质，画框木质，以“同心共筑中国梦”为主题，使用十字绣的刺绣技法创作而成。整幅作品以红色为基调，由远及近分别为雄伟的天安门、迎风招展的五星红旗、庄严的华表和威武的雄狮。作品正中是“同心共筑中国梦”7 个大字，上方是金色的党徽、振羽奋飞的和平鸽和绽放的烟花。绣匾反映了新疆各族人民对美好生活的向往，体现了新疆各族人民在党中央领导下，团结和谐、齐心协力共筑中国梦的信心和决心。

见证新时代

绣娘们用手中的一针一线绣出了祖国的大好河山，绣出了各族人民热爱党、热爱伟大祖国，珍视民族团结的真情实感。

绣匾局部

绣匾的作者哈那依先·艾尼瓦尔和米热古丽·艾尼瓦尔是来自新疆维吾尔自治区库车县乌尊镇玉奇喀拉二村的一对“80后”维吾尔族姐妹。2015年9月30日下午，中共中央总书记、国家主席、中央军委主席习近平在人民大会堂亲切会见了5个自治区的13名基层民族团结优秀代表，其中就有艾尼瓦尔姐妹。她们拉着总书记的手，激动地描述着近些年家乡翻天覆地的变化。

艾尼瓦尔姐妹有感于党的好政策给家乡带来的巨大变化，就用一针一线来表达自己的感恩之情。1米多长的绣匾，姐妹俩手工绣制了2个多月，她们为什么要绣这幅绣匾，背后又有怎样的故事呢?

“我们没什么别的本事，就用这个小小的刺绣技术，表达自己的真心真意。”哈那依先·艾尼瓦尔说。

姐妹俩之所以有一手刺绣的好手艺，主要得益于当地政府组织开展的职业技能培训。从浙江宁波远道而来的援疆老师手把手地教会村里的妇女们用针线创造美好的生活。原来只会家务农活的她们，通过学习，又掌握了一门技艺，手艺越练越精，收入越来越高，日子也越过越红火。所以，姐妹俩便萌生了一个想法，希望通过自己的刺绣作品向北京传递内心的感恩之情。想法一出，得到了全村人的支持。在2个多月的创作时间里，大家为了让她们安心做刺绣，特别照顾她们，这一针一线不仅凝结着姐妹俩的精巧技艺，更倾注了全村老少的一片深情。

如今，在政府的关心支持下，艾尼瓦尔姐妹俩成立了刺绣农民专业合作社，成为爱党、爱国、爱边疆的积极分子，成为民族团结、脱贫致富的模范。绣娘们用手中的一针一线绣出了祖国的大好河山，绣出了幸福美好的生活，更绣出了各族人民热爱党、热爱伟大祖国，珍视民族团结的真情实感。

在我国脱贫攻坚好政策的贯彻落实下，像艾尼瓦尔姐妹俩一样，依靠自己的双手脱贫致富奔小康的人还有很多。“中华民族一家亲，同心共筑中国梦”的伟大愿景，就蕴含在每一个劳动者的手中，蕴含在各族人民的心坎里。

中国人民警察警礼服

为深入推进公安队伍革命化、正规化、专业化、职业化建设，更好展现新时代中国人民警察的良好形象，公安部组织有关部门、多家专业设计单位和知名行业专家，在深入调研论证基础上，设计了警礼服。2019 年 2 月，经习近平总书记等中央领导同志批准，特勤局民警、驻外警务联络官先后试穿警礼服，受到中外嘉宾的一致赞誉。2020 年 8 月，中央批准参加人民警察授旗仪式的人民警察统一着警礼服，警礼服也首次在公众视野中亮相，得到参加活动的代表与全国公安民警的广泛好评。经党中央、国务院批准，自 2021 年 1 月 13 日起，在“99”式警服体系中增列警礼服，列装范围为全体人民警察。

见证新时代

为更好展现新时代中国人民警察的良好形象，公安部在深入调研论证基础上，设计了中国人民警察警礼服。

中国人民警察警礼服

· 供稿 · 公安部办公厅

“全国模范退役军人”奖章

“全国模范退役军人”奖章，是中共中央组织部、人力资源和社会保障部、退役军人事务部、中央军委政治工作部等军地部门，联合开展“全国模范退役军人”表彰时，颁发给受表彰个人的奖章，象征着退役军人的至高荣誉。“全国模范退役军人”表彰项目，是经党中央、国务院批准设立的，旨在褒奖为新时代中国特色社会主义事业建设做出积极贡献的优秀退役军人。

见证新时代

这枚沉甸甸的『全国模范退役军人』奖章，是党和人民对他们的褒奖，镌刻着光荣与荣耀，激励引领着更多退役军人见贤思齐、再建新功、再创辉煌！

『全国模范退役军人』奖章

该奖章的设计元素包含交汇心形、光芒、军徽、花瓣、利剑、飘带、中心圆形网格，这些元素分别代表了不同的寓意及时代价值：

交汇心形——寓意着退役军人服役时勠力强军兴军、退役后倾心奉献社会的满腔赤诚；

光芒——寓意着退役军人为党、国家和人民牺牲奉献的精神风范和价值导向；

军徽——象征着退役军人不忘军人本色、永葆优良作风的基因；

花瓣——寓意着荣誉，即退役军人曾为国光荣服役，同时寓意退役后在地方再次花开、再创辉煌；

利剑——寓意退役军人保持军人优良品格的决心和毅力；

飘带——寓意退役军人的发展和未来；

中心圆形网格——寓意退役军人服从组织安排、顾全大局，全身心投入改革开放和新时代中国特色社会主义事业。

2019 年 7 月 26 日，全国退役军人工作会议在北京召开，401 名全国模范退役军人受到表彰，中共中央总书记、国家主席、中央军委主席习近平会见了出席会议的代表。以老英雄张富清为代表的部分全国模范退役军人，正是佩戴着这枚奖章，接受了总书记的亲切接见，同时这也是该奖章的首次颁发。

小物件，大寓意。在雪域高原的边防线上，在乡村振兴的田野里，在义务支教的课堂上，在志愿服务的队伍里……活跃着一大批像老英雄张富清一样，永葆本色、甘于奉献的模范退役军人。这枚沉甸甸的“全国模范退役军人”奖章，是党和人民对他们的褒奖，镌刻着光荣与荣耀，激励引领着更多退役军人见贤思齐、再建新功、再创辉煌！

残疾军人证

残疾军人证是军人保家卫国做出牺牲奉献的重要印证。证书承载着党和国家以及全社会对残疾军人的关心优待，记录了持证人服役期间的无悔付出和感人故事。

见证新时代

残疾军人证承载着党和国家以及全社会对残疾军人的关心优待，记录了持证人服役期间的无悔付出和感人故事。

中华人民共和国残疾军人证

北京市海淀区退役军人事务部门组织志愿者为高龄退役军人拍照，换发新版残疾军人证

“这是咱们政府部门给我新换发的残疾军人证，这是军人的荣誉，我一定要收藏好。”李文章每每拿出此证，光荣之情溢于言表。李文章1976年底参军入伍，1979年参加对越自卫反击战，战斗中被子弹打伤，荣立战时三等功，服役期间还先后受连奖9次，营奖3次，团奖1次。

李文章退伍回乡后深藏功名30多年，从未向组织和任何人提起过自己的负伤和立功经历。基层退役军人事务部门优抚工作人员在走访访谈中，发现了他曾作战致残的情况。李文章起初想着不要为国家增加负担，优抚工作人员向他介绍残疾军人证是军人付出的一个印证，服务保障好残疾军人，是国家和全社会共同关心的重要工作。听工作人员介绍后，李文章欣然同意办理残疾军人证书。县级退役军人事务部门经向上级申请，很快为李文章办理了残疾军人证。

虽然落下身体上的残疾，但李文章在退役后处处发挥正能量，用实际行动发挥着一名退伍老兵的光和热。在退役军人战友们的思想政治学习、助力美丽乡村建设、推进基层党建等方面，他都做了大量工作。李文章家乡在李庄村，这个村还有一个广为人知的名字——群英庄。新中国成立前，在争取民族独立、人民解放的斗争中，该村先后有14位青年为国捐躯，被评为烈士。为弘扬英烈精神，李文章牵头捐款，多方筹资重修“群英纪念馆”，筹建期间投入了全部时间和精力，建成后又义务承担起管护工作，守护着十四烈士英灵。他还积极组织红色宣讲300余场，宣扬英烈事迹精神。新冠肺炎疫情发生后，李文章和他的“红色老兵班”又带头参与疫情防控，带动全县1000余名退役军人投身一线战“疫”。

2021年“八一”前夕，河北省邯郸市广平县退役军人事务部门及时上门服务，为李文章等170名残疾军人换发了残疾军人证。从军时，他们为保家卫国作出了贡献。退役后，各级退役军人事务部门用心用情用力，服务保障好他们前行的路。

国家综合性消防救援队伍旗帜

2018 年 11 月 9 日，国家综合性消防救援队伍授旗仪式在人民大会堂举行。中共中央总书记、国家主席、中央军委主席习近平向国家综合性消防救援队伍授旗并致训词，代表党中央向全体消防救援人员致以热烈的祝贺。授旗仪式上，中共中央政治局常委、中央书记处书记王沪宁宣读《中共中央、国务院关于授予国家综合性消防救援队伍“中国消防救援队”队旗的决定》，中共中央政治局常委、国务院副总理韩正主持授旗仪式。参加授旗仪式的消防救援人员进行了集体宣誓。

组建国家综合性消防救援队伍是立足我国国情和灾害事故特点、构建新时代国家应急救援体系的重要举措。

『中国消防救援队』队旗

国家综合性消防救援队伍授旗仪式

国家综合性消防救援队伍队旗旗面上方为红色，为党旗、国旗主色调，下方为深火焰蓝色，为消防救援队伍制式服装的主色调，寓意消防救援队伍是在党领导下的纪律队伍。旗标为橄榄枝托起的盾牌造型，象征消防救援队伍是人民群众生命财产安全和社会稳定的守护者。盾牌边缘由救援绳围绕，正面包含有五角星、交叉斧头、水枪、雄鹰翅膀、定位标识和紧握手腕等元素。其中，五颗五角星体现依法履行国家赋予的职责使命；交叉斧头、水枪作为消防员常用装备，体现职业特点；雄鹰翅膀代表反应灵敏、行动迅速；定位标识象征精准定位；紧握手腕象征救援。

自新中国成立以来，消防救援队伍历经多次改革，在不同的时代以同样的忠诚担负起党和人民赋予的神圣使命。1949 年新中国成立后，组建了公安消防民警队伍。1965 年，全国公安消防民警队伍中小队长（班长）等以下人员均实行义务兵役制。1969 年，消防民警由军队代管，服役期由 5 年改为 3 年。1973 年，公安消防队伍恢复由公安机关统一领导。1976 年，国务院、中央军委决定消防中队干部实行兵役制。1982 年，中共中央决定组建中国人民武装警察部队，全国消防队伍中基层消防中队长以上公安行政编制的干部，全部转为现役纳入武警部队序列。1985 年，公安部印发文件确定消防部队是公安机关的警种之一，公安部消防局和各地公安消防机构统一由各级公安机关领导，由武警内卫部队代供，按照消防部队建设要求进行管理。2018 年 10 月，根据中共中央《深化党和国家机构改革方案》，公安消防部队、武警森林部队退出现役，成建制划归应急管理部，组建国家综合性消防救援队伍，作为应急救援的主力军和国家队，承担着防范化解重大安全风险、应对处置各类灾害事故的重要职责。

组建国家综合性消防救援队伍是党中央适应国家治理体系和治理能力现代化作出的战略决策，是立足我国国情和灾害事故特点、构建新时代国家应急救援体系的重要举措。2018 年 11 月 9 日，这是共和国综合性消防救援队伍组建之日、缔造之始，标志着一支全新的人民队伍举旗定向、踏上征程，是值得全国应急管理系统特别是全体消防指战员永远铭记、永志不忘的光辉日子和历史性时刻。

国家综合性消防救援队伍组建以来，始终把习近平总书记重要训词作为统领队伍建设发展的“魂”和“纲”，坚决贯彻党中央、国务院改革决策部署，边转制、边应急、边建设，广大消防救援指战员时刻保持战斗状态，救民于水火、助民于危难、给人民以力量，有效应对处置了一系列重特大灾害事故，扛起了应急救援主力军和国家队的重要职责，在 次又一次防范化解重大安全风险、应对处置各类灾害事故的实践中，不断展现新作为，充分彰显了中国特色应急管理的显著优势。

《在庆祝香港回归祖国二十五周年大会暨香港特别行政区第六届政府就职典礼上的讲话》单行本

2022年6月30日至7月1日，中共中央总书记、国家主席、中央军委主席习近平出席庆祝香港回归祖国25周年大会暨香港特别行政区第六届政府就职典礼，并视察香港。7月1日上午，习近平主席在庆祝香港回归祖国25周年大会暨香港特别行政区第六届政府就职典礼上发表重要讲话。7月4日，习近平《在庆祝香港回归祖国二十五周年大会暨香港特别行政区第六届政府就职典礼上的讲话》单行本由人民出版社出版，即日起在全国新华书店发行。

习近平主席重要讲话如洪钟大吕激荡人心、催人奋进，在港澳同胞中和海内外引起广泛共鸣和热烈反响。

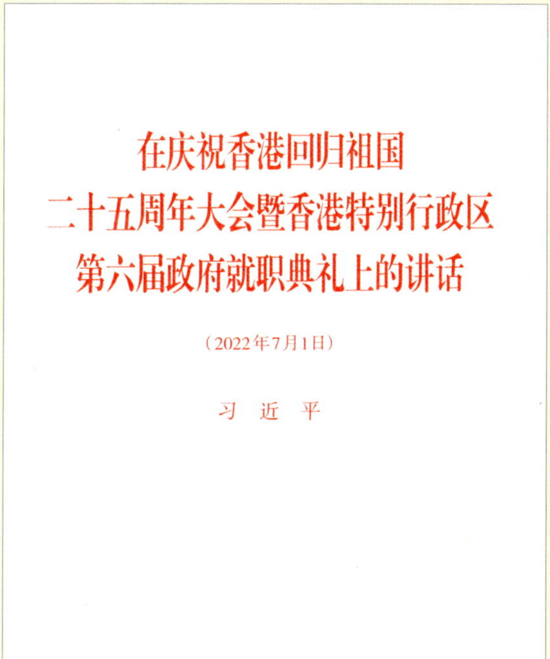

《在庆祝香港回归祖国二十五周年大会暨香港特别行政区第六届政府就职典礼上的讲话》单行本

在香港回归祖国25周年的历史性时刻，习近平主席亲临香港，饱含着人民领袖对香港同胞的深情关怀，体现出中央政府对香港的高度重视，带去了14亿多祖国人民对香港同胞的美好祝福。习近平主席此行是一次传递关怀之行、传递信心之行、传递希望之行，极大增强了香港和国际社会对“一国两制”和香港发展前景的信心，鼓舞了新一届特别行政区政府带领香港社会各界奋力开创良政善治新局面的斗志和士气，促进了香港社会各界在爱国爱港旗帜下的大团结大联合。习近平主席在庆祝香港回归祖国25周年大会暨香港特别行政区第六届政府就职典礼上发表重要讲话，高度肯定“一国两制”在香港的成功实践，郑重宣示“一国两制”方针必须长期坚持，深刻总结“一国两制”实践规律，对香港未来发展提出殷切希望。习近平主席重要讲话贯通历史、现实和未来，揭示规律、方向和大势，科学回答了全面准确贯彻“一国两制”方针的重大理论和实践问题，为推进新时代“一国两制”实践行稳致远指明了方向，提供了根本遵循。习近平主席重要讲话如洪钟大吕激荡人心、催人奋进，在港澳同胞中和海内外引起广泛共鸣和热烈反响。

· 供稿 · 国务院港澳事务办公室宣传司

“模范空降兵连”荣誉旗帜

中国人民解放军空降兵某部是特级英雄黄继光生前所在连队。2013 年 8 月，该连被中央军委授予“模范空降兵连”荣誉称号。回顾连队历史，连续 69 年保持先进，先后被空军授予“空降兵模范六连”“抗洪抢险先锋连”“黄继光英雄连”等荣誉称号，先后荣立集体一等功 4 次、二等功 11 次、三等功 20 次，连队党支部 3 次被中组部表彰为“全国先进基层党组织”。

见证新时代

『模范空降兵连』的官兵将在旗帜的指引下，踔厉奋发、笃行不怠，不断秉承英雄根脉、弘扬英雄精神，继续谱写光荣历史新篇章。

『模范空降兵连』旗帜

空降兵指战员和『模范空降兵连』旗帜

斗转星移，上甘岭战役已永载史册，但黄继光英雄壮举铸就的伟大精神，犹如鲜活的血液，在一代代官兵的生命里流淌不息。抗美援朝回国后，英雄先辈们创造的这笔宝贵精神财富，在持续不断的学习实践中，成为引领连队官兵向前的永恒坐标。1961 年，连队官兵面对各种困难挑战，始终牢记使命重托，秉承“忠于祖国、英勇顽强、勇挑重担、敢于牺牲”的黄继光献身精神，开拓创新，艰苦奋斗，攻克了一道道难关，实现了从步兵到空降兵的转变。在新的形势任务面前，连队官兵整编调整讲奉献，艰难险重当先锋，政治考验志愈坚，用实际行动为黄继光英雄战旗增辉添彩。

当历史的脚步迈入20世纪90年代，面对“打得赢、不变质”两大历史课题和各种复杂严峻考验，连队官兵始终志坚若磐，勇担打赢使命，大机型新伞型试跳首当其冲，实兵演习锻钢淬火，98 年长江抗洪抢险冲锋在前……一个个关键时刻的考验，一次次急难险重的锤炼，彰显英雄本色，诠释担当大义。

进入新世纪新阶段，连队紧跟时代发展，着眼履行新世纪新阶段我军历史使命，坚持用党的创新理论铸魂育人，积极投身空降兵战略转型建设和科学发展的生动实践。主题活动高歌颂英雄，合成训练艰辛创新路，中俄联演竞技展风采，汶川抗震大爱写忠诚，国庆阅兵雄姿壮军威……在奉献空降兵建设伟业中，部队全面建设不断加强，处处焕发昂扬气势和磅礴生机，也为英雄精神注入了新的特质。

站在新的历史起点上，连队官兵始终不忘领袖嘱托，近10年来，这面旗帜跟随连队转战大江南北。2014年连队官兵整建制参加重大演训。2015年连队跟随单位实装实弹千里机动朱日和。2017年和2019年，连队官兵两次参加重大阅兵任务。2020年，湖北麻城叶家湾桥堤段发生险情，连队官兵纷纷报名，开赴抗洪抢险一线。在连队官兵眼中，这面旗帜从来都不是一件简简单单的物品，它是空降兵部队几十年来栉风沐雨、攻坚克难、赓续传承的一个缩影，无论面临多大挑战，这面旗帜始终是连队官兵战胜困难的动力源，激励着官兵勇往直前、攻坚克难。

这面旗帜，因为老班长的英雄壮举而熠熠生辉，因一代代官兵接续奋斗而历久弥新。站在新的历史起点上，时代赋予了旗帜新的精神内涵，“模范空降兵连”的官兵将在旗帜的指引下，踔厉奋发、笃行不怠，不断秉承英雄根脉、弘扬英雄精神，继续谱写光荣历史新篇章。

· 供稿 · 中国人民解放军95944部队

喀喇昆仑卫士和航天英雄互赠的礼物

高原卫士和航天英雄是新时代两个英雄群体，一个戍守在祖国边防，一个探索着浩瀚宇宙，这两个特殊的群体穿越星空，留下了互动时互赠的珍贵礼品。

2022 年 1 月 1 日，两块沉甸甸的石头刷屏了朋友圈，它们是高原卫士送给航天英雄的新年礼物。石头上绘有精美的图案，一块画着正在太空“出差”的神舟十三号 3 位航天员，另一块画着雪山下手握钢枪的戍边战士，与太空中遨游的中国空间站完美同框。石头的背面写着：“地球上，我与你最近——喀喇昆仑卫士献给航天英雄。”

『虽然岗位、年龄不同，但我们都是中国军人，都是人民子弟，书写的是对党的爱、对祖国的爱、对事业的爱。』

喀喇昆仑边防战士与石头画的合影

喀喇昆仑边防战士送给航天英雄的新年礼物

这两幅石头画的作者是新疆军区某团的一位维吾尔族战士帕肉克。他从小就喜爱绘画，参军入伍后也一直用画笔记录连队的训练生活。2021 年，帕肉克来到了海拔 5000 多米的高原驻训，高原上随处可见的石头变成了他的新画布。其实从神舟十三号乘组赴太空执行任务以来，帕肉克和战友们就一直关注着，每晚站岗的时候，都特别期盼能够看到我们的“天宫”从他们的头顶划过。新年伊始，帕肉克专门在山上挑选了两块石头，创作了上面两幅画，想要送给心中的偶像——航天英雄们，并且他和战友们还集体给航天英雄们写了一封信，信上这样说：“你们探索浩瀚宇宙，我们守卫祖国万里山河，载人航天精神、喀喇昆仑精神激励我们勠力同心，砥砺前行，为实现中华民族伟大复兴的中国梦而不懈奋斗。”

春节前夕，军事栏目记者下山时受战士们的嘱托，带着这封信和两幅石头画，跋涉千里，送到了北京航天城英雄的航天员大队。中国人民解放军航天员大队大队长景海鹏从记者手中，接收了这份来自雪域高原的特殊礼物。

很快这份礼物的照片，传递给了正在太空“出差”的神舟十三号航天员乘组。航天员翟志刚代表乘组向喀喇昆仑卫士致以最崇高的敬意，并从太空中发回了新春的祝福。为感谢高原卫士，航天员们也精心准备了一份特殊的礼物作为回赠，是从太空视角拍摄的喀喇昆仑的照片。这幅照片的作者是神舟十二号航天员汤洪波。据他介绍，当时飞船正在太空即将飞越祖国，心情非常激动，就拍下了这张照片，照片上可以看到喜马拉雅山脉和青藏高原。汤洪波说："我知道在这条边防线上一直有我们可爱的战士戍守祖国的边疆，虽然那里的环境非常艰苦，但他们为了祖国的利益敢于斗争、勇于牺牲，很好地激励了我，我把这幅作品送给我们的边防军人，谢谢你们！"

随着这张照片一起被送出去的，还有一封航天员大队写给喀喇昆仑卫士的信，上面有10位航天员的签名。信上写道：虽然岗位、年龄不同，但我们都是中国军人，都是人民子弟，书写的是对党的爱、对祖国的爱、对事业的爱。让我们心连着心、肩并着肩，绝对忠诚，永葆青春，铁肩担当，奋发奋斗，喜迎二十大，一起向未来！

“和平方舟”号医院船的手术台

中国海军“和平方舟”号医院船，是我国第一艘制式远洋医院船。入列以来，医院船以“和谐使命”任务为主要载体，勇闯大洋锤炼远海卫勤保障能力，远赴海外开展人道主义医疗服务，先后荣立一等功1次、二等功2次、三等功1次。2019年12月，海军“和平方舟”号医院船被中宣部授予“时代楷模”称号，被共青团中央、全国青联表彰为“中国青年五四奖章集体”。

“和平方舟”号医院船上通体黑色的标准电动综合手术台，台面升降范围可达400毫米，由高强度的铸铁和合金构成。在人民海军走向深蓝的航迹上，综合手术台始终与“和平方舟”号医院船同行，从3大洋到6大洲，成百上千的外国患者在中国海军医护人员悉心诊疗下告别了病痛。该实物2021年6月入藏海军博物馆，现展陈于人民海军历史基本陈列第四展厅。

见证新时代

在播撒大爱的航道上，这些手术台始终与『和平方舟』号医院船同行，成百上千的外国患者在中国海军医护人员的悉心诊疗下告别了病痛。

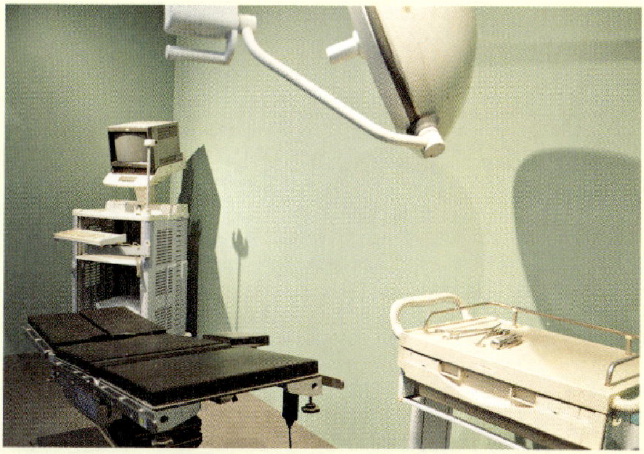

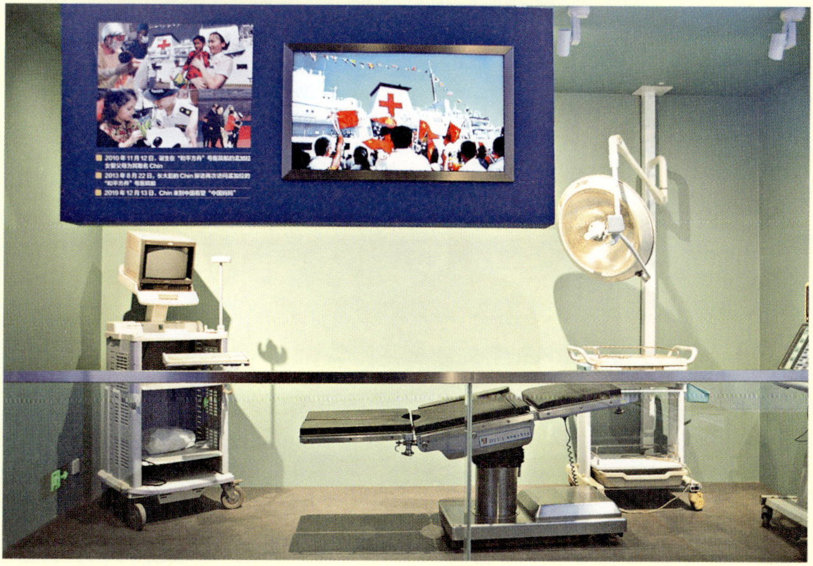

『和平方舟』号上的手术台

· 供稿 · 中国人民解放军海军博物馆

张超的飞行座椅

张超烈士，生前系海军某舰载航空兵部队中队长，一级飞行员。在张超驾驶舰载战斗机进行陆基模拟着舰接地时，突发电传故障。危急关头，他为了保住战机，推杆无效、被迫跳伞，火箭弹射座椅穿破座舱盖，“呼”的一声射向空中，张超坠地受重伤，经抢救无效壮烈牺牲。现在，这个飞行弹射座椅被珍藏并展示在中国人民解放军海军博物馆中，它镌刻着张超对航母舰载机事业的不悔追求，对党和人民的赤胆忠诚，对责任使命的无尽担当。

这张飞行座椅是张超所有亲朋好友的牵挂，更是战友们逐梦海天、砺剑深蓝的精神支柱。

张超的飞行坐椅

张超来自“海空卫士”王伟生前所在部队，为了心中的航母梦，他4次申请加入舰载战斗机部队，挑战世界上最危险的“着陆区”，最终用年轻的生命为中国航母事业立起了一座闪光的丰碑。张超牺牲后，被中共中央追授为“全国优秀共产党员”，被中央军委追授“逐梦海天的强军先锋”荣誉称号。2019年1月，经中央军委批准，增加张超为全军挂像英模。2019年9月，张超被追授“人民英雄”国家荣誉称号。

如今，张超所使用的这个座椅展示在大众面前，被观众们所熟知，每天都有成千上万的参观者前来瞻仰这位英勇的烈士，聆听他的感人事迹，向张超致敬。

一个有希望的民族不能没有英雄，一个有前途的国家不能没有先锋。正是在张超的精神的感召下，一批批舰载战斗机飞行员沿着英模的航迹茁壮成长。他们驾驶“飞鲨”战机一往无前、勇敢无畏，从陆基到舰基，从单机到编队，从近海到远海，实现了战斗力一次次的突破和能力的飞跃，勇立强国强军和海军转型的潮头云巅，推动航母舰载机事业破浪前行，逐梦深蓝、矢志强军，向着更深的蓝奋飞。

· 供稿 · 中国人民解放军海军博物馆

也门撤侨行动中使用的安检门

这扇安检门是中国海军第 19 批护航编队在也门撤侨行动中使用的安检设备之一，高 222 厘米、宽 82 厘米、深 52 厘米。2021 年 6 月正式入藏中国人民解放军海军博物馆，现展陈于人民海军历史基本陈列第四展厅。

见证新时代

也门撤侨体现了人民海军忠诚履行使命、维护人民利益的责任担当，彰显了党和政府保护中国公民安全和利益的坚定决心和强大能力。

也门撤侨行动中使用的安检门

2015 年 3 月 25 日，也门胡塞武装组织大举进攻亚丁市。26 日凌晨开始，沙特阿拉伯等国对也门首都萨那等地的胡塞武装目标发动空袭，600 多名中国公民的生命安全面临严重威胁。为保护中国公民生命财产安全，3 月 29 日，海军第 19 批护航编队奉命抵达也门亚丁港执行撤侨任务。在炮火纷飞中赶到港口的中国同胞激动地挥舞着中国国旗，通过安检门检

测后登舰，开始了安全归国之旅。从 3 月 29 日到 4 月 7 日，中国海军护航编队各舰连续作战，先后辗转 3 国 4 港 1 岛，将 621 名中国同胞和 15 个国家的 276 名外国公民安全从也门撤离。也门撤侨体现了人民海军忠诚履行使命、维护人民利益的责任担当，彰显了党和政府保护中国公民安全和利益的坚定决心和强大能力。

中国援埃塞俄比亚农业职业教育系列教材

2000 年，埃塞俄比亚时任总理梅莱斯请求中国政府帮助其发展农业职业教育。中方积极响应，一做就是 20 多年。20 多来年，中方共派出 21 个组 495 人次农业职教教师，在埃塞俄比亚 13 所院校授课 32 万课时，培训当地师生、官员、技术员和农民 6 万余人，对促进埃塞俄比亚农业职教体系建设和人才培养发挥了积极的建设性作用。继中国公路、中国制造后，中国职教成为了中国在埃塞俄比亚的第 3 张靓丽名片。

见证新时代

『中国教师队伍是我们见过的最好的专家团队，他们克服重重困难，为促进先进农业知识和技术传播、培养非洲农业人才、推动非洲农业发展树立了「中国榜样」。』

中国援埃塞俄比亚农业职业教育系列教材

The Federal Democratic Republic Of Ethiopia
Ministry Of Agriculture and Natural Resource

The People's Republic Of China
Ministry Of Agriculture

CERTIFICATE OF RECOGNITION

IS HEREBY GRANTED TO

Mr. Qu Dongyu

For the valuable training program improvement support you have given to Federal ATVET Colleges by participating in preparation of very essential book, FIELD CROP PRODUCTION, which helps students, trainers and agricultural practitioners as an immediate reference and much-needed learning/ training resource.

Tesfaye Mengistie
State Minister

State Minister
Ministry of Agriculture and Natural Resource, Ethiopia

Commercial Councillor
Of Embassy of PRC In Ethiopia

教材编写证书

通过多年深耕，中国农业职教教师和埃塞俄比亚合作伙伴认识到，缺少专业教材是制约埃塞农业职教体系可持续发展的重要原因。联合国教科文组织也指出，好的教材能够提高教学效率 30% 以上。对此，中埃两国政府合作开展了系列研究，拟订了教材编写和出版计划。“披星戴月忘我教学、白手起家编撰教材、披荆斩棘自制教具”早已成为中国职教教师们的日常写照。历经 6 个春秋，埃塞俄比亚第一套 13 本农业职业教育教材正式面世，内容涉及家禽学、动物卫生、园艺、小规模灌溉、奶牛养殖、养蜂学、水土保持、肉牛养殖、大田作物、咖啡茶叶及香料作物、棉花、林业、农机等埃塞农业重点产业。

只争朝夕，不负韶华；栉风沐雨，硕果累累。中国援埃塞俄比亚农业职业教育系列教材的出版得到中国农业农村部、商务部、中国驻埃塞俄比亚大使馆、埃塞俄比亚农业部和埃塞俄比亚有关农职院校的大力支持。埃塞方多次表示，援埃塞农业职业教育系列教材的出版是埃塞农业发展的里程碑，填补了埃塞历史上从无农业职教教材的空白，为埃塞农业实用人才培训提供了有效手段，有力地促进了埃塞农业职业教育的可持续发展，提升了埃塞农业发展能力和水平。

“中国教师队伍是我们见过的最好的专家团队，他们不仅充满热情、努力尽责，而且智慧务实，工作极富成效。他们克服重重困难，为促进先进农业知识和技术传播、培养非洲农业人才、推动非洲农业发展树立了‘中国榜样’。”埃塞人发自内心的赞美和敬意是对中国援埃塞俄比亚农业职教项目实施20多年来最好的回馈。

· 供稿 · 农业农村部国际交流服务中心

中国援布隆迪高级农业专家组获得的功勋证书

农业是布隆迪的支柱产业，农业人口占比逾90%。布隆迪农业生产水平低，粮食不能自给，农业技术是制约布隆迪农业发展的最主要因素之一，而提高农技水平是实现布隆迪产业可持续发展、提升其粮食安全最有效的投入手段。中国政府通过向布隆迪派遣农业专家组，帮助布隆迪人民吃饱饭、吃好饭，为保障其粮食安全、推动减贫和农业可持续发展贡献着中国智慧和中国方案。

中国政府通过向布隆迪派遣农业专家组，帮助布隆迪人民吃饱饭、吃好饭，为保障其粮食安全、推动减贫和农业可持续发展贡献着中国智慧和中国方案。

布隆迪总统向中国农业援外专家颁发的功勋证书

水稻专家在抗稻瘟病栽培示范村现场培训规范化栽秧

自 2009 年起，根据中布两国政府协议，农业农村部国际交流服务中心承担了援布隆迪高级农业专家组技术援助项目（以下简称“援布农业组”）。截至目前，共计 5 批次 45 人次专家赴布执行农业技术援助任务，支持该国减贫事业、实现粮食安全目标。布方高度认可援布农业组工作，布隆迪总统恩达伊施米耶三次视察援布农业项目，多次对中国政府表达感激之情，并对援布农业组工作进行题词表扬。布隆迪政府还将“依靠援布农业组水稻高产技术助布减贫”列入国家农业发展规划。

2021 年 3 月，国家主席习近平与布隆迪总统恩达伊施米耶通话。习主席强调，要用好中方建设的农业示范中心和派驻的农业专家组。援布农业组全面贯彻落实中布两国元首通话精神，按期接管援布农业示范中心，积极发挥中国专家组和农业示范中心的引领作用，将中布农业合作打造成南南合作的典范。

截至目前，援布隆迪农业组已累计为布隆迪培训 12000 余人次技术人才，尤其是全过程培养的 71 名水稻领域青年致富带头人，已成为中方在布开展示范的主要合作伙伴，成为布水稻产业发展的重要引领者、参与者和骨干力量，成为中布友谊的坚定支持者和传播者。

2022 年 5 月 2 日，布隆迪政府举行盛大的“五一”国际劳动节庆典。期间，布总统恩达伊施米耶向中国援布农业组组长杨华德颁发功勋证书，表彰其带领中国专家为布隆迪农业发展作出了卓越贡献。此为布隆迪历史上首次为外国专家授予该奖。

援布农业专家组项目的成功实施和中国援布农业示范中心的高效运作，为提高布隆迪农业发展水平，深化中布农业合作，加强中布“全天候”朋友和“全方位”合作伙伴关系发挥了重要作用，进一步夯实了中布命运共同体。

津巴布韦农业部向农业农村部国际交流服务中心颁发的特殊贡献奖

2021 年 7 月 8 日，值中国援津巴布韦高级农业专家组在津试点的第一个“中津农业合作示范村”圆满完成各项工作目标之际，津巴布韦土地、农业、水利、渔业和农村安置部特授予中国农业农村部国际交流服务中心农业援助特殊贡献奖，表彰中心为中津农业合作作出的突出贡献。

中国农业专家组提出津巴布韦『小农户和商业农场并肩发展、打造商业农场优质农产品出口基地』的农业发展思路，助津探索出了一条农业可持续发展道路。

The Republic of Zimbabwe

获奖证书

中国农业农村部国际交流服务中心：

贵单位在2018年–2021年执行中华人民共和国对津巴布韦共和国农业技术援助和农业合作项目中作出了突出贡献，特授予农业援助特殊贡献奖。

津巴布韦土地、农业、渔业、水利和农村安置部

部长：Hon. Dr A.J Masuka

签字

日期 / 盖章

08 JUL 2021

The Republic of Zimbabwe

HONOURABLE CERTIFICATE

The Ministry of Lands, Agriculture, Fisheries, Water & Rural Resettlement of Zimbabwe

Presents The Special Contribution Award to :

THE CENTER OF INTERNATIONAL COOPERATION SERVICE

MINISTRY OF AGRICULTURE AND RURAL AFFAIRS OF PEOPLE'S REPUBLIC OF CHINA

In recognition of his special contribution to agricultural development of Zimbabwe

And agricultural Cooperation between China and Zimbabwe from November 2018 to September 2021

MINISTER, Hon. Dr A.J Masuka

MLAFWRR

Signature

Date & Stamp

08 JUL 2021

津巴布韦农业部颁发的农业援助特殊贡献奖

为落实中非合作论坛精神，多年来，农业农村部国际交流服务中心先后实施5期援津巴布韦农业技术援助合作项目，已累计向津派出47人次中国农业专家常驻津巴布韦开展援助工作。专家组以中津农业合作示范村建设为抓手，以解决津巴布韦农业、农村、农民等亟待解决的“三农”问题为主线，提出了津巴布韦“小农户和商业农场并肩发展、打造商业农场优质农产品出口基地”的农业发展思路，助津探索出了一条农业可持续发展道路，获各方积极肯定。

专家组参照中国扶贫模式，集合津巴布韦农业政策、农民资源和中国援助技术、发展模式、资金和设备资源，首次成功建设了“中津农业合作示范村”。

专家组始终坚持以产业发展促农户增收。实施种养友好

结合，选取“玉米 + 土鸡”和“玉米 + 肉兔”2 种组合产业。3 年来，通过专业技术示范、培训和指导，示范村生产玉米 500 吨，产量比项目实施前增加 1 倍以上。在专家组的帮助下，示范村合作社年可生产土鸡近 3 万只，实现收入 15 万美元，可生产肉兔 5000 只，收入可达 2.5 万美元。农户多余的粮食可用于饲养土鸡、肉兔，饲养产生的动物粪便可用作玉米种植，在技术创新的同时也保护了当地环境。

中津农业示范村工程和专家组工作获得各方高度肯定，津方希望将中津农业合作示范村的建设模式在津全国推广。津巴布韦土地、农业、水利、渔业和农村安置部授予实施单位农业农村部国际交流服务中心特殊贡献奖，并对参与项目的中国专家进行了全体表彰。

“中国—联合国粮食及农业组织南南合作计划赞赏”证书

农业农村部国际交流服务中心于 2018 年 11 月获得由农业农村部与联合国粮食及农业组织（FAO）联合颁发的“中国—联合国粮食及农业组织南南合作计划赞赏”证书，表彰该中心为促进南南合作和三方合作发展作出的突出贡献。

积极发挥我国农业优势技术作用，帮助发展中国家提升农业生产和技术水平，在发展中国家间搭建开放、友好、有效的农业交流合作桥梁与网络。

中国—联合国粮食及农业组织南南合作计划赞赏

The China-FAO SSC Programme

农业农村部国际交流服务中心

Center of International Cooperation Service, Ministry of Agriculture and Rural Affairs

为实施中国—联合国粮食及农业组织南南合作项目
促进南南合作和三方合作发展做出的特别贡献

in recognition of special contribution to
South-South and Triangular Cooperation

部长
中华人民共和国农业农村部
Minister of MARA, P.R.China

总干事
联合国粮食及农业组织
Director General of FAO

2018年11月2日　中国长沙
2 November 2018, Changsha, China

『中国—联合国粮食及农业组织南南合作计划赞赏』证书

中国—联合国粮食及农业组织南南合作数字技术创新促进农村青年就业创业线上能力建设活动

“中国—FAO 南南合作”是广大发展中国家共同促进农业产业发展、保障世界粮食安全的重要农业多边合作平台。自 1996 年以来，中国积极参与 FAO 南南合作倡议，已成为 FAO 南南合作项目最重要的参与者、支持者和促进者，共宣布向 FAO 捐资 1.3 亿美元设立“中国—FAO 南南合作”信托基金。近些年，农业农村部国际交流服务中心通过南南合作项目的实施促进了发展中国家农业技术交流，促进了优势互补和区域合作，提升了全球应对热点共性问题的能力，提高了全球粮食安全保障水平，取得良好成效，项目模式和成功经验得到项目各参与方的高度认可。

农业农村部国际交流服务中心负责“中国—FAO 南南合作”框架下全球项目、区域项目和能力建设项目的管理与实施，为发展中国家共同面临的消除饥饿、增进粮食安全等问题提供应对措施、搭建交流平台。自 2011 年起，中心已推动实施 3 个全球项目和 4 个区域项目，开展 33 场线上线下能力建设活动，组织超过 80 个国家的 1000 余名农业官员和专家参与培训，聚焦发展中国家农业发展面临的共性问题，涵盖水稻种植、水产渔业、热带农业、农村能源、加工储存、数字农业、农药风险管理等多个领域，积极发挥我国农业优势技术作用，帮助发展中国家提升农业生产和技术水平，在发展中国家间搭建开放、友好、有效的农业交流合作桥梁与网络。

阿拉伯联合酋长国捐赠中方椰枣树苗信息牌匾

2021 年 12 月 16 日，海南文昌，热带棕榈作物种质资源苗圃椰枣隔离检疫圃中传来阵阵欢声笑语，阿联酋驻华大使阿里·扎西里与中方一道，亲手种下了第一株漂洋过海抵达中国的阿联酋椰枣树苗。

这些椰枣树苗深深扎根中阿友谊这片沃土，在两国人民的精心呵护下，将长成参天大树，结出累累硕果。

中阿椰枣友谊林前的信息牌匾

阿联酋驻华大使向中国农业农村部代表转交捐赠树苗信息牌匾

椰枣是阿拉伯国家和地区人民的主要粮食作物，在各国国民经济中占有举足轻重的地位，同时也是该地区宗教和民族信仰的圣物，作为生活必需品，在北非、西亚、中东、印度河流域得到广泛种植。2019 年 7 月，阿联酋阿布扎比王储穆罕默德访华期间，向习近平主席提出赠送椰枣苗，在中国发展椰枣产业，共同开拓第三方市场。

中阿两国主管部门和使馆共同推进，全力以赴开展相关联络、审批、运输、检疫、引种等工作。2021 年 9 月，首批约 1500 株椰枣树苗运抵海南省文昌市中国热带农业科学院椰子研究所开始缓苗复壮。12 月 16 日，中阿双方在文昌举办椰枣树苗交接与种植活动。

“阿联酋的椰枣世界闻名，而我本人也很高兴看到阿联酋椰枣在中国的电商平台上受欢迎。”阿联酋驻华大使扎希里说，“2021年是中国共产党成立100周年，又恰逢阿联酋建国50周年，阿中全面战略伙伴关系也将迎来新的历史机遇。希望这些椰枣树苗能够进一步提高海南的生物多样性，阿中两国也将就农业生产、粮食安全、环境领域等探讨更多的合作机会。”

小小椰枣树苗，不仅传递着中阿两国人民的传统友谊和美好情感，更是掀开了中阿两国农业领域务实合作的新篇章。此次首批椰枣树苗交接及移植活动，开创中国农业发展史上大规模引进椰枣树种的先河，有助于推进双方开展椰枣联合研究及全产业链合作。

红土连天，苗木青翠。这些椰枣树苗深深扎根中阿友谊这片沃土，在两国人民的精心呵护下，将长成参天大树，结出累累硕果。

· 供稿 · 农业农村部国际合作司

“越南国家建设工程质量奖”奖状

由中国南方电网有限责任公司、中国电力国际有限公司和越南煤炭集团电力有限责任公司共同投资17.55亿美元建设的越南永新燃煤电厂一期BOT项目，其建造规模为两台60万千瓦级超临界火电机组，建设期4年。项目特许运营期25年期满后，将无偿移交给越南政府，是中国企业在越南首个采用建设—经营—转让投资模式（BOT）的项目，也是越南首个燃用当地无烟煤的超临界“W”火焰炉电厂。

服务和推动『一带一路』建设，以建设『先进、可靠、绿色』的示范型电厂为目标，发挥中国技术优势，创建优质工程。

CỘNG HÒA XÃ HỘI CHỦ NGHĨA VIỆT NAM
Độc lập - Tự Do - Hạnh phúc

BỘ XÂY DỰNG
CHỨNG NHẬN
MINISTRY OF CONSTRUCTION
CERTIFIES
Công trình/ Project: NHÀ MÁY NHIỆT ĐIỆN ĐỐT THAN BOT VĨNH TÂN 1
ĐẠT GIẢI
CÔNG TRÌNH XÂY DỰNG CHẤT LƯỢNG CAO
NĂM 2020
IS AWARDED
HIGH QUALITY CONSTRUCTION PRIZE IN 2020

Chủ đầu tư/ Owner: - Công ty TNHH Điện lực Vĩnh Tân 1 (VTPC1)

Nhà thầu thiết kế/ Design contractor: - China Energy Engineering Group Guangdong Electric Power Design Institute Co. Ltd (GEDI)

Nhà thầu giám sát/ Supervisor: - Công ty Cổ phần Tư vấn Xây dựng điện 2 (PECC2)

Nhà thầu thi công/ Contractor: Tổng thầu EPC: Liên danh Tổng thầu gồm: China Energy Engineering Group Guangdong Electric Power Design Institute Co. Ltd. và China Energy Engineering Group Guangdong Power Engineering Corporation Ltd.
- Nhà thầu phụ trách xây dựng: The Second Construction Co. Ltd Of China Construction Third Engineering Bureau (CSCEC3); China Construction (S.E.A) Corporation Ltd (CSCEC SEA)
- Nhà thầu phụ trách lắp đặt: China Energy Engineering Group Guangdong Power Engineering Corporation Ltd.
- Nhà thầu thí nghiệm: Hunan Xiangdian Test Research Institute Co. Ltd.
- Nhà thầu khảo sát: China Energy Engineering Group Guangdong Electric Power Design Institute Co. Ltd
- Nhà thầu phụ thi công xây dựng cảng nhập than. China Harbour Engineering Company Ltd. (CHEC)

Thời gian đưa vào sử dụng/ Date of operation: 14/08/2019

Hà Nội, ngày 12 tháng 01 năm 2021
TM. HỘI ĐỒNG XÉT THƯỞNG
CHỦ TỊCH

Quyết định số/ Decision No: 12/QĐ - BXD
Ngày/ Date: 11/01/2021

THỨ TRƯỞNG BỘ XÂY DỰNG
Lê Quang Hưng

越南永新电厂项目获得的『越南国家建设工程质量奖』奖状

2022年5月越南永新项目运营全景

越南永新公司积极把握机遇，服务和推动“一带一路”建设，以建设“先进、可靠、绿色”的示范型电厂为目标，发挥中国技术优势，创建优质工程。越南永新项目采用了超临界“W”炉等23项中国先进的节能减排技术，相对亚临界同类型机组，每年可减少二氧化碳排放约2万吨，同步建设脱硫、脱硝、除尘、废水处理等设施，最大限度地减少对环境的影响，保证各项环境指标达环保指标，符合项目环评报告及越南国家标准，是越南首个设计达到废水零排放的项目。

电厂历经三年半的建设，于2018年11月27日全厂投入商业运行，比BOT合同工期提前了200天，创造了越南境内同类型机组最快建设纪录，项目在安全“零事故”、工期提前的情况下，高标准实现建设“先进、可靠、绿色”示范性电厂的目标，创举性完成“双机”168 小时可靠性试运行。目前，项目已进入 25 年特许经营期的第 4 年，机组运行稳定，各项指标正常。2021 年 1 月 21 日，越南建设部向越南永新公司颁发了象征越南建设工程领域代表工程建设质量成就的最高荣誉——“越南国家建设工程质量奖”，是越南政府再一次对越南永新项目的肯定。

越南永新公司将继续做好电厂运行维护，保障机组长周期安全可靠运行，打造中国企业在越南的精品工程、示范工程、形象工程，使项目成为中越经贸和产能合作的典范。

老挝政府颁发给中国国家铁路集团的“国家一级发展勋章”

这是一枚中老铁路通车之际老挝政府颁发给中国国家铁路集团有限公司的“国家一级发展勋章”，是该国政府最高级别荣誉勋章之一。

这枚勋章铭刻了中国铁路在“一带一路”和中老友谊标志性工程——中老铁路建设中作出的突出贡献，见证着中老两国之间的情谊，彰显了中国铁路服务党和国家重大战略，勇担“交通强国、铁路先行”历史使命的责任与担当，也是铁路行业和铁路产业大军的骄傲和荣光。

共建中老铁路是中国和老挝两党两国最高领导人共同作出的重大决策，是两党两国共建『一带一路』倡议与『变陆锁国为陆联国』战略对接的成功范例，谱写了中老友谊的崭新篇章。

老挝政府颁发给国铁集团的『国家一级发展勋章』

老挝人民民主共和国
和平 独立 民主 统一 繁荣

发展勋章
老挝人民民主共和国主席

授予中国国家铁路集团有限公司国家一级发展勋章。

优秀成就：为中老铁路磨万段建设作出重大贡献，建设期 5 年(2017 年 1 月 1 日至 2021 年 12 月 31 日)顺利圆满完成。

国家主席令 223 号
登记 03 号

万象市，2021 年 11 月 25 日
老挝人民民主共和国主席
通伦 西苏里

老挝人民民主共和国
和平 独立 民主 统一 繁荣

主席

第 223 号
万象市，2021 年 11 月 25 日

老挝人民民主共和国
关于授予一级发展勋章的主席令

——依据《老挝人民民主共和国宪法》（2015 年 12 月 8 日国会第 63 号文）第六章第六十七条第十一项；

——依据 2021 年 11 月 23 日老挝人民民主共和国总理建议函（总理第 106 号文）。

老挝人民民主共和国主席发布主席令

第一条：向中国国家铁路集团有限公司授予一级发展勋章，以表彰其为中老铁路磨万段作出的突出贡献。该项目建设期 5 年（2017.1.1-2021.12.31），已圆满完成建设任务。国铁集团所作贡献，积极推动了老中友谊和老中合作发展。

第二条：交由老挝人民民主共和国总理指导落实，务求合规、光荣。

第三条：本令自签字之日起生效。

老挝人民民主共和国主席
通伦 西苏里

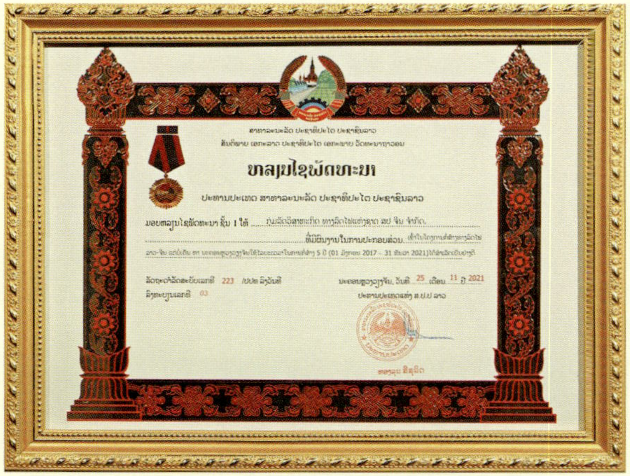

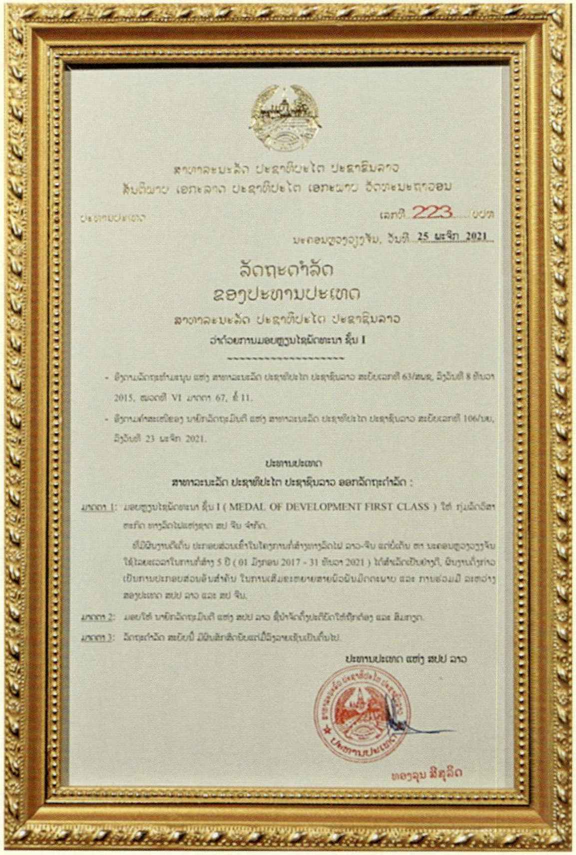

老挝政府颁发给国铁集团的『国家一级发展勋章』证书

2021年12月3日，中老铁路正式开通运营。中共中央总书记、国家主席习近平在北京同老挝人民革命党中央总书记、国家主席通伦通过视频连线共同出席中老铁路通车仪式。习近平总书记代表中国共产党、中国政府和中国人民对中老铁路通车表示热烈祝贺，向两国建设者致以崇高敬意，并亲自下达发车指令。

在老挝政府为表彰中老铁路建设功臣的授勋仪式上，老挝人民革命党中央政治局委员、副总理、中老铁路项目指导组组长宋赛·西潘代表老挝政府，对中国长期以来支持老挝经济社会发展、推动老挝实现由“陆锁国”到“陆联国”的历史性转变表示真诚感谢，对中国国家铁路集团有限公司在建设中老铁路中作出的突出贡献给予高度评价，并向出席仪式的中国铁路代表颁发了“国家一级发展勋章”。

共建中老铁路是中国和老挝两党两国最高领导人共同作出的重大决策，是两党两国共建“一带一路”倡议与“变陆锁国为陆联国”战略对接的成功范例，谱写了中老友谊的崭新篇章。

中老铁路的建成通车，再次彰显了中国铁路技术标准的先进性与适用性，也开辟了老挝铁路运输新纪元。开通运营半年来，中老铁路客货运输两旺，累计发送旅客超300万人，发送货物超300多万吨，为畅通国内国际双循环、促进中老经济走廊建设发挥了积极作用。

026 / 150

神舟十一号飞船
搭载的湘绣
中华人民共和国国旗

探索宇宙奥秘、和平利用太空、造福人类社会是中华儿女不懈追求的航天梦想。中国航天事业为维护国家安全、推动科学技术进步、服务经济社会发展、促进人类文明进步作出了特殊的贡献。2016 年，国务院将每年 4 月 24 日设立为“中国航天日”，旨在铭记历史、传承精神，激发全民尤其是青少年崇尚科学、探索未知、敢于创新的热情，为实现中华民族伟大复兴的中国梦凝聚强大力量。

这是中国航天人注重加强文化建设、搭建文化平台、服务社会发展的重要举措，进一步密切了载人航天与经济社会发展的联系。

CHINA MANNED SPACE AGENCY · CHINA MANNED SPACE AGENCY

中国载人航天工程办公室

China Manned Space Agency

搭载通知书

经研究，批准天宫二号与神舟十一号搭载中华人民共和国国旗（湘绣）和中国载人航天工程旗（湘绣）项目于空间实验室任务中，在天宫二号空间实验室和神舟十一号载人飞船中搭载。

特此通知。

中国载人航天工程办公室

二〇一六年八月五日

中国载人航天工程办公室出具的搭载通知书

2016年神舟十一号飞船搭载的湘绣中华人民共和国国旗

湘绣是中国四大名绣之一，是以湖南长沙为中心的带有鲜明湘楚文化特色的湖南刺绣产品的总称，它起源于湖南的民间刺绣，吸取了苏绣和粤绣的优点而发展起来，已经有2000多年历史。湘绣主要以蚕丝、纯丝、硬缎、软缎、透明纱和各种颜色的丝线、绒线绣制而成，其构图严谨、色彩鲜明，各种针法富于表现力，通过丰富的色线和千变万化的针法，使绣出的人物、动物、山水、花鸟等具有特殊的艺术效果，无论平绣、织绣、网绣、结绣、打籽绣、剪绒绣、乱针绣等都能充分发挥针法的表现力。湘绣强调写实，质朴而优美，形象生动，注重精细入微地刻画物象的外形和内质，结构上虚实结合，巧妙地将中国传统的绘画、刺绣、诗词、书法、金石等各种艺术融为一体。2006年，湘绣被列入第一批国家级非物质文化遗产名录。

湘绣中华人民共和国国旗由笑傲天宫文化艺术（北京）中心简一平、冯朝晖设计，中国工艺美术大师李艳监制，湖南省湘绣研究所高级工艺美术师手工制作。它使用的是国旗布专用底料，由高级工艺美术师纯手工精心制作，主要采用湘绣平针刺绣，整体用色为秋香黄，将纯蚕丝线劈至一丝绣制，用针多达万余次。为了避免瑕疵的出现，刺绣艺人们克服了很多困难。刺绣需要将图案上稿后饰棚，而此次国旗作品的图案微小，且全部由国旗厂统一打版印刷上稿，不能单独剪裁，即便剪裁也无法采用传统刺绣的饰棚方法，所以在绣完后只能靠手工剪裁，以避免作品走形。这种绝对的手工绣制与剪裁工作，对匠人而言是超越一般刺绣作品多倍的工作量和精细度，其重量不足 1 克。

2016 年 10 月 17 日湘绣国旗搭载神舟十一号载人飞船遨游太空；2017 年在中国国家博物馆举办的“筑梦太空”航天文物展和香港举办的庆祝香港回归祖国 20 周年“创新驱动 成就梦想”科技展展出；2020 年 10 月 23 日由笑傲天宫文化艺术（北京）中心捐赠湖南省博物馆；2020 湖南（金秋）文物博览会期间，在我馆举办的“逐梦苍穹 见证历史——航天文物展”中展出，深受航天爱好者的喜爱，成为传播航天文化的一张闪亮名片。

神舟飞船特别搭载的以湖南特色物品为代表的一大批精品项目，是中国航天人注重加强文化建设、搭建文化平台、服务社会发展的重要举措，充分体现出湖南厚重的文化、地域特色与发展的成就，充分反映了全国各地和各行各业的特色与成就，进一步密切了载人航天与经济社会发展的联系。

神舟十二号载人飞船搭载的党旗

在中国共产党历史展览馆，陈列着神舟十二号载人飞船搭载的中国共产党党旗。此面党旗是在中国共产党成立100周年纪念日前夕，聂海胜、刘伯明、汤洪波3名航天员在空间站祝党“生日快乐”时使用的党旗。这面党旗见证了我国空间站阶段首次载人飞行任务取得圆满成功的全过程，见证了中国航天载人飞行达到新高度，具有重要的政治意义和历史价值。

见证新时代

在建设航天强国的新征程上，我国航天工作者以载人航天精神为动力源泉，自立自强、创新超越，在人类探索太空的事业中不断贡献着中国力量。

神舟十二号载人飞船搭载的党旗

回望来时路，我国载人航天事业的每一步都坚实而有力。1970 年 4 月 24 日，我国成功发射第一颗人造地球卫星“东方红一号”，标志着我国在宇宙航天技术方面取得历史性突破，成为继苏、美、法、日之后，世界上第五个发射人造卫星的国家。1986 年 3 月，我国科学家王大珩、王淦昌、杨嘉墀、陈芳允等向党中央提出《关于跟踪研究外国战略性高技术发展的建议》，同年 11 月，中共中央、国务院转发《高技术研究发展计划纲要》，其中，航天技术研究被列为发展高技术的重点，这个高技术发展计划后被称为“863 计划”。1992 年 9 月，党中央批准我国载人航天工程以载人飞船起步、以空间站为目标的“三步走”发展战略。第一步，发射载人飞船，建成初步配套的试验性载人飞船工程，开展空间应用实验；第二步，突破航天员出舱活动技术、空间飞行器的交会对接技术，发射空间实验室，解决有一定规模的、短期有人照料的空间应用问题；第三步，建造空间站，解决有较大规模的、长期有人照料的空间应用问题。

2003 年 10 月，随着神舟五号载人飞船搭载我国航天员杨利伟成功发射并安全返回主着陆场，我国成为世界上第三个独立掌握载人航天技术的国家。

2005 年 10 月 12 日，神舟六号载人飞船搭载 2 名航天员发射升空，这是中国第一艘执行“多人多天”任务的载人飞船。在此基础上，2008 年 9 月 25 日，神舟七号载人飞船成功发射，开启了我国载人航天计划“第二步”。值得一提的是，此次飞行任务中，3 名航天员中的 1 人实现了出舱活动，茫茫太空第一次留下中国人的身影。

2010 年，党中央批准我国载人空间站工程立项，该工程分为空间实验室和空间站两个任务阶段。2011 年 9 月 29 日，我国第一个空间实验室天宫一号发射升空。此后，神舟八号（未载人）、神舟九号（载 3 人）、神舟十号（载 3 人）先后发射，并与天宫一号进行多次交会对接。每发射一次，就前进一步。2016 年 9 月 15 日，天宫二号成功发射入轨。2016 年 10 月 17 日，神舟十一号载人飞船搭载 2 名航天员发射升空，飞行期间与天宫二号进行自动交会对接，形成组合体。神舟十一号实现了我国载人航天工程计划中第二步到第三步的跨越，为中国空间站建造运营和航天员长期驻留打下了基础、做足了准备。

2021 年 6 月 17 日，神舟十二号载人飞船成功发射，这是我国载人航天工程“第三步”的首次载人飞行。3 名航天员进驻核心舱，进行了为期 3 个月的驻留，在轨飞行期间进行了 2

次航天员出舱活动，开展了一系列空间科学实验和技术试验。值得一提的是，此次飞行任务适逢中国共产党成立100周年之际，飞船还搭载了见证中国载人航天事业达到新高度的中国共产党党旗。

从无人飞行到载人飞行，从一人一天到多人多天，从舱内实验到出舱活动，从交会对接到空间站建造……中国航天的高度不断刷新，距离梦想的目标不断接近，在这条从艰辛走向辉煌的奋斗路上，我国航天工作者突破和掌握了许多重大关键技术，取得了一大批自主创新技术成果，极大鼓舞了中国人民的创新信念和信心，极大激励了全社会的创新创造。

伟大事业孕育伟大精神，伟大精神引领伟大事业。一代代航天工作者不仅创造了举世瞩目的伟大成就，更培育和形成了“特别能吃苦、特别能战斗、特别能攻关、特别能奉献”的载人航天精神。在建设航天强国的新征程上，我国航天工作者以载人航天精神为动力源泉，自立自强、创新超越，在人类探索太空的事业中不断贡献着中国力量。

山东被困矿工求救纸条

“麻烦再送一部电话，做为备用。联系不到你们，我们就找不到党了”。这是山东栖霞金矿事故救援过程中，井下被困人员传递上来的一张字迹略显潦草、内容却清晰可辨的纸条，如今它就陈列在中国共产党历史展览馆中，向观众讲述着那场在党的坚强领导下应急救援的故事。

『麻烦再送一部电话，做为备用。联系不到你们，我们就找不到党了。』

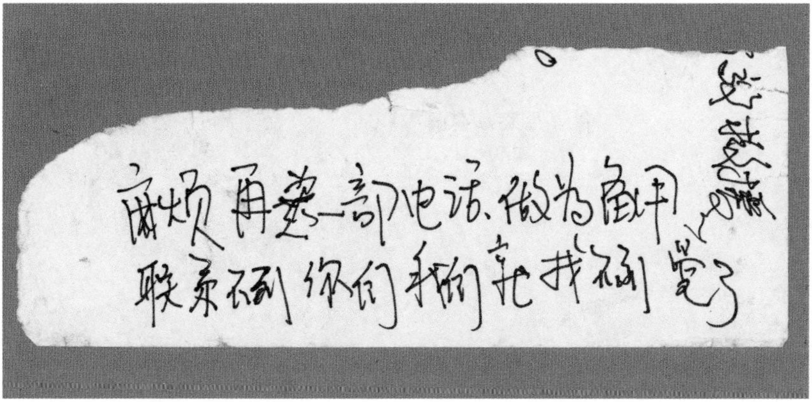
麻烦再送一部电话、做为备用
联系不到你们我们就找不到党了

山东被困矿工求救纸条

2021 年 1 月 10 日 13 时 13 分许，山东省烟台市栖霞市西城镇正在建设的五彩龙金矿发生爆炸事故，22 名矿工被困井下。企业组织力量施救，但由于对救援困难估计不足，直到 1 月 11 日 20 时 5 分才报告有关情况，迟报 30 多个小时！

消息一出，举国关注，被困人员的安全牵动着亿万国人的心。中央领导同志高度重视，立即作出重要批示，应急管理部派出工作组现场指导，山东省委省政府成立省市县一体化指挥部，坚持人民至上、生命至上，不计一切代价，穷尽一切手段，迅速开展应急救援工作，强调：只要有一丝一毫的希望，就决不放弃，集中力量、科学施救、安全施救，争取被困矿工安全升井。

在党的坚强领导下，救援行动迅速展开。“事故就是命令，救援就是责任”，各方专业救援力量接令即动。打通生命通道，是救援人员的一致目标。先后十几天，每天 24 小时，一分一秒救援都没有停止。11 日晚大规模救援力量开始集结，12 日上午已有 9 支队伍投入救援，从陕西榆林、安徽淮南等地调集的国际最先进钻机，也自千里之外日夜兼程赶赴现场。

党组织始终在救援中发挥着坚强堡垒作用，协调人力物力财力进行救援，动员当地群众为救援工作提供支持。大型设备、救援人员从各地不断进场，道路拓宽、新井开钻、临时驻地等都要平整新的土地，需占用附近进入盛果期的果园，几十户村民没有二话："挖泥也好，推树也好，我都不管。救人要紧。""树挖了可以再栽、再长。但是生命只有一次，是无法挽回的。"

1月17日13点55分左右，首条219毫米生命探测通道3号钻孔打通，救援人员开始使用铁锤有规律地敲击孔钻杆，给矿井五中段传递钻孔打通的信息。不一会儿，从地下传来了同样的敲击声，这是生命的回响！

这条通道联通井上与井下，食物、药品、电话机、御寒毯、手电筒被送下井，井下再也不是"生命孤岛"。另一边，清理回风井井筒障碍物、打开生命通道的工作也在抓紧进行。1月19日，井下被困矿工通过3号救生孔传递上来一张纸条，上面写着“麻烦再送一部电话，做为备用。联系不到你们，我们就找不到党了”。1月24日，井下幸存的11名矿工终于获救。

在党的坚强领导下，这场金矿事故救援，投入17支专业救援队伍、1支消防救援队伍，共633人、407台套救援装备，各地方各部门都给予支持，昼夜不停进行救援。应急救援行动的开展，再一次验证了党的坚强领导是做好党和国家各项工作的根本保证。

党的十八大以来，以习近平同志为核心的党中央坚持以人民为中心的发展思想，高度重视防灾减灾和应急救援工作。在党的坚强领导下，统一指挥、专常兼备、反应灵敏、上下

联动的中国特色应急管理体制正在形成，统一领导、权责一致、权威高效的国家应急能力体系加快建设，防范化解重大安全风险体制机制不断健全，广大人民群众有了更多安全感。

“联系不到你们，我们就找不到党了”。这句朴实的话，说出了危难时刻，党在人民群众心中的分量。无论是自然灾害、安全事故还是传染病疫情，当灾难来临，中国共产党始终以“为中国人民谋幸福、为中华民族谋复兴”的初心使命，以“人民至上、生命至上”的现实担当，以“人民对美好生活的向往就是我们的奋斗目标”的庄重承诺，守护了和守护着人民群众的生命财产安全，一次又一次用实际行动证明：中国共产党始终是人民群众最可信任、最可依靠的主心骨和领路人！

· 供稿 · 中国共产党历史展览馆

歼-15舰载机

歼-15舰载机，代号“飞鲨”，是我国首型自主研制的舰载战斗机，由中国航空工业集团沈阳飞机工业集团生产制造。歼-15融合了歼-11B的技术，具备装配鸭翼折叠式机翼、机尾装有着舰尾钩等舰载机特征，将部署到辽宁号航空母舰和未来国产航空母舰上。它的研制是一项开疆拓域、由陆地走向海洋的伟大工程，其现场研制总指挥罗阳的牺牲更是让歼-15多了一份“忠魂献海天”的悲壮。歼-15舰载机是航空人用忠诚奉献为祖国海疆铸就钢铁长城的理想，也体现出中国海军走向深蓝的坚定信念。

歼-15舰载机是航空人用忠诚奉献为祖国海疆铸就钢铁长城的理想，也体现出中国海军走向深蓝的坚定信念。

歼-15舰载机

歼-15舰载机蓄势待发

· 供稿 · 中国航空工业集团公司沈阳飞机工业（集团）有限公司

15 式轻型坦克

坦克被称为“陆战之王”，集强大的火力、快速的机动、坚固的防护于一体。自在一战期间诞生以来，坦克在无数广阔的战场上纵横驰骋，一击制胜，是陆军决战决胜的拳头力量，是现代国家国防常规威慑力的重要标志。自新中国成立以来，中国坦克历经一代代兵工人的奋勇开拓，已经形成了涵盖多种车型、承担多种使命任务的坦克装甲车辆车族。新时代最具有代表性的坦克，当属在国庆七十周年阅兵式上首次亮相的 15 式轻型坦克。

15 式轻型坦克是我国为适应陆军机动作战、立体攻防的战略需求，聚焦自主创新，完全自主研制的新一代全域高机动轻量化主战坦克。2019 年，15 式轻型坦克作为陆军高新技

15式轻型坦克的研制实现了我国坦克装甲车辆技术从『对标研制』向『创新引领』的跨越发展。

15式轻型坦克

2019年10月1日，15式轻型坦克参加国庆阅兵

术装备典型被列入《新时代的中国国防》白皮书，具有如下突出亮点：

快速部署，全域机动。15 式轻型坦克量轻型小，重量仅为 30 吨，可搭载大型运输机进行空中投送，实现全域快速部署，为陆军由“区域防卫”向“全域作战”战略转型奠定了重要基础。

动力十足，全域纵横。15 式轻型坦克针对高原高寒、滩涂水网等复杂地域环境，突破了全地域环境自适应高效推进等多项关键技术。无论是在低温 -40℃的严寒地区，还是在高温 50℃的酷暑环境，乃至海拔 5000 米的雪域高原，均可发挥出优良的机动性能。其高原地区机动速度、复杂地域通过性能等均达到国际领先水平，在我国西南、东南等重点战略方向机动突击具有绝对优势。

火力强劲、高速精打。高速行进间精确打击是坦克有别于其他武器的显著特征。15 式轻型坦克从解决地面随机强激励与大口径火炮耦合振动控制入手，攻克高速行进间精确、多能打击等多项技术，首次实现山地、城市大仰角、反斜面多功能打击能力，直瞄打击距离和精度国际领先，是首款适应高原山地、城市作战的主战坦克。

以人为本、生存优先。15 式轻型坦克坚持主动防御、全向防御理念，减重不减防。构建了集告警干扰、复合与反应

装甲、防攻顶等技术为一体的主被动综合防护体系，战场生存力得到全方位提升。

多维感知，敏捷协同。一体化联合作战网络下，坦克既是一线火力打击节点，也是网络感知与信息节点。15式轻型坦克具有强大的地面复杂背景快速感知、车内车际敏捷协同、高速信息动态处理能力，信息化作战能力极为优异。

15式轻型坦克由我国唯一的坦克装甲车辆总体研究所——中国北方车辆研究所牵头研制，凝聚了兵器、高校、电子等40多家单位的科研力量，是新时代车辆总体、动力、传动、火力、电子、信息、材料等诸多领域成果的结晶。其研制突破了30余项关键技术，获得80余项专利成果，具有完全自主知识产权，实现了我国坦克装甲车辆技术从“对标研制”向“创新引领”的跨越发展。15式轻型坦克现已列装并形成战斗力，有力提升了我国的国防实力。

15式轻型坦克自列装以来，参加了“雪域使命-2021”等多次军事演习，部队官兵评价说：“15式轻型坦克尤其适用于高海拔缺氧环境和崎岖复杂山地，在海拔数千米的雪域高原上，为外界展示了顶级的综合战力，确立了高原山地陆战之王的霸主地位”。其快速突击、精确打击、优异的信息能力博得参演官兵一致称赞，被誉为“高原小黑豹”。相信在未来，15式轻型坦克将在更广阔的领域发挥更重要作用。

· 供稿 · 中国兵器工业集团有限公司中国北方车辆研究所

申纪兰历届
全国人民代表大会
出席证

在平顺西沟展览馆（申纪兰纪念馆）的橱窗展柜里，展示着老劳模申纪兰参加全国人民代表大会的8个出席证，分别是六届人大五次会议、七届人大五次会议、八届人大五次会议、九届人大四次会议、十届人大四次会议、十一届人大四次会议、十二届人大五次会议和十三届人大一次会议的出席证。

申纪兰的初心和精神，永远在激励党员干部，为中华民族的伟大复兴而努力奋斗。

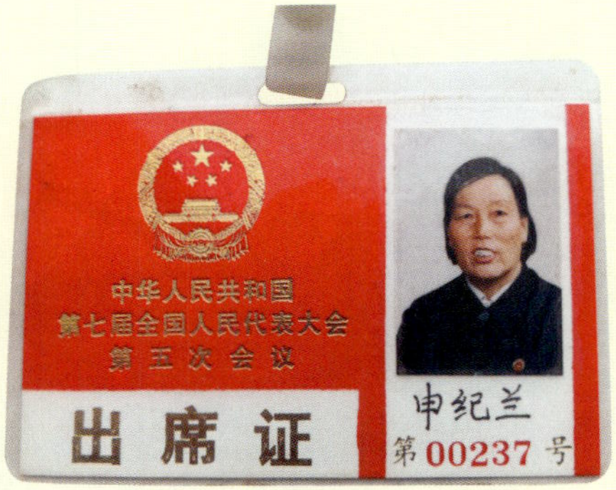

申纪兰的七届人大五次会议出席证

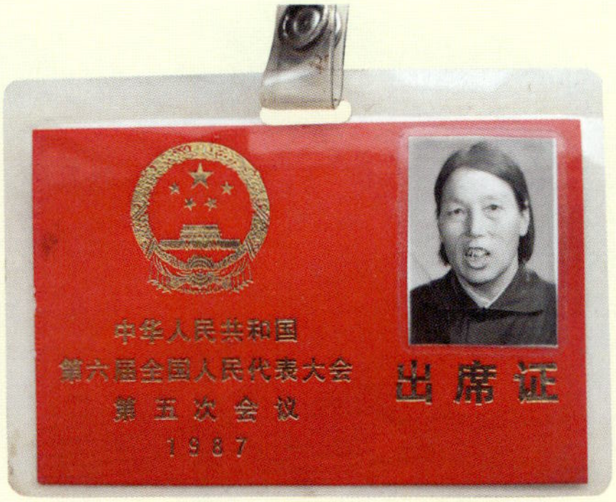

申纪兰的六届人大五次会议出席证

申纪兰的十届人大四次会议出席证

申纪兰的九届人大四次会议出席证

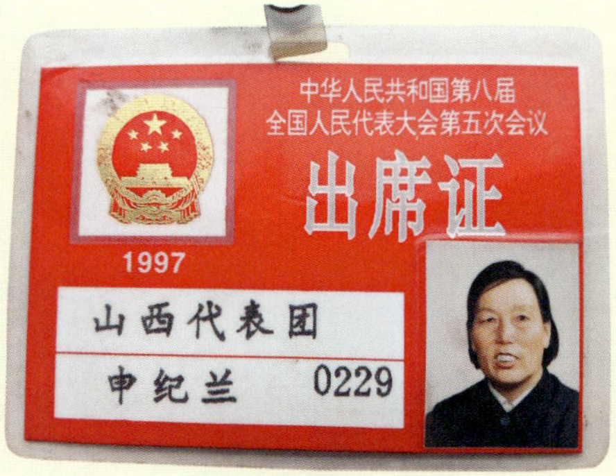

申纪兰的八届人大五次会议出席证

申纪兰的十三届人大一次会议出席证

申纪兰的十二届人大五次会议出席证

申纪兰的十一届人大四次会议出席证

小小的出席证，记录了一位普普通通的农村妇女在过去的六十多年时间走过的非凡的人生历程。从 25 岁开始担任第一届全国人民代表大会代表，到担任第十三届全国人民代表大会代表，申纪兰代表着和她一起生活了一辈子的上党老区农民一次次地走进人民大会堂。作为全国唯一一位连续当选第一届至第十三届的全国人大代表，申纪兰以她独特的人生经历成为我国人民代表大会制度变迁的见证人，目睹了中国共产党领导下的中国农村发生的翻天覆地的变化，亲历了我国人民代表大会制度不断完善的发展历程。

1954 年 9 月 15 日至 28 日，庄严隆重的第一届全国人民代表大会第一次会议在北京中南海怀仁堂举行，申纪兰有幸和其他 1210 名代表一起出席了这次会议，见证了那个伟大的时刻。老劳模申纪兰曾回忆说：“参加第一届全国人民代表大会第一次会议时，还没有正式的出席证，只有代表当选证书和一个比代表当选证书略小的浅黄色出席证，再后来的出席证也是一个小小的红布条。现在，出席证都做得非常美观大方了，还能把自己的照片弄到上头，科学技术越来越进步了。”

第一届全国人民代表大会，申纪兰和代表们审议通过了中华人民共和国第一部《宪法》，选举和决定了国家领导人。作为农村妇女代表，申纪兰参加如此重大的国家政治活动，充分表明，劳动妇女有了自己的发言权和选举权，在这次会议上，申纪兰向大会提交了《关于在农村实行同工同酬的建议》的提案。

申纪兰常说：“人大代表不是一个符号，也不是一种称谓，而是一种责任；出席证不是一个证件，也不是一个奖励，而是一种使命。”无论走到哪儿，申纪兰都十分珍爱自己的出席证，经常翻出自己的出席证看看，让自己始终牢记人大代表的职责和使命。每年参加全国“两会”前夕，她都戴着出席证随同其他代表进行视察，在村里听取群众的意见建议，为各地参观学习的党员干部讲党课。2005 年 3 月 8 日，出席十届全国人大三次会议的山西代表团 17 位妇女代表在驻地欢聚一堂，聆听老劳模申纪兰讲党课，大家以一种特殊的方式迎接“三八”国际妇女劳动节，申纪兰动情地指着身上佩戴的出席证，通过自己的亲身经历向大家讲述了新中国妇女地位的逐步提高，并鼓励大家要永远听党话、跟党走，在社会主义现代化建设中发挥“半边天”作用。

从 1954 年 9 月参加第一届全国人民代表大会第一次会议，到 2020 年 3 月参加第十三届全国人民代表大会第三次会议，66 年，申纪兰代表人民、心系群众、忠诚履职，用一生履行了“人民选我当代表、我当代表为人民”的庄严承诺。

60多年来，她忠实代表人民利益和意志，坚持“民有所呼，我有所应”，把人民的声音带到中央去，把党的声音带回基层来。在一届全国人大第一次会议到五届全国人大第五次会议期间，申纪兰共提出提案（五届人大一次会议之前称提案）14件。第八届全国人民代表大会第一次会议以来，申纪兰先后提交议案建议480多条，她本人单独或领衔提出92件，躬身践行了“人民代表就要代表人民利益，代表人民说话，代表人民办事”的诺言。

2020年5月21日，申纪兰抱病参加了第十三届全国人大第三次会议，虽然老人家满怀信心地到了北京，但令人遗憾的是，老人家终究没有完完整整参加完这次会议，仅仅参加了一次大会，一次全团会议和一次小组讨论，在小组讨论上还做了发言。5月24日中午因病情加重，申纪兰住进了医院。尽管老人家一直躺在病床上，但仍然通过电视关注着全国“两会”的进程，虽然穿着病号服，但胸前的出席证始终没摘下，红红的出席证在老人家的胸前熠熠生辉，闪烁光芒，这是使命，是责任，是担当。在这次全国两会上，申纪兰还提出了《关于将长邯聊高铁项目列入国家“十四五”初期（2021）开工建设项目的建议》《关于推进农村水电自供区并入国家电网的建议》。十三届全国人大三次会议在圆满完成各项议程后，于 2020 年 5 月 28 日下午在人民大会堂闭幕。那天，申纪兰脱掉了病号服，穿上了她那身常年不变的藏青色西装，周周正正佩戴好出席证，斜躺在病床上，眼睛一刻没离开电视。5 月 28 日下午 3 时 35 分，当栗战书委员长宣布中华人民共和国第十三届全国人民代表大会第三次会议闭幕，雄壮的《国歌》奏响时，斜躺在病床上的申纪兰，忽然间就下了床，直直地站了起来，像一颗太行山上的青松，高大而挺拔，直到《国歌》奏唱完毕，她才又躺到床上。

2020 年 6 月 28 日凌晨 1 时 31 分，申纪兰走了！永远离开了她为之奋斗一生的西沟，永远离开了和她并肩战斗的西沟人民！

申纪兰走了，但她的初心，她的精神，永远值得我们传承和弘扬。申纪兰的 8 个出席证，作为平顺西沟展览馆（申纪兰纪念馆）的文物，永远在激励党员干部，为中华民族的伟大复兴而努力奋斗。

“戍边为民模范边防派出所”荣誉称号锦旗

北极镇，中国版图上最北端的镇，这里全年无霜期仅 86 天，年平均气温零下 5.5 摄氏度，历史最低气温曾达零下 52.3 摄氏度，“吃水用麻袋、开门用脚踹”是这里人早年的生活日常。1947 年，黑龙江省漠河市北极边境派出所在这里建立，成为全国地理位置最北、纬度最高、气候最冷的派出所。

作为北极镇的守护者，北极边境派出所移民管理警察身上的一抹深蓝早已融入这里的冰雪世界，他们拥有并践行这样的理想——成为当地老百姓心中的『北极光』。

『戍边为民模范边防派出所』荣誉称号锦旗

现役时期，北极边防派出所民警在极寒天气中进行边境巡逻

北极边境派出所辖区面积2798平方千米，边境线长173千米，境内80%以上是高山密林，杳无人烟。建所75年来，一代代移民管理警察听党话、跟党走，叫响了“耐得住高寒，亲民爱民尽心尽力；耐得住寂寞，为民护民尽心尽责”的口号。

“刚来所里时取暖靠烧火墙、火炕，第二天起来，屋里4个角结了冰疙瘩，要拿斧子敲；没有自来水，冬天吃水得去江里采冰块；没有电，冬天大雪封山，土豆白菜一吃就是两三个月。”回忆起40年前的工作场景，北极边境派出所原所长郭福波依旧感慨万千，从1980年到2002年，郭福波在北极边境派出所工作了22年，从一名民警成长为派出所所长，退休后索性就在北极村安了家。

2007年，北极镇开始发展旅游产业，每年成千上万的游客会聚于此，一睹极光风采。旅游产业带动当地经济快速发展，北极边境派出所教导员牛书磊肩上的压力也大了起来：通过数据分析发现，辖区内6成以上警情与游客有关，而游客报警8成是求助——“找北游，自己找不着北了”。

如何改善游客的旅游体验，守护当地旅游行业的发展，同时做好疫情防控工作，做到外防输入、内防反弹，成为牛书磊和战友们每天思考的问题。熟悉3D建模和制图的民警张春茂主动请缨，将近3年100余起游客迷路地点一一标识出来，经过半年的充实完善，电子地图版“北极防走丢指南”初具雏形，易迷路地段的“导航”标识也设置完成，游客们“找不着北”的困难迎刃而解。

2010年，为推进警务前移战略，北极边境派出所在距离北极镇126千米之外的黑龙江源头洛古河村设立了夫妻警务室。移民管理警察贾晨翔和妻子王晓莲是夫妻警务室的“第一任主人”。

“他先去待了2个月，打电话说来接我，我问那里怎么样，他只说了7个字——有水、有电、有公路。我问还有啥，他说：‘有的都说了。’”王晓莲笑着回忆道，“然后我就来了。”

实际上，那时的王晓莲明白丈夫话里的意思，是只有水、电、公路，别的什么都没有。可这对夫妻义无反顾，白手起家，寒来暑往，他们一待就是10年。他们始终驻守这个几乎与世隔绝的村子，积极开展警务工作，为村民排忧解难，成为当地村民的依靠。以心换心，夫妻二人真诚的工作态度也让村民敞开心扉，将他们当作家人。2011年，王晓莲怀孕了，在条件有限的洛古河村，孕期的营养供给成了大问题。“村里人知道晓莲怀孕的消息，换着花样给她做吃的送过来。”回忆当时的情形，贾晨翔依然感动，并将出生的儿子取名为“北北”，以纪念这段难忘的戍边经历。

2020年7月，国家移民管理局出台荣归荣调政策，贾晨翔夫妇作为守边戍边先进典型，被组织调回了山东老家工作。北极边境派出所的青年民警史先强和妻子沈欣接过了接力棒。冰天雪地里，漫长的白昼和黑夜，史先强与妻子沈欣秉承“百家亲，亲百家，源于民意，立于民心”的工作理念，恪守“警务就是家务，工作就是生活”的工作准则，密切了警民关系。因成绩突出，先后获评2021“最美基层民警”、第十三届“全国五好家庭”、“全国公安机关爱民模范”。

“身在最北方，心向党中央”，这是北极边境派出所移民管理警察的铮铮誓言。75 年来，北极边境派出所共荣立集体和个人一、二、三等功 28 次，获得省部级以上表彰 70 多次，辖区连续 20 年无重大恶性案件，无涉诉涉访案件发生，群众治安满意率达 100%。2017 年，北极边境派出所被国务院、中央军委授予“戍边为民模范边防派出所”荣誉称号。

年复一年，绚烂的极光如约而至，到访这座银装素裹的小镇；年复一年，移民管理警察驻守于此，守护并温暖这座边陲小镇。作为北极镇的守护者，北极边境派出所移民管理警察身上的一抹深蓝早已融入这里的冰雪世界，他们拥有并践行这样的理想——成为当地老百姓心中的“北极光”。

· 供稿 · 黑龙江出入境边防检查总站

国家公祭鼎

2014 年 12 月 13 日上午 10 时许，在侵华日军南京大屠杀遇难同胞纪念馆（下简称“纪念馆”）公祭广场上，中共中央总书记、国家主席、中央军委主席习近平和南京大屠杀幸存者代表夏淑琴，以及遇难者后代阮泽宇，一同走上公祭台，为国家公祭鼎揭幕。在无比庄严、肃穆的氛围中，幕布缓缓降下，一尊三足铜鼎呈现在公众眼前。

见证新时代

我们设置这尊鼎，就是要向世人宣告『昭昭前事，惕惕后人』『永矢弗谖，祈愿和平』的心愿。

国家公祭鼎右侧面远景

这一天，党和国家在南京市举行首次南京大屠杀死难者国家公祭仪式。为突出祭祀主题，体现国家礼仪，营造庄重氛围，在仪式现场设置这样一尊“国家公祭鼎”，并作为纪念物永久陈列。

时间回到半个月前的 11 月 27 日，南京钢铁厂一个不起眼的车间里，一群工人正在紧张地忙碌着，在现场的相关负责人和专家也都焦急地期盼着。将近 5 个月的努力能否一次成功，这一天就会有答案。屋外一阵雷声滚过，“嘭！”室内一声响，鼎铸成了！现场所有人都长舒一口气。从 6 月接到这样一项艰巨而又光荣的任务起，无论是器型的选择，还是纹饰的设计；无论是铸造工艺，还是铭文撰写，凝聚了那么多专家的智慧，经过了那么多次会议的讨论，今天终于成功了。

国家公祭鼎怎么做？做成什么形制？最初设想是以大克鼎为原型。因为大克鼎纹饰优美，在青铜鼎中颇具代表性。但大克鼎已经被很多地方仿制过，经过全国的专家反复讨论、查找筛选，终于找到了最适合作为国家公祭鼎原型的青铜鼎，那就是楚大鼎。

楚大鼎又名“铸客大鼎”，为青铜礼器，已有 2000 余年的历史。1933 年出土时，中国正处于战火纷飞的年代。为躲避战乱，楚大鼎跟其他国宝一样，也曾颠沛流离，并在南京存放过很长的一段时间。

最终，国家公祭鼎就以“楚大鼎”为原型，按照等比例放大铸造而成，为三足两耳圆鼎。鼎高 165 厘米，鼎上外口径 126.6 厘米，内口径 115.6 厘米，鼎耳高 49.8 厘米，鼎足高 91.5 厘米，底座为高 45 厘米、长宽各 200 厘米的黑金沙石，铭刻有“国家公祭鼎”5 个篆体鎏金大字。铜质的鼎身和底座重 2014 千克，石质的底座重 1213 公斤，象征 2014 年 12 月 13 日首次举行国家公祭。

国家公祭鼎的纹饰设计，比事先设想的也要复杂很多。最终，设计团队将具有南京特色的纹饰集中在底座，国家公祭鼎鼎身则按照简单大气的原则进行设计。鼎的颈部和两耳侧面纹饰，以南京常见绿色植物的枝叶为图案元素，按照中国传统纹样，设计成橄榄枝如意纹，象征着绿色和平、生命重生。鼎箍的纹样则采用卷云纹，寓意着祥和。鼎颈部纹饰为传统雷纹，鼎足上端采用犀角纹，足下端为象腿足形，两足在前，一足在后，圆睛张目，粗犷有力，象征中华民族在历史记忆中觉醒，为实现中华民族伟大复兴的中国梦而努力奋斗。铜质底座铸有南京标志性的城墙图案，石制底座的表面还有以南京市花梅花为元素设计的梅纹，象征首次国家公祭在古都南京举办。

国家公祭鼎的正面铸有160字的铭文，采用魏碑简体字。铭文由古文研究专家撰写，描述了南京大屠杀给中华民族造成的巨大灾难和对遇难同胞的悼念、祭奠，以及南京大屠杀激发全民抗战，中国人民最终取得胜利的历程。考虑到是古鼎，历史文化积淀深厚，铭文采用骈文体来写，讲究对仗押韵，立意内涵深刻、行文气势磅礴，体现历史和文化的厚重感，增强公祭的感染力和震撼力。鼎的后侧左右两边铸有记事，共287个汉字，采用楷体简体字。详细记载了全国人大常委

会立法设立国家公祭日和首次举行国家公祭仪式的历史。

习近平总书记在首次国家公祭仪式上的讲话中说：我们设置这尊鼎，就是要向世人宣告“昭昭前事，惕惕后人”“永矢弗谖，祈愿和平”的心愿。

古之以鼎记事，今之铸鼎铭史，设置国家公祭鼎并永久陈列，无论对历史记事，还是凝固社会记忆，都起到积极作用。每位来到纪念馆参观的人都可以观看国家公祭鼎，通过阅读国家公祭鼎正面的铭文回忆这段难以忘记的惨痛历史。当转身来到国家公祭鼎的背面，铭文对国家公祭日的记录将增强人们对民富国强的认同，由此激发出更强的民族凝聚力和自豪感。

一封 来自海军泰州舰的 书信

2018 年，为响应习近平总书记在中国共产党第十九次代表大会上，对“两个一百年”奋斗目标的全面部署，泰州博物馆决定在这“建国一百年”最后 30 年开端之时，策划“走进新时代，共筑中国梦——写给 2049 的一封信”时间胶囊活动，为未来提前征集这个新时代中，来自全社会的历史见证，当那个伟大百年到来之时，我们所收集的记忆将是生动而严肃的真实历史。

正当征集活动如火如荼地开展之时，2018 年 4 月 23 日这天，博物馆收到了一封特殊的来信：

见证新时代

500万泰州人民继承先辈遗志、高举信仰之旗、践行红色精神，在新时代的历史起点上，播撒豪情壮志，书写时代荣光。

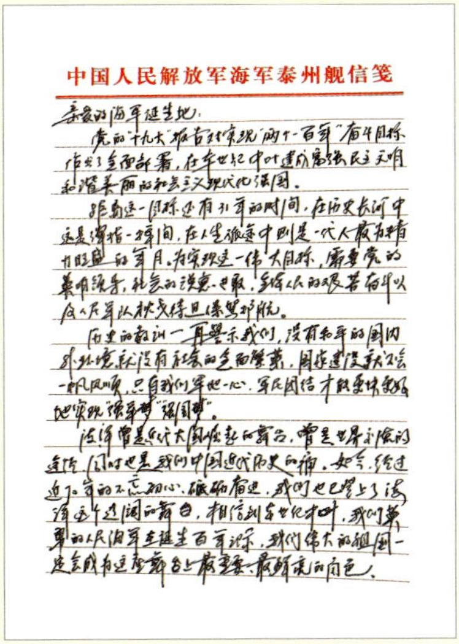

中国人民解放军海军泰州舰信笺

亲爱的海军诞生地：

党的"十九大"报告对实现"两个一百年"奋斗目标作出了全面部署，在本世纪中叶建成富强民主文明和谐美丽的社会主义现代化强国。

距离这一目标还有31年的时间，在历史长河中这是弹指一挥间，在人生旅途中则是一代人最为精力旺盛的年月。为实现这一伟大目标，需要党的英明领导，社会的凝聚共识，全体人民的艰苦奋斗以及人民军队坚定守卫保驾护航。

历史的教训一再警示我们，没有和平的国内外环境就没有社会的全面繁荣，国家建设就不会一帆风顺，只有我们军地一心，军民团结才能更快更好地实现"强军梦""强国梦"。

海洋曾是近代大国崛起的舞台，曾是世界冒险的途径，同时也是我们中国近代历史的痛。如今，经过近70年的不忘初心、砥砺前进，我们也已登上了海洋这个辽阔的舞台，相信到本世纪中叶，我们英勇的人民海军走过诞生百年时，我们伟大的祖国一定会成为这个舞台上最重要、最鲜亮的角色。

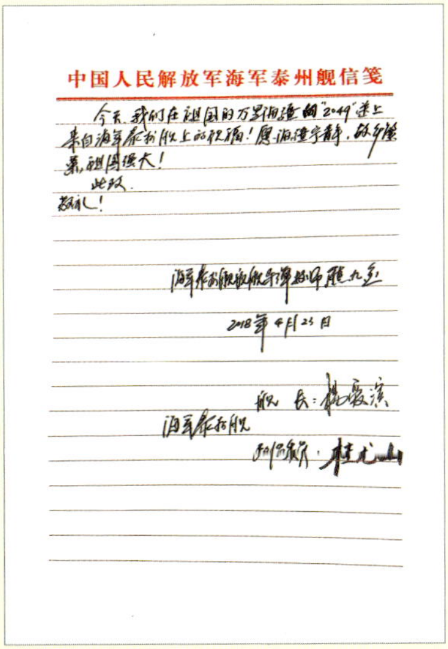

中国人民解放军海军泰州舰信笺

今天，我们在祖国的万里海疆向"2049"送上来自海军泰州舰上的祝福！愿海疆宁静，政和繁荣，祖国强大！

此致

敬礼！

海军泰州舰[illegible]

2018年4月23日

海军泰州舰 舰长：杨震滨

政治委员：桂光山

来自海军泰州舰的书信

亲爱的海军诞生地：

党的十九大报告对实现“两个一百年”奋斗目标做出了全面部署，在本世纪中叶建成富强民主文明和谐美丽的社会主义现代化强国。

距离这一目标还有31年的时间，在历史长河中这是弹指一挥间，在人生旅途中则是一代人最为精力旺盛的年月。为实现这一伟大目标，需要党的英明领导，社会的锐意进取，全体人民的艰苦奋斗以及人民军队枕戈待旦保驾护航。

历史的教训一再警示我们，没有和平的国内外环境就没有社会的全面繁荣，国家建设就不会一帆风顺，只有我们军地一心，军民团结才能更快更好地实现“强军梦”“强国梦”。

海洋曾是近代大国崛起的舞台，曾是世界交流的途径，同时也是我们中国近代历史的痛。如今，经过近70年的不忘初心，砥砺奋进，我们也已登上了海洋这个辽阔的舞台，相信到本世纪中叶，我们英勇的人民海军在诞生百年之际，我们伟大的祖国一定会成为这座舞台上最重要、最鲜亮的角色。

今天，我们在祖国的万里海疆向“2049”送上来自海军泰州舰上的祝福！愿海疆宁静，故乡繁荣，祖国强大！

此致

敬礼！

海军泰州舰官兵

2018年4月23日

这是一封海军泰州舰从万里海疆上寄给“2049”的书信，信中充满了海军官兵对历史的警醒，对实现“强军梦”和“强国梦”的自信，以及对祖国对人民对故乡的热爱。

众所周知，海军泰州舰（舷号：138）是一艘现代级导弹驱逐舰，按照我军舰艇的命名法则，通常驱逐舰会以省会城市命名，那么这艘曾经的主力舰艇为什么会例外呢？这就需要我们回到70多年前的1949年。

1949年4月23日，渡江战役的第4天，当人们为南京胜利解放而感到振奋的时候，距离南京不到200千米的泰州白马庙，一场规模不大却意义重大的特殊会议正在悄然进行，在这次会议中，中国人民解放军第一支海军部队——华东军区海军宣告成立，张爱萍任司令员兼政委。人民海军从此诞生。至此，泰州这座临江不靠海的内陆城市，作为中国海军诞生地、水兵母亲城就与海军结下了不解之缘。

1986年东海舰队八三一舰正式被命名为“泰州舰”，古城泰州与人民海军之间又增添了更为紧密的联系。如今，人民海军从近岸走向了近海，从近海又走向了远洋，虽然在空间上离泰州越来越远，但人民海军没有忘记与泰州人民的鱼水情。2005年，我国从俄罗斯引进的第二批现代级导弹驱逐舰138号正式入列，该舰打破舰艇命名的惯例，被命名为“泰州舰”。

“泰州舰”为古城泰州注入了全新的海军血液，海军元素深深地融入城市建设与发展之中。作为“水兵母亲城”，泰州已获得“全国双拥模范城”五连冠。每年“八一”和“四·二三”人民海军成立纪念日，泰州各级党政慰问团、社会组织会集中走访慰问，给海军官兵送去“第二故乡”的问候。每年泰州市“两会”召开，泰州舰的代表也都会受邀参会并在主席台就座，作为真正的“家乡人”，参加“母亲城”的议政决策。如今，行走在泰州的街头，双拥文化广场、双拥一条街、双拥长廊等随处可见；《泰州舰之歌》飘荡在中小学的校园内；海军公园、海军大道、水兵广场，都在向人们诉说着这段生动的历史。

硝烟已散，昔日江面炮火中的支前壮举，早已融汇在泰州儿女的血液之中，汇聚起催人奋进的磅礴伟力。如今，500万泰州人民继承先辈遗志、高举信仰之旗、践行红色精神，在新时代的历史起点上，播撒豪情壮志，书写时代荣光。

我们不是生活在和平的年代，只是生活在和平的国家，正是有着人民军队的保驾护航，我们才能够在和平稳定的环境下，向着“建国一百年”的伟大目标奋勇前进。

2018 年 5 月 18 日上午，海军泰州舰的这份寄语，伴随着一封封来自社会其他领域的信件，一起落入了封存箱内，他们将在那里静静地等待，等待那个伟大的日子，那个无数革命先辈、无数建设者以及无数你我所期盼的日子的到来，相信在所有人的努力下，那时的中国必定如你所愿！

廖俊波殉职时使用的办公用笔

这是一支笔，长 13.3 厘米，直径 0.7 厘米，材质为塑料，是一支普通得不能再普通的笔。它更是一支非同寻常的笔，一支书写忠诚与担当的笔。为什么这么说呢？要从它的特殊经历说起。时间回到 2017 年春天，闽北的雨下个不停。3 月 18 日，周六，晚 7 时许，大雨如注，一辆略显陈旧的小轿车在长深高速上突发意外，闽北人民的好儿子，全国优秀县委书记廖俊波永远地离开了他热爱的这片土地。这支笔就是廖俊波因公殉职时公文包里存放的办公用笔。2018 年 5 月，廖俊波妻子林莉老师将这件珍贵的文物捐赠给福建省革命历史纪念馆永久珍藏。

见证新时代

这支笔是廖俊波用生命践行忠诚、干净、担当的好干部的使命的一个最好的见证。

廖俊波殉职时使用的办公用笔

廖俊波，1968 年 8 月出生于福建省南平市浦城县，1990 年 8 月参加工作，1992 年 7 月加入中国共产党，生前是福建省南平市委常委、副市长，武夷新区党工委书记，曾任政和县委书记等职，2015 年 6 月被中央组织部授予“全国优秀县委书记”称号，2017 年 3 月 18 日不幸因公殉职，2017 年 6 月，被追授为“全国优秀共产党员”“时代楷模”，2019 年，被评为“最美奋斗者”。

廖俊波对党忠诚、信念坚定。廖俊波的时间表里没有双休日，也没有白天夜晚的区别，他总是不停地工作，曾经 3 天跑 4 个城市，会见了 6 批客商。驾驶员问他：“您不觉得累吗？”他解释说：“带孩子够辛苦吧，但父母为何乐在其中呢？因为信念！心有信念，就不会觉得累。”2011 年 6 月，廖俊波调任政和县委书记，当时的政和县戴着“贫困县”“经济长期全省倒数第一”的帽子，被戏称为“省尾”。廖俊波到任后，提出了“一切为了政和的光荣与梦想”的响亮口号，带领政和党政干部，扑下身子，苦干实干，他主政政和期间，全县财政总收入翻了两倍多，连续 3 年进入全省县域经济发展“十佳”，实现了贫困县脱胎换骨的蜕变。

廖俊波敢于担当，苦干实干。2004 年廖俊波担任邵武市副市长，他主抓工业，在规划金塘工业园一期时，很多手续需要申报审批，时间很长。为此，他主持召开专题会议，采取边审批边建设的超常规方法。有关单位的负责同志怕被追究责任，廖俊波斩钉截铁地说：“这块地属于长期水毁、荒滩、沙洲地，我们如实将土地现状拍成视频资料上报上级各有关部门，在不违反国家对土地使用的原则性政策前提下，边建设边报批。会议纪要记下来，有责任的话，我来承担！”正是他的敢于担当的气魄，赢得了大家齐心协力的支持，园区从建设征地到第一家企业投产，仅用了半年时间，打造了第一个“俊波速度”。

廖俊波心系群众，为民造福。他常说：“帮老百姓干活，保障群众利益，怎么干都不过分。”政和县石圳村原是出了名的“垃圾村”，廖俊波听说村里成立了巾帼理事会，义务清理垃圾，专程到村里走访。此后，他多次到石圳村，与村民一起探讨石圳村的发展路子，他常说：“赚钱的事群众干，不赚钱的事政府干。”在他的关怀下，石圳村“美丽乡村”建设得到了相关部门的支持，2015年通过了“国家3A级旅游景区”评定，发展成了远近闻名的“美丽乡村”、白茶小镇。

廖俊波廉洁奉公，干净做事。从邵武、荣华山、政和到武夷新区，廖俊波一直分管或主管工业园区，经手无数项目，但他从来没有为亲友介绍过工程，他总是事先声明：“我没有做工程的亲戚朋友，任何打着我旗号承揽工程的，你们一概拒绝。”主政武夷新区后，面对每年投入 100 多亿元的建设项目，廖俊波嘱咐武夷新区纪工委书记张梓全：“武夷新区是个大工地，工程上去了，干部不能倒下。”

应该说这支笔是廖俊波用生命践行一个好干部忠诚、干净、担当的使命的一个最好见证。

2017 年 4 月 14 日，中共中央总书记、国家主席、中央军委主席习近平对廖俊波同志先进事迹作出重要指示强调，廖俊波同志任职期间，牢记党的嘱托，尽心尽责，带领当地干部群众扑下身子、苦干实干，以实际行动体现了对党忠诚、心系群众、忘我工作、无私奉献的优秀品质，无愧于“全国优秀县委书记”的称号。广大党员、干部要向廖俊波同志学习，不忘初心、扎实工作、廉洁奉公，身体力行把党的方针政策落实到基层和群众中去，真心实意为人民造福。

2021 年 6 月 16 日，习近平总书记给廖俊波同志母亲季平英同志回信，充分肯定和赞扬廖俊波的精神。习近平总书记在回信中说：“廖俊波同志离开我们四年了，南平干部群众一直怀念他。在党的百年奋斗中，有千千万万党员、干部像廖俊波同志一样为党和人民事业献出了宝贵的生命，党和人民永远铭记着他们。”

拉齐尼·巴依卡的“时代楷模”荣誉证书及遗物

拉齐尼·巴依卡，男，塔吉克族，1979年4月出生，2001年入伍，2003年退伍，中共党员，新疆维吾尔自治区塔什库尔干塔吉克自治县提孜那甫乡提孜那甫村村委会委员、护边员，红其拉甫边防连义务巡逻向导。70年来，他家祖孙三代从事边防义务巡逻向导工作。2004年1月，拉齐尼·巴依卡接过祖父、父亲的接力棒，开始义务为红其拉甫边防连拉齐尼·巴依卡是习近平总书记关于民族工作重要论述的忠诚践行者，是新时代党的治疆方略的坚定推动者，是爱国戍边的『帕米尔雄鹰』。

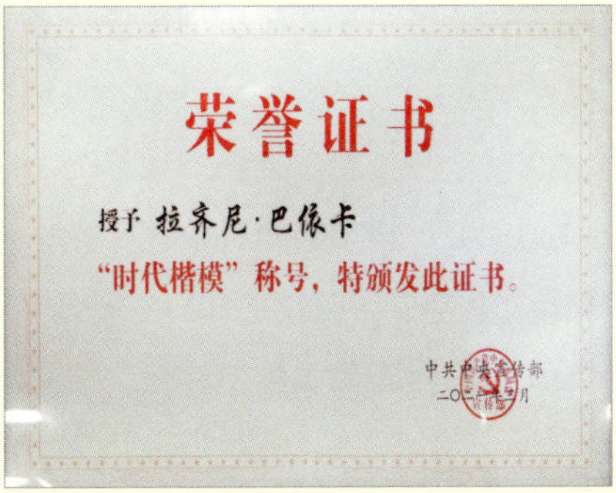
荣誉证书

授予 拉齐尼·巴依卡

“时代楷模”称号，特颁发此证书。

中共中央宣传部

『时代楷模』荣誉证书

拉齐尼·巴依卡的护边服

官兵当巡逻向导，守卫神圣国土、捍卫祖国尊严，多次冒着生命危险救助巡逻战士，10 余年来，足迹踏遍帕米尔高原边防一线的每一块界碑、每一条河流、每一道山沟。无数次与恶劣的天气环境作斗争，面对暴风雪、山体滑坡等自然灾害，他用顽强的意志和坚定的信念，战胜一切困难，带领巡逻队伍脱离险境。拉齐尼被边防官兵和当地牧民称赞为在云端上守边护边的“帕米尔雄鹰”，荣获“自治区级劳动模范”“自治区道德模范”“自治区级爱国拥军模范”“全国民族团结进步先进个人”“全国爱国拥军模范”“优秀护边员”等称号，荣获“第六届全国道德模范提名”。

70 年来，拉齐尼 · 巴依卡一家祖孙三代成为不穿军装的边防军人，默默无闻、甘于奉献，始终为祖国的边防安全进行义务巡逻，用他们自己的一句话说：“边防部队的官兵日夜巡逻边境线，使祖国的边关得以安宁，牧民得以安居乐业，我为他们带路，只是做了一个塔吉克族边民应该做的事情。”

位于帕米尔高原的塔什库尔干塔吉克自治县是我国唯一的塔吉克族自治县，这里与巴基斯坦、阿富汗、塔吉克斯坦以及克什米尔地区接壤，边境线长 888 千米，也是我国唯一与三国陆地接壤的边境县，距离乌鲁木齐市有 1700 多千米。在雄伟的帕米尔高原上，有一个叫红其拉甫的地方，塔吉克语意为“血染的通道”。红其拉甫平均海拔 5000 米以上，氧气含量不足平原的一半，风力常年在7级以上，最低气温达零下40多摄氏度，被称为“死亡之谷”。1949年12月，红其拉甫边防连正式成立的时候，拉齐尼的祖父凯迪拜克就成为边防官兵的义务向导。1972年8月，凯迪拜克老得再也走不动了，就把义务向导的“接力棒”交给了20岁的儿子巴亚克。在此后的近40年里，巴亚克常年与边防官兵巡逻在帕米尔高原至喀喇昆仑山脉、中巴边境的冰峰雪岭之中。巴亚克当了33年向导，被高原风霜雨雪摧垮了身体，无法再从事向导工作。2004年9月，拉齐尼从荣获“全国双拥模范先进个人”称号的父亲手中接过了戍边的“接力棒”。

2018年拉齐尼·巴依卡当选第十三届全国人大代表。拉齐尼·巴依卡是习近平总书记关于民族工作重要论述的忠诚践行者，是新时代党的治疆方略的坚定推动者，是爱国戍边的“帕米尔雄鹰”。他爱国护边的执着坚守、推动民族团结进步的扎实工作、舍己救人的英雄壮举，生动践行了新时代共产党员的初心使命，充分彰显了全国人大代表忠诚履职的责任担当，鲜明体现了退役军人忠诚奉献的真挚情怀。

2021年1月4日，拉齐尼在喀什大学学习期间，为解救落入冰窟的儿童，不幸英勇牺牲，年仅41岁。为宣传褒扬拉齐尼·巴依卡的先进事迹和崇高精神，中共中央宣传部决定，追授他“时代楷模”称号。

·供稿·新疆维吾尔自治区
塔什库尔干塔吉克自治县文化体育广播电视和旅游局

037 / 150

上海合作组织青岛峰会国家元首请柬

“请柬者，释庄重之礼也。古，礼之繁……皆需请柬传情达意，乃文雅之举也。”中国是礼仪之邦，众典礼、仪式、活动及会议，请柬必不可少，意表事之重、主之诚也。2018年在青岛召开的上海合作组织成员国元首理事会第十八次会议，用鄄城鲁锦制成香囊，里面放入给上合组织各成员国元首的请柬，“请”来各成员国元首，在国际上大放异彩。

选择鄄城鲁锦包装请柬寓意深刻，不仅体现出鄄城鲁锦这一非物质文化遗产的独有魅力，更表达出国泰民安的美好

见证新时代

上海合作组织青岛峰会，鲁锦成为国家元首请柬的重要组成部分，向世界传递了和平发展的信息，表达了国泰民安的美好祝愿。

用郓城鲁锦制作的上合青岛峰会国家元首请柬

祝愿。为了在上合峰会上展现出鄄城元素，鲁锦的挑选和制作下了大功夫！

2018年4月12日，鄄城县中国鲁锦博物馆馆长路维民就接到了来自上合峰会组委会的邀请，峰会组委会需要进行山东特色文化会议用品的设计，希望能提供鲁锦方面的纹样和图案素材，备选上合峰会成员国元首的请柬用料。峰会组委会对元首请柬的用料选择是极为审慎的：色彩要端庄，纹饰要吉祥；材质要天然，制作要精良；工艺要传统，设计要大方；文化要厚重，风韵要悠扬。当晚，路维民馆长就仔细筛选了40余款经典鲁锦面料的图片，发送至上合峰会组委会。

4月20日，路维民馆长接到上合峰会组委会通知，要求尽快赶到青岛，就鲁锦文化产品的最终设计展开进一步的讨论。翌日，路维民馆长按要求赶赴青岛，将精心挑选的8款鲁锦面料交到上合峰会组委会。

4月25日，上合峰会组委会确认使用“猫蹄纹”图案鲁锦。“猫蹄纹”是群众自己的命名，意思是织锦的纹饰像猫蹄踩在地上的形状，轻盈而又细腻。所谓的“猫蹄纹”是从上古陶器和商周青铜器上常见的“云雷纹”变化而来，基本特征是以连续的“回”字形线条所构成。“云雷纹”是我国使用最悠久、用途最广泛、变化最复杂的传统纹样之一。“云雷纹”属于自然物象纹，源于古代先民对云和雷的细腻观察，是对自然现象的模仿，表达了人们对云和雷的崇拜，显示了对风调雨顺、国泰民安的美好祈愿。2008年北京奥运会上广泛使用的“祥云”图案，其设计灵感就来自“云雷纹”。本次织造的猫蹄纹鲁锦，其实就是“云雷纹”的变体，它采用双经双纬的织造方法，凸显出纹饰的立体感，具有极强的艺术表现力。经线采用黄、蓝两色宽条提花，间隔等宽的黑、玫红、草绿、紫、黄、白、青、大红、果绿9色平地彩条，需72道工艺才能最终织成，织造工艺十分繁杂。

为了如期完成该这款鲁锦制品的“上合礼物”，路维民馆长在确认现有色线能满足面料花色的织造需要后，联系了鲁锦织造技艺非物质文化遗产代表性传承人刘春英，请她亲自负责鲁锦面料的织造。刘春英在确保面料质量的前提下，日夜加班赶织，一梭一线严谨认真，一踩一合疏密得当，历经20余天，最终在约定交货期之前下机。整幅织锦既色彩丰富，又典雅、古朴、庄重，彰显了自然、和谐、吉祥的文化气质，它不仅体现了厚重的齐鲁文化和浓郁的山东特色，也是山东妇女高超的艺术创造力和艺术表现力的有力证明。

鄄城鲁锦作为山东独有的一种纯棉手工提花纺织品，具有悠久的织造历史、复杂的织造技艺和绚丽的艺术图案，2008年被国务院公布列入国家级非物质文化遗产名录。本次上海合作组织青岛峰会，鲁锦又成为国家元首请柬的重要组成部分，鲁锦文化的魅力再次释放，向世界传递了和平发展的信息，表达了国泰民安的美好祝愿。

038 / 150

潍坊
国际和平城市证书

潍坊历史悠久，文化底蕴深厚，文物资源丰富，是山东省的文物大市，以潍县西方侨民集中营旧址（乐道院）、坊子德日建筑群、大英烟公司旧址、二十里堡火车站、胶济铁路等为代表的富含和平因素的近现代历史文化遗产，既见证了潍坊近代中西文化交流的进程，也凸显了潍坊城市文化品格的博大和深厚。

见证新时代

潍坊国际和平城市证书是潍坊人民加入国际和平城市协会的见证物，向全世界表明940万潍坊人民牢记战争创伤、创造和平未来的决心。

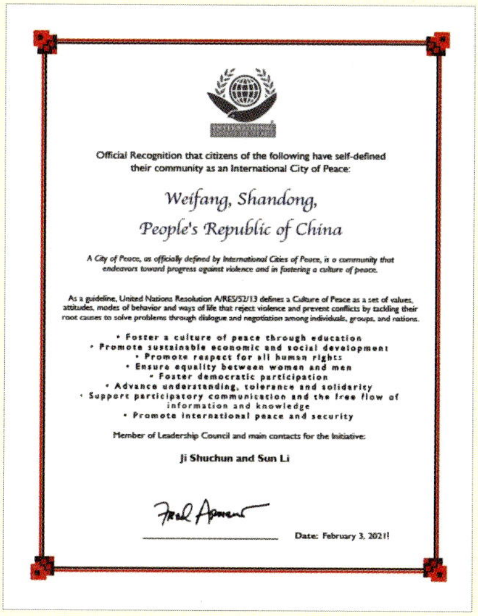

Official Recognition that citizens of the following have self-defined their community as an International City of Peace:

Weifang, Shandong,
People's Republic of China

A City of Peace, as officially defined by International Cities of Peace, is a community that endeavors toward progress against violence and in fostering a culture of peace.

As a guideline, United Nations Resolution A/RES/52/13 defines a Culture of Peace as a set of values, attitudes, modes of behavior and ways of life that reject violence and prevent conflicts by tackling their root causes to solve problems through dialogue and negotiation among individuals, groups, and nations.

- Foster a culture of peace through education
- Promote sustainable economic and social development
- Promote respect for all human rights
- Ensure equality between women and men
- Foster democratic participation
- Advance understanding, tolerance and solidarity
- Support participatory communication and the free flow of information and knowledge
- Promote international peace and security

Member of Leadership Council and main contacts for the Initiative:

Ji Shuchun and Sun Li

Date: February 3, 2021!

官方承认以下城市的公民自愿定义
其社区为国际和平城市：

中国山东省潍坊市

国际和平城市协会对和平城市的官方定义是
为反对暴力和促进和平文化事业不断做出努力的社区。

联合国第A/RES/52/13号决议将和平文化定义为：通过个人、团体和国家之间的对话和谈判处理问题根源，从而解决问题，防止冲突以及拒绝暴力的价值观、态度、行为方式和生活方式。

· 通过教育促进和平文化
· 促进经济与社会可持续发展
· 促进对所有人权的尊重
· 确保男女平等
· 促进民主参与度
· 促进理解、宽容和团结
· 支持参与式交流以及信息和知识的自由流动
促进世界和平与安全

领导委员会成员及主要联络人：

吉树春，孙丽

日期：2021年2月3日

潍坊国际和平城市证书

乐道院始建于1882年，是集医疗、教育、宗教为一体的综合性场所，初期占地面积16.5亩（约11000平方米），1904年重建后占地约200亩（约13.3万平方米）。1942年，太平洋战争爆发后，日本为报复美国限制日裔美籍人士在美国本土活动，将乐道院改造为西方侨民集中营（日本人称之为“敌国人集团生活所”），先后关押了2000多名外国侨民。潍县集中营是日本侵华历史和日本军国主义暴行的重要见证地，也是二战期间国际侨民与中国人民团结反抗日本法西斯的正义斗争及国际主义精神的象征。它与遗存在世界各地的法西斯集中营遗址一样，都是人类伤痛的记忆，它的存在可以教育世人，尤其是年轻一代，牢记历史，珍爱和平，避免重蹈历史覆辙，矢志构建人类社会的美好未来。

潍坊自20世纪90年代开始便依托潍县西方侨民集中营旧址等和平文化遗产开展相关和平纪念活动，2005年市政府拨专款对集中营旧址进行维护修缮，进入新时代，潍坊市更加注重和平文化遗产的保护利用。2019年5月，市委决定“理顺乐道院产权体制，乐道院所属建筑划归市博物馆统一管理”，并提出依托潍县西方侨民集中营旧址争创“全国爱国主义教育示范基地”的目标和潍坊市创建“国际和平城市”的构想。同年10月，由市委、市政府领导，市文化和旅游局主要负责，以乐道院潍县集中营博物馆（潍县西方侨民集中营旧址管理机构）为核心，联合坊子德日建筑群、大英烟公司旧址、二十里堡火车站等组成潍坊国际和平城市创建团队。创建团队根据国际和平城市创建要求，组织开展和平场馆建设、学术研究、文物征集、档案整理、和平教育等系列活动，并着手撰写中英文版申请报告。

经过 4 个月的紧张筹备，2021 年 1 月 16 日，国际和平城市协会主席弗雷德 · 阿门特先生发来邮件，祝贺潍坊成为国际和平城市，并定于 2021 年 2 月 3 日，向全球正式发布公告。该组织是全球唯一得到联合国正式认可的和平城市协会，致力于连接、促进和鼓励全球开展和平活动的城市，实现世界和平的梦想。继南京之后，潍坊成为中国第二个加入国际和平城市协会的城市。

潍坊国际和平城市证书（中英文）是潍坊人民加入国际和平城市协会的见证物，向全世界表明 940 万潍坊人民牢记战争创伤、创造和平未来的决心。潍坊作为国际和平城市将深入挖掘保护潍坊市和平文化遗产，使其与城市记忆、国家记忆、全球记忆融为一体，提升广大人民群众对珍爱和平、构建人类命运共同体思想的认知，形成弘扬爱国主义、国际主义精神的浓厚氛围，为建设亚洲乃至世界持久和平、推动构建人类命运共同体作出积极的、特殊的贡献。

贝尔格莱德中国文化中心奠基铁锹

在山东高速集团的展厅里，静静地放置着一把铁锹，这把铁锹是贝尔格莱德中国文化中心奠基铁锹。从外观上看，它和市面上的千千万万铁锹没有太大区别，但它，却承载着一段关于和平与友谊的故事。23 年前，以美国为首的北约悍然对南联盟发动 78 天的持续轰炸。中国驻南联盟大使馆也惨遭轰炸，造成 3 名中国记者遇难、20 多名中国外交人员受伤。这一暴行激起了中国人民的强烈愤慨，并随时间沉淀为不可磨灭的民族记忆。受原文化部和外交部的委托，山东高速集团勇担国企责任，在这块洒满烈士鲜血的土地上，投资建设了贝尔格莱德中国文化中心。

见证新时代

这把铁锹承载着一段关于和平与友谊的故事，不断见证着中塞两国历史与友谊的传承和发展。

贝尔格莱德中国文化中心

山东高速集团展厅展示的贝尔格莱德中国文化中心奠基铁锹

贝尔格莱德中国文化中心奠基铁锹的故事还得追溯到2016年6月，那时塞尔维亚正值初夏，绿树成荫，花团锦簇，首都贝尔格莱德洋溢着隆重热烈的气氛，主干道两侧随处可见中塞两国国旗，这是中国国家元首32年来首次访问塞尔维亚。此次习近平主席访问的首场活动就是中塞两国元首共同出席贝尔格莱德中国文化中心奠基仪式。习近平主席在时任塞尔维亚总统尼科利奇先生的陪同下来到仪式现场，经过庄重而简洁的仪式后，两国元首用铁锹为项目奠基石培土，贝尔格莱德中国文化中心项目正式启动。习主席使用过的这把铁锹被不远万里送回了中国，存放在山东高速集团展厅中。这把铁锹对山东高速集团是一种鞭策，更是一种激励，时刻激励着山东高速集团以时不我待的责任感、紧迫感、使命感书写国企担当，把贝尔格莱德中国文化中心建设成为中塞两国人民的文化平台和桥梁。

中塞两国元首用铁锹挖开了历史封藏的尘土，让阳光照进这片土地。这把铁锹在奠基仪式上完成了它的“使命”，随后，山东高速集团接过接力棒，开启建设贝尔格莱德中国文化中心的新征程。作为一项带着政治使命的任务，山东高速集团仅用不到3个月的时间就完成了中国驻南联盟大使馆原地块的收购工作并完成了调研、初设、施工图设计等报批工作。

建设过程中，面临很多意想不到的难题，如地下结构物移除复杂、炸弹残骸拆除危险，山水画大厦外立面在塞尔维亚没有先例可借鉴等，加之后期突如其来的新冠肺炎疫情，对建设者们提出了多重考验和挑战。山东高速集团顶住压力，一手抓防疫、一手抓建设，攻坚克难，寻出路，破难题。2021 年，贝尔格莱德中国文化中心正式投入运营，成为巴尔干地区首个中国文化中心，为塞尔维亚及周边国家民众深入了解中国文化提供了重要平台。贝尔格莱德中国文化中心与当地文化艺术机构密切合作，以高水平的文化艺术活动服务当地民众，展示中华优秀文化，讲述中国故事，传播中国声音，促进中塞文化交流、民心相通。

多瑙河边，鱼鸥翔集，天鹅嬉戏，美不胜收。贝尔格莱德中国文化中心这座带有鲜明中国元素的白色建筑物，与周围环境相得益彰，格外吸引游客瞩目。贝尔格莱德中国文化中心这把奠基铁锹赋予了山东高速集团建设贝尔格莱德中国文化中心的光荣使命，也为中塞两国日益密切的“铁杆友谊”架起了沟通桥梁。在“一带一路”倡议背景下，塞尔维亚已成为中国—中东欧国家“17+1”合作机制中最重要的成员之一，两国在经济贸易、文化交流领域的合作尤为突出。这把铁锹将永远激励着中国企业勇于担当，讲好中国故事，传播中国声音，不断见证着中塞两国历史与友谊的传承和发展。

嘉兴“建党百年”砖

嘉兴“建党百年”砖，长 16.6 厘米，宽 11 厘米，厚 4.5 厘米，采用楷书字体，正面阳刻文字“建党百年”。此砖是 1 ∶ 1 复原的 1921 年嘉兴火车站站房所用砖的母砖，由嘉兴籍古砖收藏家邵嘉平设计，西泠印社副社长、著名书法篆刻家韩天衡书写并篆刻。

1921 年夏天，“中共一大”的部分代表沿着沪杭铁路到达嘉兴火车站，继而登上游船来到南湖，完成了“中共一大”会议，宣告了中国共产党的诞生，嘉兴火车站也成为历史的重要见证者。

见证新时代

『建党百年』砖见证了历史，也正在见证着嘉兴、见证着中国的现代化新征程，迎接新时代的挑战。

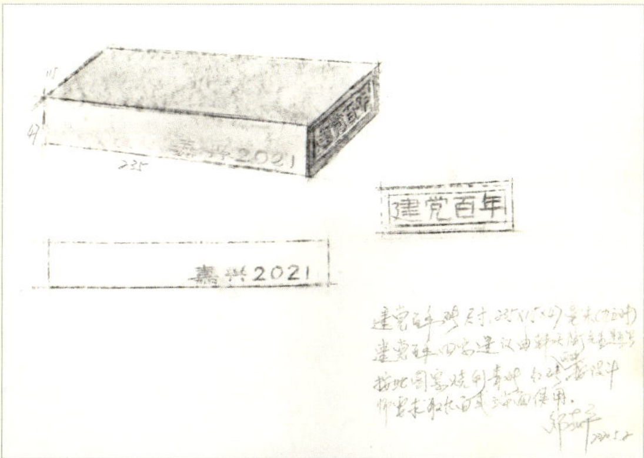

嘉兴『建党百年』砖设计图纸

嘉兴『建党百年』砖

1937 年夏天，淞沪会战爆发，嘉兴火车站在日军飞机的疯狂轰炸下，毁于一旦。

2021 年夏天，在党的百年华诞到来之际，承载着百年红色记忆的嘉兴火车站焕然一新。作为“重走一大路”的起始点，进入车站，首先映入眼帘的是一幢青红相间的近代风格建筑，这是嘉兴为建党 100 周年献上的珍贵礼物——1 ：1 复原的 1921 年嘉兴火车站站房。

在这座穿越历史的建筑墙体内，嵌着一些特殊的砖块，雕刻着文字“嘉兴 2021”“建党百年”，它们都由同一块母砖烧制而成，这便是嘉兴“建党百年”砖。这块构筑起百年站房的母砖，现由嘉兴博物馆永久保存。

这块母砖特地选用三国时期的古砖，与嘉兴近一千八百年的建城时间相呼应。这一块看似寻常的“建党百年”砖，凝聚了众多艺术家的创意与心血，彰显着新时代的生机与韧性。

邵嘉平作为“建党百年”砖的设计者，创意性地串联时空和地域，通过“嘉兴”“嘉兴 2021”“建党百年”这 3 段简单的文字，把历史凝聚在这一块砖上。

砖上刻字，多是阴刻，而“建党百年”纪念砖上的字为阳刻，这也是韩天衡艺术生涯的首次尝试。“建党百年”四字笔锋刚劲有力，展现出坚韧不拔的精神。

1921块红砖和2021块青砖所用的原料，皆取自中国共产党诞生地——南湖的湖心，寓意不忘来时路、不忘初心使命。最为关键的烧制，由浙江省文保单位嘉善沈家窑承担。3942块砖，按照“四选一”的比例进行烧制，好中选优，确保每块选中的砖呈现近乎完美的效果。

2021年春天，在距离中国共产党百年华诞100天的日子，新时代“重走一大路”“建党百年”砖送砖仪式在嘉善举行。历时一年，倾注了无数心血的纪念砖，终于被嵌入嘉兴火车站1921站房。

“建党百年”砖以新文物的形态，记录着百年的辉煌。它由中国篆刻大师——韩天衡先生精心雕琢，拥有极高的艺术和收藏价值；它打破了时间与空间的距离，用百年窑烧百年砖，既是历史的参与者，又是历史的记录者。用红砖1921块和青砖2021块，象征共产党诞生与百年，把时间关联起来；用南湖之土铸造新砖，从梦想启航地到重走一大路起点，把地域关联起来。

嘉兴是党的根脉之地、初心之地、红船精神的凝练升华地，在2021年这个特殊时刻向党献礼，1 ∶ 1复原了一百年前的嘉兴火车站站房。“建党百年”砖见证了历史，也正在见证着嘉兴、见证着中国的现代化新征程，迎接新时代的挑战。

“恰是百年风华——庆祝中国共产党成立100周年主题展”观众留言簿

观众留言簿是纪念馆工作者倾听观众心声、获取展览反馈意见的第一手资料，也是伴随着展览一同成长的宝贵物件。作为全国唯一一家系统展示毛泽东主席生平业绩、思想和人格风范的纪念性专题博物馆——韶山毛泽东同志纪念馆，多年来已形成不论大小展览均放置观众留言簿的优良传统。

见证新时代

这些留言，见证了新时代人们对党百年光辉历史的铭记，对一代代中国共产党人为人民谋幸福、为民族谋复兴的感恩。

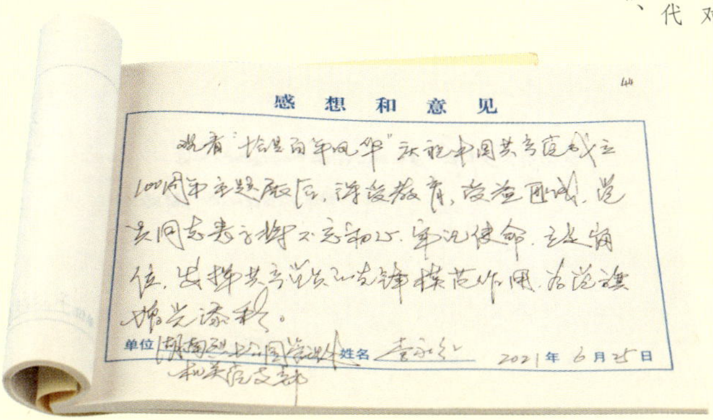

观众留言

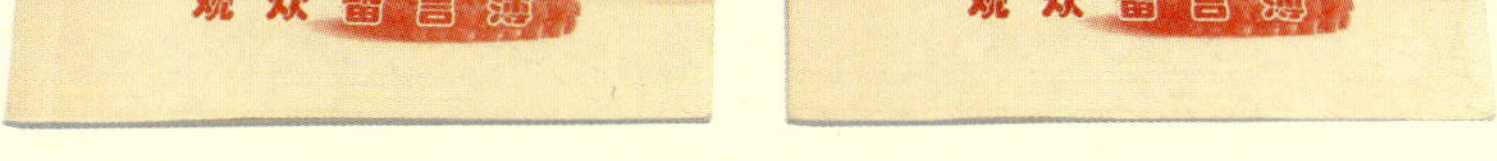

『恰是百年风华——庆祝中国共产党成立100周年主题展』观众留言簿

为庆祝中国共产党成立100周年，2021年4月30日，由湖南省韶山管理局主办、韶山毛泽东同志纪念馆承办的“恰是百年风华——庆祝中国共产党成立100周年主题展”在纪念馆第七展厅面向公众开放。该展览作为建党百年之际特别推出的原创性主题展览，在选题策划上以习近平总书记系列重要讲话精神为指导，采用编年和专题相结合的叙事方法，分为“领导新民主主义革命取得伟大胜利”“开启社会主义革命和建设新征程”“开创改革开放和中国特色社会主义新道路”“引领中国特色社会主义进入新时代”四个部分，总结、回顾了党在100年中取得的伟大成就，凸显了只有中国共产党才能救中国、建中国、富中国、强中国这一伟大主题。

鲜明的导向与紧扣时代主旋律的特点，让展览成功入选由中央宣传部和国家文物局联合推介的“庆祝中国共产党成立100周年精品展览”，并因此受到全国瞩目。展览被湖南省烈士公园、新疆吐鲁番市博物馆、河北廊坊京津冀大数据创新应用中心、湖南省常德市丁玲纪念馆等多地邀请巡展、联展，全国累计参观人数超过120万人次。小小的观众留言簿，也随之奔向全国，见证着各地观众看完展览后流露的真情实感。

在留言簿上，最常出现的是“感动”“感谢”“祖国万岁”“中国共产党万岁”等感人的留言和美好的祝福。孩子用歪歪扭扭的字迹，写下“我为祖国感到骄傲”；青年人用铿锵有力的字迹，写下“展览先后看了两次，深受感动，没有毛主席，

就没有新中国；没有共产党，就没有富强伟大的新中国，祝中国共产党百年寿诞昌盛繁荣。”“百年征程，幸福来之不易。我辈党员应奋蹄扬鞭，为祖国富强，贡献力量。”

留言者中，还有不少是年长者。其中，令人印象深刻的是有着 52 年党龄的老党员汤秀清老人，她佩戴着最珍视的奖励——“光荣在党 50 年”纪念章，在家人的陪同下专程观看展览。她告诉工作人员，展板上的历史事件很多她都亲身经历过。每看到一张老照片、一段文字，都会回想起那个阶段的自己，仿佛走进了记忆的隧道。在看完展览后，老人心情久久难以平复，她双目含泪地说道：“我是穷苦出生，经历过苦日子，是党和国家帮我脱离了苦难，让我过上了幸福的生活，我永远不会忘记党和国家的恩情！”老人用颤颤巍巍的字迹写下“韶山毛泽东同志纪念馆展览办得非常成功，让我们更加热爱党和伟大的国家。我爱你中国、中国、中国！”

观众留言簿，用最传统的记载方式，以寥寥数行文字，承载了最生动鲜活的情感画面。这些留言，见证了新时代人们对党百年光辉历史的铭记，对一代代中国共产党人为人民谋幸福、为民族谋复兴的感恩，也见证了人们对祖国深沉的热爱，对新时代美好的期待。这平凡普通的观众留言簿，不仅是展览的永久记忆，更是广大党员干部和各族人民群众在以习近平同志为核心的党中央领导下不懈奋斗、取得辉煌成就的实物见证。

“我站立的地方是中国”签名水裤

2020年6月，有关外军公然违背与我方达成的共识，越线搭设帐篷。按照处理边境事件的惯例和双方之前达成的约定，团长祁发宝本着谈判解决问题的诚意，仅带几名官兵，蹚过齐腰深的河水前出交涉。在交涉过程中，对方无视我方诚意，早有预谋地潜藏、调动大量兵力，企图凭借人多势众

见证新时代

新时代卫国戍边英雄官兵，是『四有』新时代革命军人的杰出代表，是对党绝对忠诚、矢志强军报国的时代先锋。

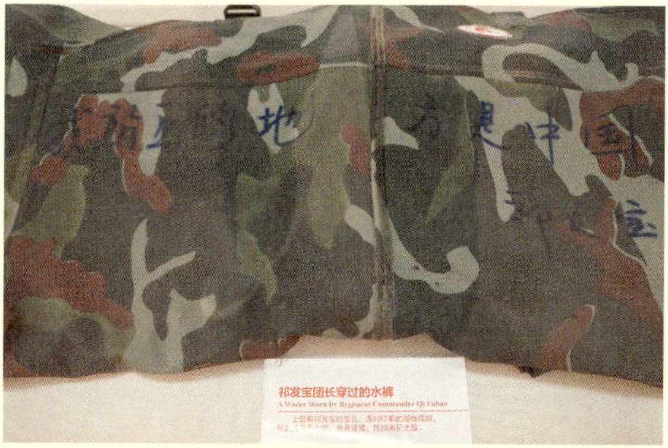

祁发宝团长的签名水裤

迫使我方退让。祁发宝张开双臂挡在外军面前，大声呵斥："你们破坏共识，要承担一切后果！"同时组织官兵占据有利地形。官兵们组成战斗队形，与数倍于己的外军对峙。对方用钢管、棍棒、石块发起攻击。祁发宝成为重点攻击目标，头部遭到重创。后增援队伍及时赶到，一举将来犯者击溃驱离。陈红军、陈祥榕、肖思远毫不畏惧、英勇战斗，直至壮烈牺牲。王焯冉在渡河前出支援途中，为救助战友牺牲。

以祁发宝、陈红军、陈祥榕、肖思远、王焯冉等先进典型为代表的新时代卫国戍边英雄官兵，是"四有"新时代革命军人的杰出代表，是对党绝对忠诚、矢志强军报国的时代先锋。新时代的卫国戍边英雄官兵们扎根高原、奉献青春，在雪域边关以身铸界碑；面对严峻复杂的现实考验，他们常备不懈、枕戈待旦，坚决捍卫祖国领土主权和边境地区和平安宁；面对疯狂挑衅和暴力攻击，他们毫不畏惧、团结战斗，践行了“大好河山、寸土不让”的铿锵誓言。

2021年2月，中央军委授予祁发宝“卫国戍边英雄团长”荣誉称号。同年4月28日，祁发宝团长在那条他在边境冲突中穿过的水裤上写上“我站立的地方是中国”的文字，并委托他所在部队的领导来到四川，将这条水裤捐赠给四川省建川博物馆永久收藏。

目前该水裤在四川省建川博物馆的“奋斗与辉煌——中国共产党100年礼赞”展览中陈列展出，该展览入选中宣部、国家文物局“庆祝中国共产党成立100周年精品展览”推介名单，而这条有着祁发宝团长亲笔签名的水裤，也成了对广大观众进行爱国主义教育和继承革命传统、传承红色基因的珍贵物件。

绘制在石头上的五星红旗

这张照片上的是隆子县玉麦乡牧民卓嘎、央宗两姐妹，她们正抚摸着绘制在村口石头上的五星红旗。2017 年 10 月 28 日，习近平总书记给卓嘎、央宗姐妹回信，高度评价她们父女两代接力为国守边的行为，并希望她们“继续传承爱国守边的精神，带动更多牧民群众像格桑花一样扎根在雪域边陲，做神圣国土的守护者、幸福家园的建设者”。

见证新时代

2001 年，77 岁的桑杰曲巴安详地离开了坚守一生的土地。卓嘎、央宗谨记父亲的教诲，继续守卫着祖国的边疆。

绘制在石头上的五星红旗

玉麦乡位于喜马拉雅山脉，也是西藏南部前往印度的必经之路，面积 3000 多平方千米，平均海拔 3600 多米，过去交通闭塞、生活艰苦。“不能因为玉麦穷就离开，这是国家的土地，我们得守着。只有人在，家才能看好。”玉麦乡人民政府第一任乡长桑杰曲巴语重心长地跟两个女儿说。迫于生存的压力，不少居民陆续搬离玉麦。卓嘎、央宗的母亲因疾病早逝，在 1964 年至 1996 年的 32 年间，桑杰曲巴和两个女儿卓嘎、央宗组成“三人乡”，几十年如一日，赶着牦牛巡逻在祖国的领土上。他们亲手缝制国旗，在放牧守边的路上，一路走，一路悬挂国旗，在中国的领土上留下中国的标记。1988 年，卓嘎从父亲手中接过接力棒当了乡长，央宗担任副乡长兼妇女主任，他们延续着父亲的脚步继续放牧守边。2001 年，77 岁的桑杰曲巴安详地离开了坚守一生的土地。卓

嘎、央宗谨记父亲的教诲，继续守护好祖祖辈辈生活的地方，守卫着祖国的边疆，她们用自己的实际行动谱写了爱国守边的动人故事和时代赞歌。

西藏自治区党委认真贯彻落实习近平总书记“屯兵与安民并举、固边与兴边并重”的重要指示精神，大力加强边境建设，围绕加快边疆发展，确保边防巩固和边境安全这条主线，边境建设从应急管理向系统治理转变，加大强边固边力度，大力改善边民生产生活条件，完善边民补贴政策，提升稳边固边兴边能力，做到村村是堡垒，户户是哨所，人人是哨兵，形成固边强边的铜墙铁壁。如今的玉麦，有路、有水、有电、有网，在卓嘎、央宗两姐妹爱国精神的感召下，越来越多的人回到玉麦，扎根边陲，加入了守护国土、建设家乡的行列。

布茹玛汗·毛勒朵大妈的中国石

布茹玛汗·毛勒朵是新疆维吾尔自治区乌恰县吉根乡萨孜村人，在平均海拔4000多米的边防线上50多年如一日卫国护边，带动乡亲巡边守边，为国防事业作出了重大贡献。布茹玛汗从小没上过学，她学写的第一个词语“中国”是在边防巡逻的路上，解放军一言一语、一笔一画教给她的，并告诉她这个词所包含的意义。布大妈顿时觉得这两个字无比庄严神圣，她把“中国”两个字凿刻在坚硬的石头上，并情不自禁地拥抱在怀里，冰冷的石头中霎时间注入了她的体温、她满腔的爱和崇高的信仰。几十年里布茹玛汗刻写了多少中国石她自己也数不清，但是每一块石头放在什么地方，她都十分清楚，她说：“我熟悉冬古拉玛山口的石头草木，就像熟悉我们家抽屉里放的东西一样。任何一点变化，都逃不过我的眼睛。”

布茹玛汗从小没上过学，她学写的第一个词语『中国』是在边防巡逻的路上，解放军一言一语、一笔一画教给她的，并告诉她这个词所包含的意义。

中国石

· 供稿 · 新疆维吾尔自治区克孜勒苏柯尔克孜自治州乌恰县文化体育广播电视和旅游局

第一张
食用农产品合格证

此物件是2015年9月18日，由当时的宁波市奉化市王鹤农庄开具的食用农产品合格证，其由农产品生产主体自主设计，标明了企业品牌、产品名称、上市时间、产地、生产企业以及联系方式、内控员、执行标准等农产品质量安全信息，是食用农产品合格证制度研究制定以来，农产品生产主体自行开具的第一张合格证。

食用农产品合格证是借鉴工业品合格证，规定由生产经营者在自我质量控制、检测的基础上自主开具，承诺其销售的食用农产品符合国家农药兽药残留限量强制性标准的一种农产品合格标识。

2016—2018年，农业农村部在河北、黑龙江、浙江、山东、湖南、陕西6个省份开展合格证试点，将超过7.5万个生产经营主体纳入合格证管理，印制使用合格证800多万张。

一张小小的合格证，是上市农产品的『身份证』，是生产者的『承诺书』，是质量安全的『新名片』。

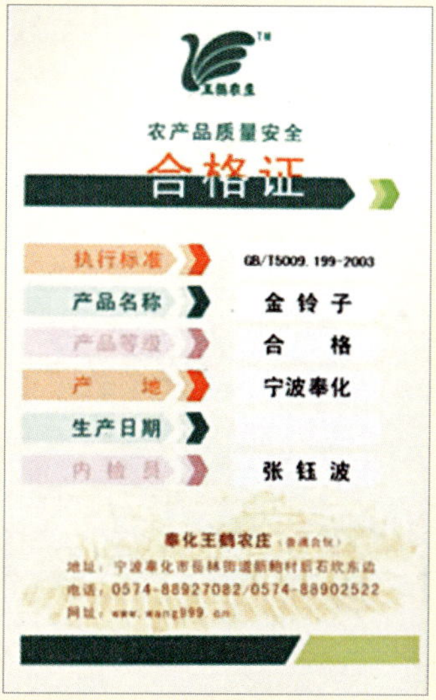

第一张食用农产品合格证（正反面）

2019 年 12 月，农业农村部印发《全国试行食用农产品合格证制度实施方案》，从省级试点到全国试行，合格证制度正式进入全国试行阶段。2021 年，合格证制度被写入中央一号文件。2021 年 11 月，农业农村部办公厅印发了《关于加快推进承诺达标合格证制度试行工作的通知》，要求样式名称更改为“承诺达标合格证”，既体现“达标”内涵，又突出“承诺”要义，得到了社会的广泛认可。

推行食用农产品承诺达标合格证制度，一方面是贯彻落实党中央、国务院的要求部署。2017 年，中办、国办印发《关于创新体制机制推进农业绿色发展的意见》，明确要求加强农产品质量安全全程监管，健全与市场准入相衔接的食用农产品合格证制度。2019 年，中共中央、国务院印发《关于深化改革加强食品安全工作的意见》，明确要求实施质量兴农战略，加快建立食用农产品合格证制度。2019 年，中央纪委国家监委牵头抓总的“不忘初心，牢记使命”主题教育专项整治，又将试行合格证制度作为一项长效机制进行了部署。2021 年 10 月 23 日，《农产品质量安全法》（修订草案）面向社会公众征求意见，也明确将食用农产品承诺达标合格证上升到法律制度。另一方面，也是农产品质量安全监管的现实需要。多年来，由于农产品生产不需要许可，我国农产品散装上市、无标识交易已成司空见惯的现象，大多数食用农产品上市一直处于“默认合格”的状态。一些在市场上发现的农兽药残留超标问题，因为没有产品标识，无法查询农产品产地信息，找不到责任源头，无法进行有效打击。因此为进一步落实各环节主体责任，农业农村部创设合格证制度，其作为一种质量合格标识，压实了生产经营主体责任，规范了农产品标识使用，是对农产品质量安全治理体系的补充完善，更加有效地保障质量安全。

对于食用农产品合格证的出现，农产品生产者、经营者热情高涨，纷纷表示农产品带证上市宣传了品牌、拓宽了销路、提高了收益、保障了安全，同时也给遵纪守法的生产者、经营者提供了保护，小小合格证引发了一波生产者“追着”监管者寻求指导的热潮；基层监管者感到工作有了硬抓手、监管有了明白账；消费者密切关注，不少消费者通过合格证上的电话联系到生产基地，表明对带证农产品的肯定和需求。截至 2021 年 12 月底，全国所有涉农县均开展了试行工作，65% 的生产企业、合作社、家庭农场常态化开具合格证，51.5 万农户积极开具使用承诺达标合格证。

一张小小的合格证，是上市农产品的“身份证”，是生产者的“承诺书”，是质量安全的“新名片”，它代表生产者的责任与承诺、监管者的努力与坚守、消费者的关注与期盼，成为撬动我国农产品质量安全监管体制创新的关键力量，吹响了治理能力现代化的号角。第一张食用农产品合格证，也是见证我国开启农产品质量安全监管新篇章的最强有力物件。

· 供稿 · 农业农村部监管司

046 / 150

进出口货值超 6 万亿美元报关单

2021 年 12 月 28 日，中海油国际货运代理有限公司向深圳海关隶属惠州港海关申报，由中海油中石化联合国际贸易有限责任公司自我国惠州港向孟加拉国出口一票航空煤油，总价为 16009599.30 美元。经认定，该票货物报关单为标志我国进出口货值超过 6 万亿美元的报关单，成为见证中国从外贸大国迈向外贸强国的标志性文物。

见证新时代

进出口货值超6万亿美元报关单是中国加入世界贸易组织20年进出口贸易发展的见证物。

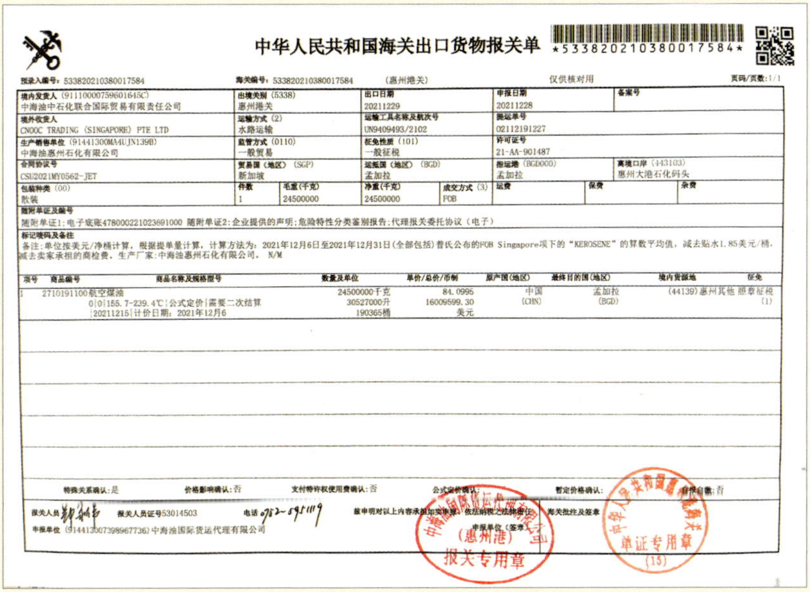
中华人民共和国海关出口货物报关单

5338202103800l7584

预录入编号：533820210380017584　海关编号：533820210380017584　（惠州港关）　仅供核对用　页码/页数：1/1

境内发货人（91110000759601645C） 中海油中石化联合国际贸易有限责任公司	出境关别（5338） 惠州港关	出口日期 20211229	申报日期 20211228	备案号
境外收货人 CNOOC TRADING (SINGAPORE) PTE LTD	运输方式（2） 水路运输	运输工具名称及航次号 UN9409493/2102	提运单号 02112191227	
生产销售单位（91441300MA4UJN139B） 中海油惠州石化有限公司	监管方式（0110） 一般贸易	征免性质（101） 一般征税	许可证号 21-AA-901487	
合同协议号 CSU2021MY0562-JET	贸易国（地区）（SGP） 新加坡	运抵国（地区）（BGD） 孟加拉	指运港（BGD000） 孟加拉	离境口岸（443103） 惠州大港石化码头

包装种类（00） 散装	件数 1	毛重(千克) 24500000	净重(千克) 24500000	成交方式（3） FOB	运费	保费	杂费

随附单证及编号

随附单证1：电子底账478000221023691000 随附单证2：企业提供的声明；危险特性分类鉴别报告；代理报关委托协议（电子）

标记唛码及备注

备注：单位按美元/净桶计算，根据提单量计算，计算方法为：2021年12月6日至2021年12月31日（全部包括）普氏公布的FOB Singapore项下的"KEROSENE"的算数平均值，减去贴水1.85美元/桶，减去卖家承担的商检费。生产厂家：中海油惠州石化有限公司。 N/M

项号	商品编号	商品名称及规格型号	数量及单位	单价/总价/币制	原产国(地区)	最终目的国(地区)	境内货源地	征免
1	2710191100	航空煤油 0|0|155.7-239.4℃|公式定价|需要二次结算|20211215|计价日期：2021年12月6	24500000千克 30527000升 190365桶	84.0995 16009599.30 美元	中国 (CHN)	孟加拉 (BGD)	(44139)惠州其他	照章征税 (1)

特殊关系确认：是　价格影响确认：否　支付特许权使用费确认：否　公式定价确认：　暂定价格确认：　自报自缴：否

报关人员　报关人员证号53014503　电话0752-5951119　兹申明对以上内容承担如实申报、依法纳税之法律责任　海关批注及签章

申报单位（91441300739896773б）中海油国际货运代理有限公司　申报单位（签章）

（惠州港）报关专用章

单证专用章 (15)

进出口货值超6万亿美元报关单

改革开放以来，中国外贸持续健康发展，2004 年进出口货值首次突破 1 万亿美元，国际排名也上升至第 3 位；2007 年进出口货值突破 2 万亿美元；2011 年进出口货值突破 3 万亿美元。党的十八大以来，中国海关持续强化监管优化服务，不断优化跨境贸易营商环境，推进贸易便利化，为促进我国外贸持续健康发展作出了突出贡献。2013 年我国进出口货值突破 4 万亿美元，一跃成为世界第一货物贸易大国；2021 年我国进出口货值先后突破 5 万亿、6 万亿美元，标志着我国正从贸易大国向贸易强国迈进。

在 2022 年 1 月 14 日国务院新闻办举行的发布会上，海关总署新闻发言人、统计分析司司长李魁文表示: 据海关统计，2021 年我国货物贸易进出口总值 39.1 万亿元，比 2020 年增长

21.4%。其中，出口 21.73 万亿元，增长 21.2%；进口 17.37 万亿元，增长 21.5%。特别是近 10 年来，我国货物贸易规模从 2012 年的 24.4 万亿元增长到 39.1 万亿元，增加了 14.7 万亿元，接近 2009 年的进出口规模。

进出口货值超 6 万亿美元报关单不仅是全年进出口额突破 6 万亿美元大关的实物体现，更是中国加入世界贸易组织 20 年进出口贸易发展的见证物，是“一带一路”倡议提出 8 年来中国与“一带一路”沿线国家的贸易往来日益密切的见证物，也是 2021 年中国经济继续保持回升态势，构建发展新格局，迈出新步伐，高质量发展取得新成效，主要经济指标保持较快增长的见证物。

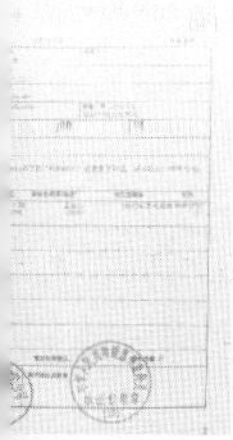

北京市第一张“三证合一”营业执照

一份没有税务部门盖章的营业执照，却反映出税务部门为现代化税收做出的不懈努力。

在北京税务博物馆的“中国当代税收历史陈列”展厅中，有一件年轻的展品——一份《营业执照》。这是北京一家公司在2015年9月29日取得的营业执照，它的登记机关显示的是北京市工商行政管理局。展出至今8年来，常常有参观观众问起“你们税务博物馆为什么展出工商局发的证呢”，

见证新时代

全面推进『三证合一』登记制度改革是推进简政放权、便利市场准入、鼓励投资创业、激发市场活力的重要途径。

编号：No.001403135

营业执照

统一社会信用代码 91110000MA0010002F

名　　称　中科北斗导航（北京）科技有限公司

类　　型　其他有限责任公司

住　　所　北京市海淀区知春路甲48号1号楼15层18A室

法定代表人　卢许

注册资本　10000万元

成立日期　2015年09月29日

营业期限　2015年09月29日至 长期

经营范围　北斗导航技术研究、北斗导航系统集成、北斗导航芯片设计与委托生产、北斗导航大数据处理与应用、精确位置技术服务、互联网大数据技术服务、北斗导航示范应用、智慧城市规划；计算机软件技术开发；计算机系统集成及服务；销售计算机及外部设备、电子产品；货物进出口、技术进出口、代理进出口；计算机技术培训；技术咨询；北斗导航产品认证；房地产开发。（依法须经批准的项目，经相关部门批准后依批准的内容开展经营活动。）

在线扫码获取详细信息

登记机关

2015 年09 月29 日

提示：每年1月1日至6月30日通过企业信用信息公示系统报送上一年度年度报告并公示。

企业信用信息公示系统网址：qyxy.baic.gov.cn

中华人民共和国国家工商行政管理总局监制

北京市第一张『三证合一』营业执照

而税务工作者看到它，总会讨论一下："这是第一张吗？""这是北京的第一张。"没错，这是北京市正式实现三证合一后的第一张营业执照。伴随着商事制度改革，2015 年全国实现了工商营业执照、税务登记证、组织机构代码三证合一，一照一码。

党的十八大和十八届三中全会以来，党中央从推进国家治理体系和治理能力现代化的高度部署税制改革，强调财政是国家治理的基础和重要支柱，科学的财税体制是优化资源配置、维护市场统一、实现国家长治久安的制度保障。2013 年 12 月 26 日，全国税务工作会议第一次明确提出了税收现代化总目标，并将其细化为"完备规范的税法体系、成熟定型的税制体系、优质便捷的服务体系、科学严密的征管体系、稳固强大的信息体系、高效清廉的组织体系"六大体系。围绕这六大体系，税务部门凝心聚力，在党的领导下展开了税收现代化建设。

2014 年商事制度改革实施以来，市场监管部门按照国务院部署积极推进"先照后证"改革。除法律法规明确的前置许可事项外，包括道路普通货物运输经营许可在内的各项许

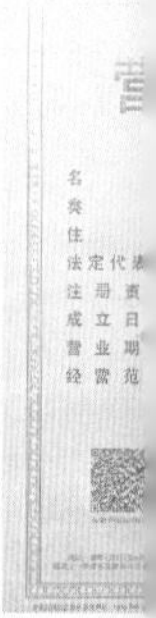

可事项均为后置许可事项，即经营者先行办理营业执照，再到相关行业主管部门办理许可。经营者在办理营业执照经营范围登记时，可自主申请登记相关经营项目，并不需要考虑是否能够取得该行政许可，市场监管部门未对后置许可项目经营范围的登记顺序作出限制性规定。

国家税务总局会同市场监管总局先后推进“三证合一”“五证合一”“多证合一”改革，通过加强数据信息共享，提高了行政审批效率，减少了重复审批行为，节约了企业成本。平台上的经营者在完成市场主体登记后，税务部门通过信息共享获得市场主体登记信息，纳税人无须单独办理税务登记，在后续办理涉税业务时补充完善相关涉税信息即可。

三证合一缩短了办证时限，进一步降低了大众创业的门槛，降低了行政成本和社会成本。全面推进“三证合一”登记制度改革是贯彻落实党的十八大和十八届二中、三中、四中全会精神及国务院决策部署的重要举措，是推进简政放权、便利市场准入、鼓励投资创业、激发市场活力的重要途径。这一件营业执照就是见证了北京税务等部门服务首都经济建设的一项重要举措。

中欧班列标识

这是推进“一带一路”建设的重要标志性成果和旗舰项目——中欧班列的标识。2016 年 6 月中国铁路正式启用中欧班列统一品牌，同步启用中欧班列标识，标志着中欧班列驶入了统一规范、合作共赢、健康发展的新阶段。

见证新时代

中欧班列是『一带一路』的机制化旗舰项目，是亚欧各国深化务实合作的重要载体。

中欧班列专用箱

中欧班列（义务—马德里）首发

该标识以奔驰的列车和飘扬的丝绸为基本造型，巧妙地将中国铁路路徽、中国铁路英文缩写、快运班列英文字母融合在一起，既突出了铁路特色，又彰显了国际元素。2016 年 6 月 20 日，国家主席习近平同波兰总统杜达在华沙共同出席统一品牌中欧班列首达欧洲（波兰）仪式，背景板就是中欧班列标识。

中欧班列是中国铁路组织在中国与欧洲以及“一带一路”沿线国家间开行的，按照固定车次、线路、班期和全程运行时刻开行的集装箱国际铁路联运班列，是中国铁路精心打造的具有竞争力和信誉度的国际物流知名品牌，被誉为“一带一路”上飞驰的“钢铁驼队”。

自 2011 年 3 月开行以来，中欧班列已经形成西、中、东三条运输大通道，打通了 73 条运行线路，通达欧洲 23 个国家的 168 个城市，累计开行 4 万多列，运输货值合计超 2000 亿美元，成为国际物流中陆路运输的骨干方式，在促进亚欧各国之间经贸往来、拉动区域经济社会发展等方面发挥了重要作用。2021 年 9 月 22 日发布的《“一带一路”蓝皮书》，盛赞中欧班列是“一带一路”的机制化旗舰项目，是亚欧各国深化务实合作的重要载体。

2011 年 3 月，首列试运中欧班列从重庆发往德国杜伊斯堡，并于 2014 年实现双向运输。伴随着国家“一带一路”倡议的不断深化，中国铁路积极创新思路，将中欧班列打造成为我国与沿线国家经贸合作的重要载体，受到国际社会的广泛关注和欢迎。2017 年 4 月，中国、哈萨克斯坦、蒙古、俄罗斯、德国等七国铁路部门正式签署《关于深化中欧班列合作协议》。2017 年 6 月，国家主席习近平与时任哈萨克斯坦总统纳扎尔巴耶夫共同出席中哈亚欧跨境运输视频连线仪式，连云港、霍尔果斯两个分会场四列中欧班列同时双向对开。在 2018 年 11 月举办的首届中国进口博览会上，中欧班列电子沙盘走进了中国馆，习近平总书记陪同各国参会政要共同参观。经历持续安全稳定高质量发展，中欧班列不断提速、扩量、增效，目前已实现常态化开行、规模化运营。

新冠肺炎疫情发生以来，中欧班列优先保障国际合作防疫物资运输，确保国际产业链供应链稳定畅通，成为各国携手抗疫的“生命通道”和“命运纽带”，截至目前已累计向欧洲发运 1199 万件、9.4 万吨防疫物资。2022 年 5 月，外交部发言人汪文斌在例行记者会上指出，在世界疫情和国际局势动荡的背景下，中欧班列克服全球流通不畅、运力不足的逆风，交出了一份亮丽的成绩单。

· 供稿 · 中国国家铁路集团中铁集装箱运输有限责任公司

《粤港澳大湾区发展规划纲要》单行本

粤港澳大湾区是我国开放程度最高、经济活力最强的区域之一，在国家发展大局中具有重要战略地位。推进粤港澳大湾区建设，是习近平总书记亲自谋划、亲自部署、亲自推动的重大国家战略。2017 年 7 月 1 日，习近平总书记在香港亲自见证国家发展改革委与粤港澳三地政府共同签署《深化粤港澳合作 推进大湾区建设框架协议》，拉开了国家层面推动大湾区建设的帷幕。此后，习近平总书记多次在重大会议、重要场合对粤港澳大湾区建设作出重要指示、提出明确要求，为大湾区建设工作领航掌舵、把脉定向。

大湾区已成为推动『一国两制』事业发展的生动实践，正向着国际一流湾区和世界级城市群的目标逐浪前行。

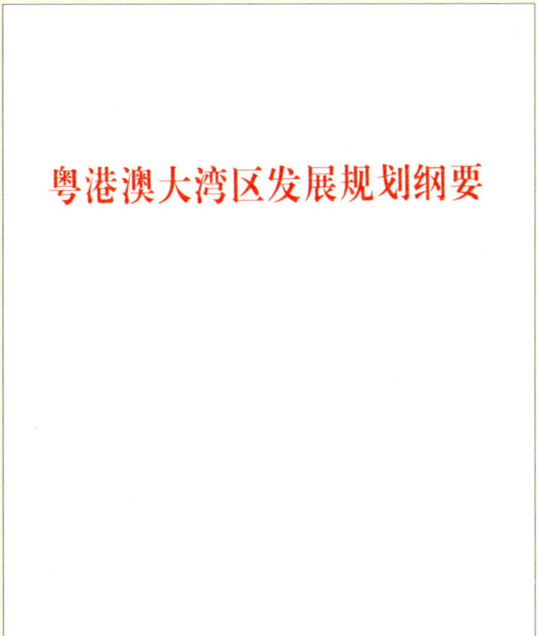

2019年2月18日，中共中央、国务院公开发布《粤港澳大湾区发展规划纲要》单行本

建设粤港澳大湾区，是以习近平同志为核心的党中央作出的重大决策，是打造我国高质量发展典范、不断增强经济创新力和竞争力的战略需要，是优化功能布局、推动形成区域协调发展新格局的战略需要，是建设开放型经济新体制和国际经济合作新平台、打造“一带一路”重要支撑的战略需要，是丰富“一国两制”实践内涵、保持港澳长期繁荣稳定的战略需要，对于实现“两个一百年”奋斗目标、实现中华民族伟大复兴的中国梦具有重大意义。

2019 年 2 月 18 日，中共中央、国务院公开发布《粤港澳大湾区发展规划纲要》（以下简称《规划纲要》），开启了全面推进粤港澳大湾区建设的新篇章。《规划纲要》公布3年多来，粤港澳大湾区综合实力显著增强，粤港澳合作更加深入，三地民众获得感不断增强，香港、澳门融入国家发展大局的步伐明显加快。2021年大湾区经济总量达到12.6万亿元人民币（其中香港约为2.4万亿元人民币、澳门约为1986亿元人民币），5年来增长了25%，2022年有望取代东京湾区成为全球第一大湾区。大湾区已成为推动“一国两制”事业发展的生动实践，正向着国际一流湾区和世界级城市群的目标逐浪前行。

首张
城市轨道交通装备
认证证书

2016 年 9 月，国家发展改革委、国家认监委联合发起城市轨道交通装备产品认证（简称 CURC）工作，构建了由政府主管部门、行业协会、行业技术组织、装备应用单位、制造企业、认证检验检测机构组成的分工明确、执行有力的工作体系，有效推动了行业认证采信工作开展。

见证新时代

城市轨道交通装备产品认证工作，构建了分工明确、执行有力的工作体系，有效推动了行业认证采信工作开展。

首张城市轨道交通装备认证证书

城轨装备认证证书

证书编号：CURC-CRCC-20-CL060301-001

委托人名称：南京中车浦镇海泰制动设备有限公司

注册地址：南京江北新区浦口经济开发区兴隆路10号

商标/商标名称：

生产厂名称：南京中车浦镇海泰制动设备有限公司

制造地址：场所1：南京江北新区浦口经济开发区兴隆路10号

场所2：南京市浦口经济开发区天浦路12号

产品名称：城市轨道交通制动系统 制动夹钳单元

规格型号：DN-PT10-02D（带停放缸，图号：NJHT 107-00-00-000/02）

标准和技术要求：T/CAMET 04004.7—2018

认证模式：型式试验+初始工厂检查+获证后监督

上述产品符合 CNCA-CURC-01：2019和CNCA-CURC-03：2019 城市轨道交通装备产品认证实施规则的要求。

初次发证日期：2020-01-03

本次发证日期：2020-01-03　　有效期至：2023-09-27

本证书的有效性依据发证机构的年度监督结果保持。

CNAS 中国认可 产品 PRODUCT CNAS C102-P

签发：

中铁检验认证中心有限公司

首张城市轨道交通装备认证证书应用于上海地铁11号线

截至目前，行业已发布一批目录，共含 8 个系统范围内的 29 个产品，其中 28 个产品发布了对应的认证规则，6 家机构分系统获得了相关认证资质，共有 51 家企业的 170 个产品通过 CURC 认证并获得证书，其中牵引、制动、信号等关键系统供应商获证比例超过 80%。主管部门同时指导行业协会搭建了 1 个信息共享平台，培训了 362 名产品认证专员，推动了 20 余项认证标准建立等，相关工作均已常态化。

2020年，中铁认证为南京中车浦镇颁发了首张城轨认证证书，获证产品为城轨制动夹钳。制动夹钳单元作为基础制动装置的重要组成部分，采用三点吊挂安装形式固定在车辆的转向架上，通过关节轴承与构架相连。制动夹钳单元是制动指令的最终执行部件，在基础制动装置中起到重要作用，直接关系到列车的运行安全，其包含300多个零件，对于轨道交通安全非常关键。

· 供稿 · 国家市场监督管理总局认证监管司

“深海一号”能源站

中国海洋石油集团坚持以习近平新时代中国特色社会主义思想为指导思想，坚持科技创新、独立自主，把装备制造牢牢抓在自己手里，打造了以“深海一号”能源站为代表的一系列重要装备。中国海油努力用自主研发的装备开发油气资源，为提高能源自给率，保障国家能源安全，建设新时代海洋强国，实现中华民族伟大复兴的中国梦作出了重要贡献。

『深海一号』大气田的成功开发，标志着我国已经全面掌握了打开深海能源宝库的『金钥匙』，为我国在南海油气资源开发上赢得了主动权，为将南海建成和平、合作之海提供了强有力的支撑。

『深海一号』能源站

2021 年 6 月 25 日，我国首个千亿立方米自营超深水大气田“深海一号”正式宣告投产。这是在习近平总书记亲切关怀下，继“海洋石油 981”之后，中国海油进军深海的又一重大成果，是我国海洋石油工业发展史上的重要里程碑。它标志着我国海洋石油勘探开发能力已经实现了从 300 米到 1500 米超深水的历史性跨越，建设海洋强国迈出了关键一步。

“深海一号”大气田投产后，每年可为粤港琼地区稳定供气 30 亿方，能满足粤港澳大湾区四分之一的民生用气需求，并使中国海油在南海的天然气生产供应能力提升至每年 130 亿方。到 2025 年，中国海油在南海莺歌海、琼东南、珠江口三个盆地的总体探明天然气储量将达到 1 万亿立方米。“南海万亿方大气区”由蓝图走向现实，必将为粤港澳大湾区、海南自贸岛建设和能源结构转型提供坚强保障，为实现“双碳”目标贡献更大的海油力量！

“深海一号”大气田位于距海南三亚市约 150 千米的深海区，平均作业水深 1500 米，最大井深 4000 米，是我国迄今发现的平均水深最深、勘探开发难度最大的深水气田。在自主开发建设过程中，中国海油深入贯彻落实习近平总书记关于尽快突破关键核心技术攻关，解决“卡脖子”问题的重要指示批示精神，勇闯新路，攻坚克难，从地质理论创新、钻完井技术研究到工程实践，攻克了几十项行业技术难题。

“深海一号”能源站是我国自主研发建造的全球首座十万吨级深水半潜式生产储油平台，按照“30年不回坞检修”的高标准设计，最大排水量达10.5万吨，位居世界第四，相当于3艘中型航母。它的建造实现了3项世界首创技术，即首创立柱储油技术、世界最大跨距50米级桁架式半潜上部组块技术、世界最重的5万吨级半潜平台合拢技术，以及13项国内首创技术，是中国海洋工程装备领域的集大成之作。

国之栋梁，使命担当。“深海一号”大气田的成功开发，标志着我国已经全面掌握了打开深海能源宝库的“金钥匙”，在“两个大局”的历史交汇期，为我国在南海油气资源开发上赢得了主动权，为将南海建成和平、合作之海提供了强有力的支撑。

“深海一号”气田开发历时7年之久，中国海油统筹海陆建设，整合国内外资源，展开了一场波澜壮阔的“石油大会战”。

在海上，钻完井团队面临地质结构复杂、台风天气频发等诸多挑战，作业难度极大。他们成立先锋队开展科技攻关，形成13项创新关键技术，并最大限度仿真预演现场作业过程，保证作业万无一失。仅用1年时间，就顺利完成了9口新钻井的全部钻井作业，为大气田开发投产奠定了基石。水下生产设施安装团队敢为人先，自主完成中国首条超深水钢悬链立管，自主完成国内首条1500米深水动态脐带缆铺设。

在陆地，项目团队坚持“设计建造一体化”的管理思路，全部管理力量下沉一线，靠前指挥；施工方提前介入，明确要求；设计人员深入现场，扫除难点，多方协作确保项目稳步推进。2020年，新冠肺炎疫情来袭，项目工期严重滞后。工程项目组全体党员向上级组织递上一份印满鲜红手印的“请战书”，带领施工人员发起声势浩大的“攻坚

战”。施工高峰期，仅青岛场地就有23台履带吊、2台大型浮吊投入施工，4000多人昼夜奋战、轮流作业，不仅抢回了工期，更是创下了比国际同类平台提前18个月高质量完成陆地建造和合龙工作的记录。

至投产之日，“深海一号”在工期、安全、质量、疫情防控、项目管理“五大控制”上均交出出色答卷，充分展示了“中国精神”“中国制造”“中国速度”。

会当击水酬壮志，兴海强国任在肩。未来，中国海油将以“深海一号”为新的起点，牢记初心使命，奋力开拓进取，全面开启逐梦蓝海、能源报国的新征程，为海洋强国建设、为中华民族的伟大复兴书写新的更加辉煌壮丽的篇章！

人工智能配网带电作业机器人

配网带电作业是电网检修的一项重要手段，对提升区域供电可靠性、优化电力营商环境有着举足轻重的作用，备受电力工人的青睐。传统人工带电作业中，工作人员常常需要站在 10 米左右的高空、直接或间接接触 10 千伏高电压带电物体，时刻面临着高空坠落、高压触电的安全风险，再加上工作环境恶劣、劳动强度大、作业舒适度差等因素，带电作业因此被电网企业列为危险指数较高的电力特种作业，工作人员也经常被称为“银线上的高压舞者”，他们的人身安全一直是供电企业高度关注的问题。

配网带电作业机器人的整体技术达到国际领先水平，开创了全国配网带电作业机器人作业的新局面。

『时代楷模』『改革先锋』张黎明与第一代配网带电作业机器人合影

国网天津滨海公司带电作业人员应用人机协同配网带电作业机器人进行带电搭火

2016 年夏天，国网天津市电力公司滨海供电分公司配电抢修班班长张黎明在日常线路巡视时，发现带电作业人员在炎炎烈日下开展带电作业，由于穿着密不透气的绝缘服，完成作业时都已汗流浃背、气喘吁吁。当时，研发机器人替代人工作业的想法便闪现在张黎明的脑海里，并深深扎根在他的心里。

回来后，他便在国网天津滨海公司的支持下，联合高校、科研院所等成立机器人研发团队，大胆地将人工智能理念融入机器人设计，“人工智能配网带电作业机器人”的概念应运而生，最终在大家的合力攻关下，第一代、第二代配网带电作业机器人相继诞生，并被队员称作“导线上的‘钢铁侠’”。

2019 年 1 月 17 日，习近平总书记来到天津滨海中关村协同创新展示中心视察，现场观看了第二代配网带电作业机器人样机的操作演示，据张黎明回忆，“当时，总书记看得很认真，得知研发方向是我们一线工人提出的，他称赞我们工人创新团队实践出真知”。

2019 年至今，国网天津电力牢记总书记的要求和鼓励，加大了对配网带电作业机器人的研发进度，技术升级和产业化之路进入了“快车道”，大家攻坚克难的劲头和信心更足

了，研发“朋友圈”也在不断扩大，团队从最初的十几人壮大到了百余人。在“时代楷模”“改革先锋”张黎明的带动下，团队同心协力、力排万难，先后攻克了精准定位、自主规划、智能控制和安全防护等核心技术难题，机器人也成功按照“实用化”的目标迭代升级至第四代，真正实现了从无到有、从有到优的跨越。2019 年 11 月，按照国网公司统一部署，国内首个专业配网带电作业机器人生产、试验和实训基地在滨海新区建成投运，实现了研发、制造、销售、服务全产业链条全线贯通，真正做到了“市场化”售卖、“产业化”推广。

目前，配网带电作业机器人获授权专利 39 项、发表 SCI/EI 核心论文 15 篇，牵头立项该领域首个 IEEE 国际标准，被中国科学院陈维江院士领衔的专家组鉴定为整体技术达到国际领先水平，并作为“十三五”期间的原创标志性成果被写入了《天津市科技创新“十四五”规划》，相关成果还荣获了国网公司和天津市科学技术进步一等奖。

从 2019 年至今，配网带电作业机器人系列产品已在天津、北京、山东等 20 省份进行规模化推广应用，累计替代人工完成各类带电作业 1.7 万余次，有力保证了工作人员的人身安全，开创了全国配网带电作业机器人作业的新局面。

科创板开市锣

锣是我国传统打击乐器，已有 2000 多年历史，它不仅在曲艺歌舞表演伴奏中使用，也是各种节庆民俗、重要仪式活动中不可或缺的礼仪用具。锣一般以铜制成，结构简单，呈圆盘形，手提或悬于木架之上，用槌敲击中央部分使其振动发音，敲击时可发出洪亮清脆、铿锵有力、悠远绵长的声响，鸣锣遂成为极具象征性的信号，中文中常见“鸣锣开道”“鸣金收兵”“鸣锣开市”等词汇。

见证新时代

设立科创板并试点注册制是实施创新驱动发展战略、深化资本市场改革的重要成果。

科创板开市锣

市场交易的开市信号，有鸣锣、敲钟、摇铃等多种方式，锣是其中使用最为广泛的传统仪式用具。1990 年 12 月 19 日，黄浦江畔的一声锣响，拉开了改革开放后中国证券市场集中交易的序幕，也向世界传递了中国将坚持中国特色社会主义市场经济道路的信号。30 多年来，频频响起的锣声，敲响的是中国多层次资本市场建设不断进步的进行曲。

2018 年 11 月 5 日，习近平总书记在首届中国国际进口博览会上宣布，将在上海证券交易所设立科创板并试点注册制。经过短短的 259 天，2019 年 7 月 22 日上午 9 时 30 分，随着科创板开市锣的鸣响，首批 25 家科创企业在上海证券交易所上市交易，标志着习近平总书记亲自宣布、亲自关心、亲自推动的设立科创板并试点注册制重大改革任务正式落地。

科创板开市锣制作工艺考究，质感古朴厚重，发音浑厚响亮。锣面由高锡青铜制成，直径 80 厘米，外缘厚 7 厘米，重 185 千克，锣面淡黄色涂层上从上至下依次刻有“气贯长虹牛”纹饰，上海证券交易所标识，以及“科创板”和“二〇一九年七月二十二日”等字样。锣架为仿青铜铝合金制成，高 178 厘米，宽 124.5 厘米，锣架上有商周时期青铜器上的典型纹饰图案——云雷纹。

设立科创板并试点注册制是深入贯彻习近平新时代中国特色社会主义思想、认真落实习近平总书记关于资本市场的一系列重要指示批示精神的重要举措，是实施创新驱动发展战略、深化资本市场改革的重要成果。

科创板开市锣敲响的3年来，在以习近平同志为核心的党中央亲切关怀下，市场发展取得显著成绩，运行总体平稳，试点注册制有序运转，改革试验田作用充分彰显，市场生态持续优化。特别是科创板的包容性、适应性明显提升，“硬科技”产业集聚效应持续增强，资本市场服务科技自立自强迈上新台阶。截至2022年7月22日，已有439家企业在科创板上市，覆盖全国21个省、自治区、直辖市，首次公开发行募集资金超过6400亿元，总市值突破5.5万亿元。科创板“硬科技”特色鲜明，平均研发投入强度达13%，研发人员占比接近3成，平均拥有发明专利达到108项。科创板企业成长性良好，跑出了A股市场的加速度，2019—2021年科创板公司营业收入复合增长率为28%，归母净利润复合增长率为71%。科创板产业集聚效应初显，主要聚焦于新一代信息技术、生物医药、高端制造、新能源、新材料、节能环保六大行业领域，其中集成电路行业公司数量达到64家，占A股上市公司“半壁江山”；生物医药行业公司93家，上海已成为纽约、香港之外全球重要上市地；光伏、动力电池、轨道交通、工业机器人等细分产业链也已初具规模。

科创板的改革经验也为其他板块提供了借鉴，试验田作用不断彰显，创业板、北京证券交易所先后接下了注册制改革的接力棒，为资本市场全市场实施注册制奠定了基础。

北京市首张
冬奥会专用发票

北京市首张冬奥会专用发票是北京税务博物馆“中国当代税收历史陈列”展厅中一件重要展品。

2018 年 10 月 16 日，北京市首张冬奥会专用发票诞生，北京税务部门摸索出税收服务奥运的专属模式，全方位参与盛会，以优惠政策、优质服务、优秀团队服务奥运赛事，为双奥之城作出税收贡献。

北京税务部门摸索出税收服务奥运的专属模式，为双奥之城作出税收贡献。

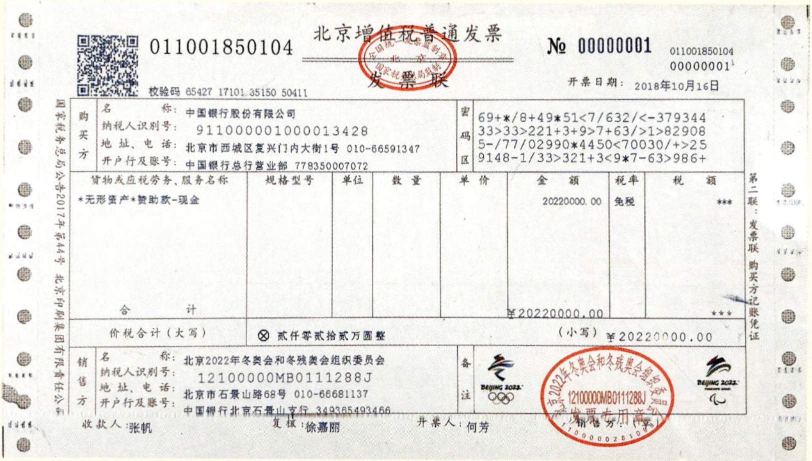
北京增值税普通发票

011001850104 № 00000001 011001850104 00000001

发票联

校验码 65427 17101 35150 50411 开票日期：2018年10月16日

购买方	名称：中国银行股份有限公司 纳税人识别号：911000001000013428 地址、电话：北京市西城区复兴门内大街1号 010-66591347 开户行及账号：中国银行总行营业部 778350007072	密码区：69+*/8+49*51<7/632/<-379344 33>33>221+3+9>7+63/>1>82908 5-/77/02990*4450<70030/+>25 9148-1/33>321+3<9*7-63>986+

货物或应税劳务、服务名称	规格型号	单位	数量	单价	金额	税率	税额
*无形资产*赞助款-现金					20220000.00	免税	***
合计					¥20220000.00		***
价税合计（大写）	⊗贰仟零贰拾贰万圆整				（小写）¥20220000.00		

销售方	名称：北京2022年冬奥会和冬残奥会组织委员会 纳税人识别号：12100000MB0111288J 地址、电话：北京市石景山路68号 010-66681137 开户行及账号：中国银行北京石景山支行 349365493466	备注

收款人：张帆 复核：徐嘉丽 开票人：何芳 销售方：（章）

第二联：发票联 购买方记账凭证

北京市首张冬奥会专用发票

“营改增”业务细节手绘图

“营改增”业务细节手绘图是北京税务博物馆“中国当代税收历史陈列”展厅中一件重要展品。

它展现的是2016年全面推行“营改增”的业务细节，让不懂税的人都能看懂自己的企业怎么交税、交多少税。

为适应新时代高质量发展的要求，中国税制改革和税收征管体制改革全面实施。随着税制改革不断向纵深推进，税制合理、税负稳定、结构优化、管理规范的中国现代税制体系初步建成。这张手绘图，见证了税务干部在“营改增”大背景下为适应新时代新要求而作出的不懈努力。

见证新时代

这张手绘图，见证了税务干部在『营改增』大背景下为适应新时代新要求而作出的不懈努力。

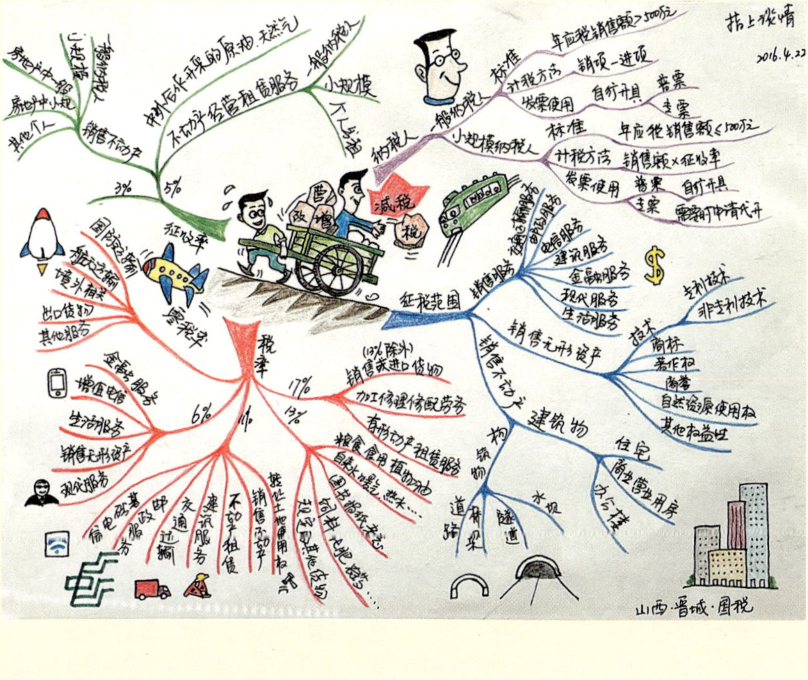

『营改增』业务细节手绘图

全国
第一份“三旧”
改造税收指引

土地是民生之本、发展之基、财富之源，是最宝贵、最稀缺、最重要的生产资料之一。改革开放以来，广东经济社会快速发展，建设用地供需矛盾日益突出。2009 年，以建设全国首个节约集约用地试点示范省为契机，广东省政府出台《关于推进“三旧”改造促进节约集约用地的若干意见》（粤府〔2009〕78 号），在全省范围内加快推进“旧城镇、旧厂房、旧村庄”改造工作。2013 年，原国土资源部对广东“三旧”改造经验进行总结并上报国务院同意后，陆续在浙江、辽宁、上海等地复制推广，使“三旧”改造上升为国家城镇低效用地再开发政策。

『三旧』改造是盘活低效存量用地，提高土地集约化利用水平，推动经济发展实现质量变革、效率变革、动力变革的重要途径。

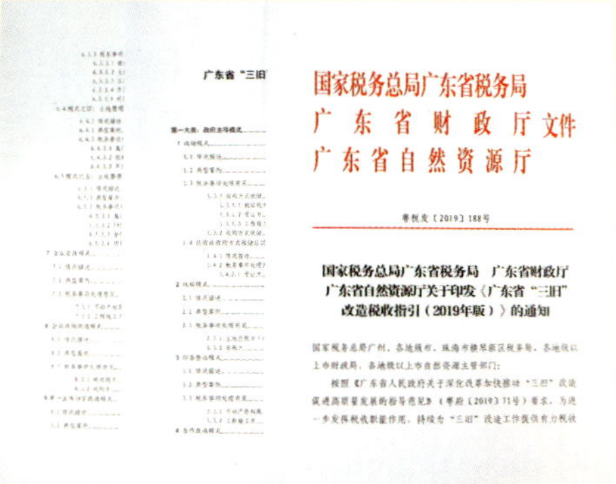

国家税务总局广东省税务局
广东省财政厅文件
广东省自然资源厅

粤税发〔2019〕188号

国家税务总局广东省税务局　广东省财政厅
广东省自然资源厅关于印发《广东省“三旧”改造税收指引（2019年版）》的通知

国家税务总局广州、各地级市、珠海市横琴新区税务局，各地级以上市财政局、各地级以上市自然资源主管部门：

按照《广东省人民政府关于深化改革加快推动“三旧”改造促进高质量发展的指导意见》（粤府〔2019〕71号）要求，为进一步发挥税收职能作用，持续为“三旧”改造工作提供有力税收

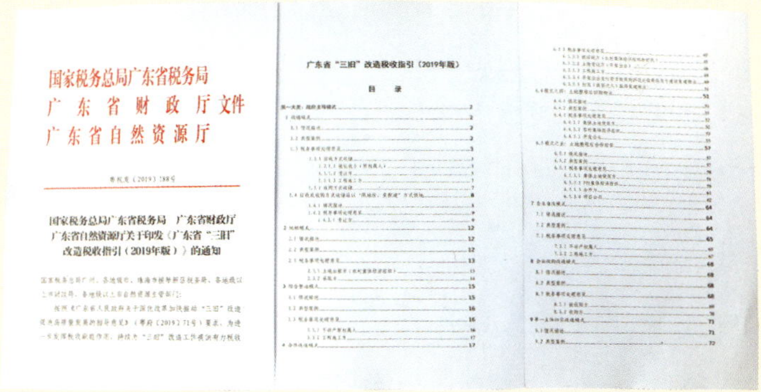

广东省“三旧”改造税收指引（2019年版）

目　录

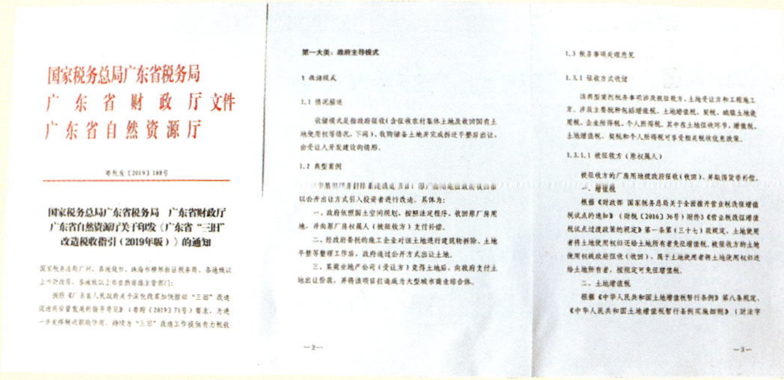

第一大类：政府主导模式

1 收储模式

1.1 情况描述

1.2 典型案例

1.3 税务事项处理意见

1.3.1 征收方式收储

1.3.1.1 被征收方（原权属人）

一、增值税

二、土地增值税

—2—

—3—

广东省『三旧』改造税收指引

“三旧”改造是盘活低效存量用地，提高土地集约化利用水平，推动经济发展实现质量变革、效率变革、动力变革的重要途径；是助推产业转型升级，加快转变经济发展方式，实现经济高质量发展的迫切需要；是统筹城乡发展，促进工业化、城镇化和农业现代化协调发展的客观要求；是完善城市治理体系，提高城市治理能力，加快建成充满活力的世界级城市群和全球一流湾区的必然举措；是贯彻落实以人民为中心发展理念，增强人民群众获得感、幸福感、安全感，满足人民群众对美好生活向往的应有之义；是贯彻落实习近平总书记对广东工作重要批示精神、奋力实现“四个走在全国前列”目标的根本体现。

由于“三旧”改造是土地管理制度的创新，在完善用地手续、供地方式、收益分配、“三地”利用、农村集体建设用地改变为国有建设用地等方面，与现行土地管理政策相比，有较大突破，现行税收政策并不完全与其相适应。同时，“三旧”改造模式多样、改造周期长、改造环节多、参与主体多、涉及税种多，进一步增加了涉税事项的复杂性。因此，改造主体对明确税负预期、降低税负成本的诉求非常急迫。

为继续推动“三旧”改造取得突破性进展，持续推进土地要素市场化改革、推动存量建设用地在开发、提升城市形象和发展竞争力方面发挥作用、助力粤港澳大湾区建设世界级城市群，广东省税务局联合广东省自然资源厅、广东省财政厅，出台《广东省“三旧”改造税收指引（2019年版）》。该指引是全国首个“三旧”改造税收指引，覆盖广东省现行的2大类共9种“三旧”改造模式，含13个案例，共3.5万字。该指引一是梳理改造过程中涉及的增值税、企业所得税、土地增值税等主要税种，涉及各类税收法律法规文件约40份，结合具体的改造模式，从税收政策具体条款、适用条件和办理资料等方面对税务处理口径进行明确，实现改造模式与税收政策的精准对接。二是聚焦解决各方关注的难点问题，明确“限地价、竞配建”，单一主体归宗改造，项目红线外支出，村企改造模式及税收政策适用，改造前期费用等事项税收处理口径。三是统一编写体例，以“模式＋描述＋案例＋税务处理意见”的体例进行编写，架构规范统一、排列清晰，政策依据细化至具体条款，通俗易懂，便于对照查询。该指引对市场参与主体如原权属人、合作方、工程施工方、项目公司等在不同模式下的涉税事宜给出详尽的税收指引，实现全省范围内税收指引架构与规范统一、“三旧”改造模式表述统一、典型案例税收处理事项统一。

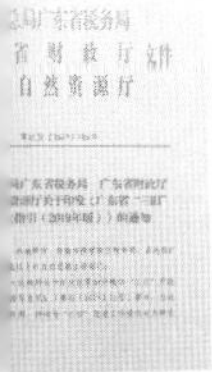
总局广东省税务局
省财政厅文件
自然资源厅

该指引积极回应了不同主体的关切，有效解决了用地试点政策与税收政策之间的衔接问题，激发了社会各界参与和支持“三旧”改造的热情，为产业转型升级、经济高质量发展提供有力的税务支撑。

全国第一张全面数字化的电子发票

2021 年 3 月，中办、国办印发的《关于进一步深化税收征管改革的意见》提出，稳步实施发票电子化改革，全面推进税收征管数字化升级和智能化改造。2021 年 12 月 1 日，在税务总局、省委省政府关怀与支持下，国家税务总局广东省税务局不辱使命，全国第一张全面数字化电子发票（以下简称“全电”发票）在广东省由广汽集团成功开出并受票成功，标志着发票电子化改革在广东省率先落地。发票电子化改革是继货币电子化支付之后对经济社会数字化的又一次重大推动，在我国税收改革发展史上具有里程碑意义。全国第一张“全电”发票在广东省成功开出，将大幅降低纳税人征纳成本和社会交易成本，有力推动数字政府建设和营商环境优化。

见证新时代

发票电子化改革是继货币电子化支付之后对经济社会数字化的又一次重大推动，在我国税收改革发展史上具有里程碑意义。

电子发票（增值税专用发票）

发票号码：21441000000000000001

开票日期：2021年12月01日

购买方信息	名称：广汽埃安新能源汽车有限公司 统一社会信用代码/纳税人识别号:91440101MA59R41L0L	销售方信息	名称：广州汽车集团股份有限公司 统一社会信用代码/纳税人识别号:91440101633203772F

项目名称	规格型号	单位	数量	单价	金额	税率/征收率	税额
*研发和技术服务*中大型纯电SUV车型技术开发					76621603.77	6%	4597296.23
合计					¥76621603.77		¥4597296.23
价税合计（大写）	⊗捌仟壹佰贰拾壹万捌仟玖佰元整				（小写）¥81218900.00		
备注							

开票人：王俊

广汽集团首张『全电』发票

· 供稿 · 国家税务总局广东省税务局

“改革先锋”奖章

2018年12月18日，纪念改革开放40周年之际，党中央、国务院授予农村改革的先行者、小岗村“大包干”带头人18位同志“改革先锋”称号，颁授“改革先锋”奖章。

1978年12月的一个冬日，小岗村下了第一场雪，灰蒙蒙的天空被乌云压得很低，寒风呼啸，雪花飞舞。在一间低矮的茅草屋里，一盏小小的油灯忽明忽暗，18位庄稼汉正围在桌前，大家眉头紧锁、心事重重。不知过了多久，一个声音坚定地说道：“杀头也比饿死强！不试试，只能等死！从现在开始，我们就偷偷地分田单干。愿意的你就画押、按手印，发誓谁也不能说出去。有什么后果，我们一起承担！”说着，他从口袋里摸出一个空烟盒，拆开铺平，写道：“我们分田到户，每户户主签字盖章，如以后能干，每户保证完成每户的全年上缴和公粮，不再向国家伸手要钱要粮。如不成，我们干部坐牢杀头也甘心，大家社员也保证把我们的小孩养活

2016年4月25日，习近平总书记走进『大包干』签字室感慨道：『当年贴着身家性命干的事，变成中国改革的一声惊雷，成为中国改革的标志。』

『改革先锋』奖章、证书

到十八岁。”他们没有想过，他们的这一做法，得到了党和政府的肯定并在全国推广，这18位带头人的红手印催生了家庭联产承包责任制，并最终上升为我国农村的基本经营制度，彻底打破“一大二公”的人民公社体制，解放了农村生产力，使我国农业发展越过长期短缺状态，解决了农民的温饱问题。“大包干”契约作为改革开放珍贵文物，珍藏在中国国家博物馆，彰显了小岗村作为我国农村改革的主要发源地和中国改革标志的历史地位。

实践是检验真理的唯一标准。实行大包干的第二年，小岗村取得了大丰收，粮食总产量13.3万斤，相当于之前的4倍，归还贷款800元，这是小岗村多年来第一次归还国家贷款，人均收入一下达到400元，是之前的18倍。后来，小岗村村民们这样说：“‘大包干’以前，一愁吃、二愁穿、三愁欠款还不完，四愁儿子成了光棍汉；‘大包干’后，大家吃不愁、穿不愁、又娶媳妇又盖楼。”

小岗人以按红手印表决心的方式推进了“大包干”的伟大实践，孕育了“改革创新，敢为人先”的小岗精神。农村改革的成功为城市改革提供了借鉴，农业和工业、农村和城市之间相互影响、相互促进，推动我国改革向更深入、更广阔的领域前进，从而促进了一个伟大民族的腾飞、一个发展中大国的崛起。

2016年4月25日，习近平总书记走进“大包干”签字室感慨道：“当年贴着身家性命干的事，变成中国改革的一声惊雷，成为中国改革的标志。”

如今，这里已开发成国家4A级旅游景区，当年的茅草屋和大瓦房也成了第八批全国重点文物保护单位。小岗村为了实现更高质量的发展，大力实施乡村振兴战略，建设农业产业园，加大土地流转，发展现代农业、文化旅游业，推动一二三产融合发展，加快村级集体经济发展和农民增收，从2017年起到2021年，村民五次分红。2021年，小岗村实现村集体经济收入1220万元，村民人均可支配收入30500元。

走过千山万水，仍要跋山涉水。逐渐富裕的村民并没有停下改革创新的步伐，小岗村在持续深化改革的道路上继续领跑。时至今日，小岗的村容村风村貌、农业的生产经营条件、农民的生活环境水平已发生翻天覆地的变化。由最初的“大包干”红手印，到土地确权的红本本，再到现在的人人持股分红利，小岗村的改革永不止步，村民的日子芝麻开花节节高。

一个有希望的民族不能没有英雄，一个有前途的国家不能没有先锋，小岗村改革先锋们的壮举，原本是想擦一根火柴相互取暖，却意外点亮了一个璀璨的世界，掀开了农村改革的序幕。40多年砥砺奋进，从跟跑到并跑，从并跑到领跑；从小岗到深圳，从深圳到雄安；从农村到城市，从“一带一路”到“乡村振兴”。这条中华民族伟大复兴之路仍在继续，改革创新、敢为人先的“小岗精神”仍在延续。

· 供稿 · 安徽省滁州市凤阳县文化和旅游局

天津
简化行政审批
封存公章

公章，古称官印，是行使权力的信物。2014 年 9 月，天津滨海新区 109 枚公章被封存，后被收藏进国家博物馆。

从外形上看，这些公章并没有什么特别之处。它们中的绝大部分由木头或塑料制成，最大的有拳头般大小。有些印章使用了多年，红墨的印迹已经浸入木头的纹理中。它们都被封存在一个长方形的透明玻璃箱子里，上面贴着一张白色的封条。

见证新时代

这些封存的公章是政府简政放权的生动见证，也是中国当代改革开放史的重要文物。

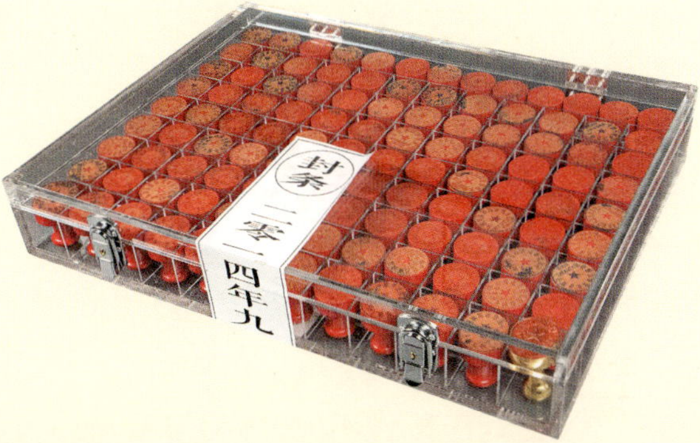

天津简化行政审批封存公章

2014年5月20日，天津市滨海新区行政审批局挂牌成立，将分散在18个不同单位的216项审批职责归并到一个部门，由1枚公章取代了109枚公章。这些公章是政府简政放权的生动见证，也是中国当代改革开放史的重要文物。

由于历史原因，由原先3个行政区组建的滨海新区部门多、章子多。当时办一件事盖三四十个章很常见。党的十八届三中全会以来，政府职能转变加快推进，从“简政放权”入手，进而推动“放管结合”和“优化服务”，形成了“放”“管”“服”三管齐下、互为支撑的改革局面，多年积累下来，收到了超出预期的成效。各类行政审批大幅压缩，中央层面核准的企业投资项目压减90%，非行政许可审批退出历史舞台，市场准入负面清单管理制度全面实施。事中事后监管得到加强，改革和理顺市场监管体制，严格规范行政执法，“双随机、一公开”成为日常监管的基本方式。各地结合实际探索出许多值得推广的经验做法，政务服务基本实现一站式办理和网上办理。

2014 年 5 月，天津市滨海新区行政审批局率先实行“一颗印章管审批”。109 枚印章不仅收回，而且“封存就永不再打开”。审批流程公开化、透明化、程式化，只要符合条件，窗口当场办理。

此后，滨海新区又推出“无人审批超市”，24 小时开放，实现审批服务“秒批”。截至目前，全区已经完成 1600 多件事项的无人审批。

2014 年 11 月，109 枚封存的公章被永久收藏进国家博物馆。

“白虎”起重机

2021 年 11 月，一场徐工起重机新品发布会在全球最大的起重机生产基地隆重举行，除了一批具有纯正国产基因的新产品、新技术迎来首发首展之外，在发布会上，采用国潮涂鸦装饰的“白虎”起重机“破圈”出道，汇聚了关注目光。

见证新时代

这是行业内首次实现大吨位起重机领域的完全国产化，在起重性能、动力性能、智能化水平、操控性水平上都达到世界领先水平。

『白虎』起重机

白虎主金，啸而风兴；不动则已，动则刀兵。白虎是“四方之灵”中的战神，在五行中代表着金，因而也是财富的象征。徐工将白虎绘于起重机之上，工作时像苏醒的猛兽，磅礴浩大的气势给予用户安全感与信任感，有着如虎添翼的寓意。在大国重器上进行创新手绘，给原本冰冷的机器赋予灵动与生机，让中国文化与中国制造相结合，让外界对中国起重机行业给予更多的关注。

国潮白虎涂鸦并非徐工为夺人眼球的噱头，作为高端全地面起重机国产化里程碑式产品，这一辆白虎 XCT130L8C 可谓是“内外兼修”。

时间回到 10 年前，彼时，支撑起重机运行的关重件均由国外垄断，徐工起重机大约 90% 以上的零部件都是依靠进口。2012 年，徐工正式成立研发团队，开启了零部件的自主研发之路。在数年的技术攻关中，研发团队所进行的试验覆盖起重机用户所有常用工况，进行了可靠性试验超百万次。5 年前，习近平总书记视察徐工时，要求徐工注重创新，掌握核心技术，加大国产化研发。不负习近平总书记重托，迄今为止，徐工已实现 60 余项起重机零部件攻关，获专利 80 余项，其中，断开式车桥、单缸插销缸头体等7项零部件已达到国际领先水平。

恰逢总书记视察徐工5周年，白虎XCT130L8C横空出世，大到钢铁巨臂，小到螺丝螺帽，所有零部件均为中国制造，尤其是在关键核心零部件方面，实现了全部国内自主化。值得注意的是，这是行业内首次实现大吨位起重机领域的完全国产化，彻底颠覆了“中国制造没有芯”的魔咒，在起重性能、动力性能、智能化水平、操控性水平上都达到世界领先水平。起重机关键零部件的国内自主化，让徐工起重机摆脱了国外零部件供应商的技术掣肘，挺起了中国工程机械制造业的脊梁，为总书记交上了一份制造强国、重器报国的实干答卷！

“四方之灵”是中国古老的传说，涂鸦是新潮的展示手段，零部件百分之百国产化的起重机是充满力量的厚重载体。传统文化、手绘艺术与工程机械的“梦幻联动”，暗示着中国传统文化的复兴和中国科技的蓬勃发展，是东方文化之美、中国制造之魅力的创新表达。正如猛虎出山一样，手绘涂鸦的白虎XCT130L8C不仅是中国自信的有力彰显，它更是不畏险阻、创新不止的徐工人，在时代的巨幅画卷上描绘出的又一个“中国传奇”！

061 / 150

徐州马庄香包

香包，又称“香囊”“香缨”，俗称“香布袋”“料布袋”，是我国传统的民间艺术品，历史悠久。汉乐府长诗《孔雀东南飞》中有“红罗覆斗帐，四角垂香囊”的记载，《礼记》有云：“男女未冠笄者……衿缨皆陪容臭。”“容臭”即香包。徐州是两汉文化的发祥地，因此可以说，徐州香包工艺那时就已经出现了。当时的香包用高级锦绣制作，内储茅香根茎或掺拌辛夷等香料。经过漫长的历史演变，香包逐渐成为爱情的信物，作为佩饰盛行一时。徐州香包工艺也形成了自己的特色，其中最具有代表性的当属马庄香包。

见证新时代

昔日的小香包，已经做成了大产业，切实助力乡村振兴。

初扇

初心

马庄村是全国文明村、中国民俗文化村，以“文化立村、旅游富民”为宗旨，具有深厚的民俗文化底蕴，各类民俗文化活动丰富多彩。马庄村坐落于国家4A级景区潘安湖国家湿地公园西侧，定位为潘安湖民俗文化体验区，也是农家乐旅游接待区，代表景点有二十四节气柱、神农氏塑像、民俗香包大课堂、香包大舞台等，当地旅游特色主要有民俗演出、民俗香包制作体验、餐饮住宿等。马庄村在布艺制作方面有着悠久的历史。马庄香包在造型上多种多样，以新、奇、美、真为特色，形状敦实淳朴，色彩对比强烈，立体造型栩栩如生，有较高的观赏、收藏价值；从内容上看，多以喜庆吉祥题材为主，如龙凤呈祥、鸳鸯戏水、松鹤延年等，寄托着人们祈求祥瑞、辟邪纳福、丰衣足食等美好愿望；从实用价值上来说，马庄香包添加了20种精心选制的中药材，如冰片、桂皮、薄荷、菖蒲等，香味独特、持久，具有预防感冒，驱蚊虫、安神调心等功效，并根据季节变化和顾客的不同需求，调配不同配方。中药香包还有着美好的寓意，如“事事如意”“团团圆圆”“步步高升”等。2007年，徐州香包被列入国家级非物质文化遗产名录，而马庄香包是其中极具代表性的一种。2017 年 12 月 12 日，习近平总书记视察马庄村，花钱买了一个“真棒”香包，说“我买一个，捧捧场”。受到总书记的鼓励支持，马庄香包做大做强，现已成为村里的支柱性产业，原来不到 70 平方米的工作室发展为占地 2000 平方米的香包文化大院，2018 年 10 月 1 日正式投入使用。马庄香包 2018 年成立相关合作社、行业协会和研究中心，注册 16 个商标，已经申请 2 项外观专利。如今，马庄的香包制作已经形成产业化，很多村民从事香包制作，获得了很好的经济和社会效益。同时，马庄村还开设了香包大课堂，有很多单位、学校来马庄村学习香包制作技艺，感受非物质文化遗产的独特魅力。通过香包，马庄村带动村民近 300 人就业，为贾汪区进行人才培训 2000 余人次，不少低保户村民通过缝制香包已经脱贫。通过创新线上 + 线下销售模式，马庄香包成功申报“一村一品一店”，疫情期间，更是通过直播带货，达到 2 个小时销售额 32 万元。昔日的小香包，已经做成了大产业，切实助力乡村振兴。

· 供稿 · 江苏省徐州市贾汪区马庄村

贵安
华为云数据中心

党的十八大以来，贵州在实施数字经济战略上抢新机，建设数字经济发展创新区。作为全省数字经济发展的主战场之一，贵安新区牢记嘱托，抢抓新机遇，始终坚持“高端化、绿色化、集约化”的主攻方向，奋力建设数字经济发展创新区。作为国家级新区，贵安新区自成立以来，立足气候、电力、地形地貌等优势，始终把大数据产业作为主导产业来抓。2017 年，贵州建成国家级互联网骨干直联点，2019 年成为国超大型数据中心在黔中大地拔地而起，并形成超大型数据中心集群，成为贵安新区发展大数据产业最靓丽的名片。

贵安华为云数据中心

家根服务器镜像节点和国家顶级域名节点，2020 年建成国际互联网数据专用通道。目前，贵安新区以腾讯贵安七星数据中心为圆心，在半径 4 千米区域内规划建设了 14 个超大型数据中心，总占地面积 11184 亩（约 745.6 万平方米），预计总投资超过 400 亿元，可承载服务器超过 400 万台，是全球超大型数据中心聚集最多的地区之一。

贵安华为云数据中心位于贵安新区金马大道旁，项目总用地面积 1521 亩（约 101.4 万平方米），一期建筑面积约 48 万平方米，共分为 A、B、C 区。该项目于 2017 年 8 月破土动工，截至目前，已完成一期全部 51 栋单体建筑的建设，其中 9 栋单体建筑为数据中心，其他单体建筑为相应配套设施，可容纳 100 万台服务器。贵安华为云数据中心除了建设数据中心外，还将承担华为全球 IT 维护工程师基地、员工培训实习基地的职能。预计将有 600 至 800 名 IT 维护工程师对数据中心提供支持与服务，平均每年将有万余人到园区进行培训、实习。贵安华为云数据中心还将以华为云软件开发创新中心、鲲鹏生态创新中心为载体，面向贵州师范大学、贵阳学院、六盘水职业（技术）学院等 6 所高校开展训练营、开发者大

赛等活动，联合培养新工科人才。贵安华为云数据中心将绿色和智能技术融入整体设计中，具备绿色低碳、智能可靠的特点，能效比 PUE 仅 1.12，处于业界领先水平，满负荷运行的情况下，预计每年可节省电力 10.1 亿度，减少碳排放 81 万吨，相当于年植树 3567 万棵。华为云在中国有五大数据中心，其中，贵安、乌兰察布是一南一北两大云数据中心，还在京津冀、长三角、粤港澳地区布局了三大核心数据中心，在数据中心规划中把热数据放东部，冷数据放在西部，实现全局能效最优。华为云已为超过 800 家贵州企业数字化转型提供服务，并与“云上贵州”在政务云方面深入合作。现在全省 62 家省直部门 1438 个数据资源都已上云，全省 546 项高频政务和民生服务上线，省市县三级政府所有审批业务全覆盖，初步构建了政府的数据治理体系。

数聚贵阳贵安，让贵州坐拥一座座“数字富矿”，加速形成了规模效应，推动了大数据产业的发展。一大批超大型数据中心在黔中大地拔地而起，并形成超大型数据中心集群，成为贵安新区发展大数据产业最靓丽的名片。

国家最高科学技术奖奖章

国家科学技术奖由国务院设定，奖励在科学技术进步活动中作出突出贡献的个人、组织，包括国家最高科学技术奖、国家自然科学奖、国家技术发明奖、国家科学技术进步奖、中华人民共和国国际科学技术合作奖五大奖项。2021 年 12 月，《中华人民共和国科学技术进步法》第二次修订，将设立国家最高科学技术奖等奖项写入法律。国家最高科学技术奖授予在当代科学技术前沿取得重大突破或者在科学技术发展中有卓越建树，在科学技术创新、科学技术成果转化和高技术产业化中，创造巨大经济效益、社会效益、生态环境效益或者对维护国家安全作出巨大贡献的中国公民，每次授予人数不超过 2 名。

见证新时代

『让未来祖国的科技天地群英荟萃，让未来科学的浩瀚星空群星闪耀』，这是习近平总书记对广大科技工作者的诚挚寄语和殷切期望。

国家最高科学技术奖奖章

党和国家历来高度重视国家科技奖励工作，自1999年国家科学技术奖励制度改革以来，党和国家领导人每年出席奖励大会，国家主席亲自为国家最高科学技术奖获奖人签署并颁发证书。截至2020年度，已有35位专家被授予国家最高科学技术奖。一位位国家最高科技奖得主，一座座笃行奉献的科技界“脊梁”，背后无一不潜藏着一段追求卓越、奋力突破、矢志自主创新的中国科技历史。

2018年，按照党和国家功勋荣誉表彰制度体系的奖章规制，首次设计制作了国家最高科学技术奖奖章，并在2018年度国家科学技术奖励大会上由习近平总书记亲自颁授。2020年10月新修订的《国家科学技术奖励条例》中明确规定“国家最高科学技术奖报请国家主席签署并颁发奖章、证书和奖金”，充分体现了党中央、国务院对科技工作者的关心关怀和对科技工作的高度重视，对弘扬科学家精神、培育社会主义核心价值观、增强中国特色社会主义事业凝聚力和感召力都具有重要意义，推动全社会形成崇尚先进、尊爱英雄，为党、国家和人民建功立业的良好风尚。

国家最高科学技术奖奖章通径60毫米、厚度约6毫米，材料为纯银，表面镀金、填珐琅釉。奖章中心图案为5颗五角星，象征国家奖；周围环绕的56颗圆点寓意民族大团结；红色圆圈中雕有奖章中英文名称；飘带象征奖励和荣誉；牡丹花（宝相花）和如意形组成花朵，象征科技事业繁荣昌盛；翅膀寓意科技事业的腾飞。

“让未来祖国的科技天地群英荟萃，让未来科学的浩瀚星空群星闪耀”，这是习近平总书记对广大科技工作者的诚挚寄语和殷切期望。国家最高科学技术奖作为科技界最闪耀的星，其散发的荣耀及科技之光必将引领更多科技工作者更加紧密地团结在以习近平同志为核心的党中央周围，勇担重任，砥砺奋进，为加快建设科技强国、实现高水平科技自立自强、实现中华民族伟大复兴的中国梦而努力奋斗。

· 供稿 · 科技部国家科学技术奖励工作办公室

国际热核聚变实验堆（ITER）

国际热核聚变实验堆英文全称为“International Thermonuclear Experimental Reactor”，简写为“ITER”。聚变是将轻核（主要是氢的同位素氘和氚）加热到数亿度高温，使其聚合成较重的原子核，同时释放出巨大能量的过程，太阳的发光发热就是这样的原理。所以ITER又被人们称作“人造太阳”。ITER设计总聚变功率是50万千瓦，是一座电站级别的聚变实验堆。它高30米，直径28米，大小相当于北京天坛的祈年殿。

我国大力探索和平利用核聚变能的途径，全面促进我国核聚变事业在国际上由并跑向领跑迈进。

ITER 装置模型在『能动未来——阿斯塔纳世博会特展』中展出

ITER 计划的目的是由中国、欧盟、印度、日本、韩国、俄罗斯、美国 7 个成员方，一共 30 多个国家，在法国共同建造一个托卡马克（Tokamak）型聚变实验堆，探索和平利用聚变能发电的科学和工程技术可行性。它是当今世界规模最大、影响最深远的国际大科学工程，也是我国首次以平等伙伴身份参与的最大国际大科学工程，我国在 2006 年正式签约加入该计划。2007 年 10 月 24 日，ITER 国际聚变能组织（即“ITER 组织”，英文为“ITER Organization”，简称“IO”）在法国正式成立，标志着 ITER 计划正式启动实施。2020 年 7 月 28 日，国际热核聚变实验堆（ITER）计划重大工程安装启动仪式在法国该组织总部举行，国家主席习近平致贺信。

根据 ITER 七方共识文件及相关修订文件，中方主要负责 14 个采购包的实物贡献：磁体支撑、校正场线圈、馈线接口、环向场导体、极向场导体、校正场线圈和馈线导体、第一壁、屏蔽包层、气体注入、辉光放电清洗系统、诊断系统、脉冲高压变电站、极向场变流器电源系统、无功补偿和滤波系统。在建造阶段，中国承担了 ITER 装置 9% 的采购包制造任务，界定为实物贡献，约占中方贡献额的 80%，中方还提供约占贡献额 20% 的现金贡献，推荐并派遣人员赴组织总部工作。有 20 多家主供应商和上百家子供应商承担中方承担的ITER采购包设计和制造任务。其中众多企业通过参加ITER计划，加强了自身的技术与管理能力，提升了在国际市场的竞争力，取得了优秀的成果，获得了多个国家级、省部级科学技术奖项。

ITER模型以1∶42的比例等比缩小，在2016年的“十二五”科技创新成就展、2017年的哈萨克斯坦阿斯塔纳世博会、“砥砺奋进的五年”大型成就展、2018年的“伟大的变革”——庆祝改革开放40周年大型展览，以及2021年的“十三五”科技创新成就展上展出，中共中央总书记、国家主席、中央军委主席习近平出席“十三五”科技创新成就展会并参观了ITER模型。2021年4月，ITER模型首次作为常设展项在中国科学技术馆的“同源能构格局”展厅展出，展项名称为“永续动力——核聚变”。模型一经展出，即成为该展厅一大亮点，获得各界高度评价。

核聚变能具有原料丰富、安全、清洁等优点，是人类理想的未来清洁能源。我国大力探索和平利用核聚变能的途径，参加ITER计划，加强在聚变领域的国际合作交流，同时也在国内布局一体化核聚变研究创新体系，全面促进我国核聚变事业在国际上由并跑向领跑迈进。希望在不久的将来，世界上第一盏“聚变之灯”在中国被点亮！

· 供稿 · 科技部核聚变中心

“京华号” 盾构机

“京华号” 盾构机总长 149 米，总重 4350 吨，盾构机刀盘采用常压刀盘，直径 15.97 米，是国产首台 16 米级超大直径盾构机。

“京华号”盾构机应用于北京东六环改造工程西线隧道，这是我国北方地区最大的盾构隧道，也是国内超大直径盾构单次掘进长度最长的隧道之一，不仅要穿越北京副中心城市核心区，地下管线构筑物复杂、实施难度极大，还需频繁上穿下跨多条道路、轨道及河流，多个盾构深度指数均为全北京之最。

『京华号』是领跑中国大盾构创新蝶变的生动案例。

『京华号』盾构机刀盘

『京华号』盾构机刀盘下井

隧道施工过程中，“京华号”盾构机需要穿越砂土、富水高致密砂层、粉土及黏性土交互层等复杂地质，工程面临超大直径、超长距离、超深覆土、超敏感环境等施工难点。为了破解技术难题，“京华号”的研制突破了第四代常压换刀、伸缩主驱动、超大直径重载管片高效倒运及拼装技术、高效大功率泥水环流系统、高精度开挖面气液独立平衡控制等多项核心技术，同时创新搭载了管环收敛测量系统、管环平整度检测系统、管环选型系统、自动盾尾间隙测量系统、同步双液注浆系统、三通闭塞器换管装置。

同时，第四代常压换刀技术，有效避免了泥水盾构由工作人员带压换刀作业的风险，大大提高了换刀作业效率，降低了带压条件下换刀成本，标志着国产盾构机常压换刀技术研发及应用领域走向成熟。高效大功率泥水环流系统、高精度开挖面气液独立平衡控制、管片收敛等多项成型质量控制及监测技术的应用，实现沉降控制精度 0.1 毫米，全面提升了成型隧道质量。与传统浆液相比，同步双液注浆系统可实现浆液固结时间从 8 小时缩至 1 小时以内，能够快速达到有效强度，形成对隧道的加固、地层的支撑。该系统的成功应用，全面提升成型隧道质量，填补了我国超大直径泥水盾构隧道同步双液注浆的空白。

2020 年 9 月 27 日，“京华号”盾构机成功下线，下线照片入选《习近平新时代中国特色社会主义思想学习问答》。2021 年 5 月 28 日，习近平总书记在两院院士大会上指出“最大直径盾构机顺利始发”，“京华号”成为领跑中国大盾构创新蝶变的生动案例。

· 供稿 · 北京市首发高速公路建设管理有限责任公司

高通量作物表型信息获取机器人

高通量作物表型信息获取机器人用于自动化获取作物的株高、茎粗、叶长、叶宽、叶倾角等形态学表型参数，助力现代农业育种技术的高速发展。

见证新时代

高通量作物表型信息获取机器人有望为育种中的表型研究提供新的技术支持，助力现代农业突破表型育种瓶颈，为我国现代农业的表型自动化保驾护航。

高通量作物表型信息获取机器人

现代育种是农业生产的关键技术。育种人员为提高作物产量，需要从海量作物样本中快速筛选优质、高产的作物新品种。传统的人工筛选效率低、标准不一致，已经成为制约现代育种快速发展的瓶颈。为突破这一瓶颈，北京市农林科学院智能装备技术研究中心聚焦高通量作物表型信息获取机器人研究，开发用于作物行间实时观测表型数据的机器人技术。该机器人机身尺寸为 0.80 米 ×0.45 米 ×0.40 米（长 × 宽 × 高），可在高秆作物行间进行长时间、高频次、近距离、多方位作物长势信息监测。

高通量作物表型信息获取机器人采用分布式设计，系统由移动平台、边缘计算模块、基于 RGB-D 相机的数据采集模块三部分组成，帮助机器人在作物行间实现自动导航、作物数据采集、表型参数实时估算等功能。目前，该机器人采用

先进控制技术和智能算法，可用于番茄果实3D位姿检测和体积估算、玉米茎秆宽度实时测量、玉米叶片参数估计（叶长、叶宽、叶倾角等）等关键形态学表型参数的在线观测。

高通量作物表型信息获取机器人的研究，有效弥补了无人机、固定式表型观测系统在作物表型研究中的局限性。无人机等表型系统多用于观测作物冠层或具有明显特征的表型参数。该机器人可代替育种人员进入作物行间近距离监测作物器官级表型参数。该机器人的成功研发受到了国内、国际同行的广泛认同，相关成果获得“中国农业机器人创新大赛”三等奖。

高通量作物表型信息获取机器人有望为育种中的表型研究提供新的技术支持，助力现代农业突破表型育种瓶颈，为我国现代农业的表型自动化保驾护航。

2020 珠峰
高程测量关键仪器

珠穆朗玛峰，世界第一高峰，是生命的禁区，更是人类挑战自然的极限。珠峰高程测量对地壳板块科学研究、冰川监测、生态环境保护等具有重要意义。

2020珠峰高程测量，是历史上精度最高的一次珠峰高程测量，国产测量仪器全面担纲，在世界最高峰彰显了中国品质和中国精度。

珠峰高程测量仪器

作为中国和尼泊尔的界峰，珠峰是两国世代友好的重要象征。2019 年 10 月，在中尼两国建交 65 周年之际，习近平主席对尼泊尔进行国事访问，两国发表联合声明，提出“双方将共同宣布珠峰高程并开展科研合作”。为贯彻落实两国联合声明，自然资源部会同外交部、国家体育总局和西藏自治区人民政府组织了 2020 珠峰高程测量，以国测一大队为主力承担并完成了本次测量任务。2020 年 12 月 8 日，习近平主席同尼泊尔总统班达里互致信函，共同宣布珠穆朗玛峰高程为 8848.86 米。

此次珠峰高程测量，是历史上精度最高的一次珠峰高程测量，国产测量仪器全面担纲，在世界最高峰彰显了中国品质和中国精度。我国自主研发的测量仪器经受住了极高海拔、极寒环境的检验，首次成功登顶测量，取得高精度测量数据。可以说，珠峰测量的成功，“中国制造”功不可没。

珠峰高程公布不久后，本次珠峰高程测量的功勋仪器“2020 珠峰高程测量关键仪器”——峰顶雪深探测雷达、峰顶 GNSS 接收机、峰顶觇标、长测程全站仪、重力仪等入驻中国测绘科技馆，并成为珍贵馆藏。

其中的重力仪，实现了人类在珠峰峰顶的首次重力测量，为珠峰高程测量提供了历史上最好的海拔高程起算基准。

峰顶觇标是登顶当天立在峰顶的由6个棱镜组成的测量目标，目的是让6个交会点可以看到同一个目标并同时开展测量，大大提高测量精度和效率。它的总重量不足5千克，方便携带运输；安装架设容易，顶部可安装GNSS天线，底部可固定到冰雪混合物中，保证结构牢固。

雪深探测雷达是利用天线发射和接收高频电磁波来探测地面雪深的测量设备，能够透过一定深度的冰雪混合物探测到岩石界面，从而获得珠峰峰顶的冰雪层厚度，测算出珠峰峰顶岩石面的海拔高度，以及帮助科研人员开展峰顶冰雪的相关研究。它的探测精度可达厘米级，探测深度超过6米。

峰顶GNSS接收机经过了一系列抗低温测试，不断进行改进，全面应用了北斗卫星导航定位系统，接收的卫星数量非常多，同时获取到了高等级水准数据、重力数据、天文数据、气象数据等丰富的数据资源。

长测程全站仪的最长测程可达20千米。凭借它，测绘队员们可以在6个不同的交会点直接对珠峰峰顶的觇标进行测距，在本次珠峰高程测量中起到了非常重要的作用。

饲料中试车间

饲料中试车间位于中国农业大学西校区内，1998 年 11 月 19 日落成，是当时中国唯一、世界一流的饲料中试车间，它的建成不仅改善了国家饲料工程技术研究中心的科研条件，还为我国和亚洲第三世界国家培训了 6000 余名一线生产和管理人员，极大地促进了我国饲料加工工艺水平的提升。

饲料中试车间的建成改善了国家饲料工程技术研究中心的科研条件，极大地促进了我国饲料加工工艺水平的提升。

饲料中试车间

饲料中试车间外观

中国农业大学中国饲料博物馆是在原饲料中试车间的基础上改造而来，建成于2016年11月26日，面积3280平方米，包括1个序厅、4个主题展厅（综合厅、科教厅、原料标本厅和机械厅）和2个主题空间（阅览室和放映室），目前是世界上首家以饲料行业为主题的博物馆。

饲料中试车间总共4层：地下1层、地上3层，改造中所有的设备都经过除尘、打磨、喷漆，历时8个多月，重新做了一遍。所有支柱为蓝色、设备为白色、电机为绿色，用红色标示危险性，警示则用黄色，提示要注意安全，此前教学这块安全教育相对比较欠缺，现在通过颜色的区分作为改

进。饲料中试车间拥有添加剂、预混料、浓缩料和全价配合饲料3条生产线，除了日常科普参观外，还配合饲料机械与工艺、饲料加工工艺技术专题等几门课程的现场实践教学，作为第二课堂。

在博物馆里，中国饲料工业的过去、现在以及未来，仿佛一轴徐徐展开的画卷，清晰地展现在人们面前。博物馆以“传承过去、记载当代、激励后学、引领未来”为宗旨，承载着体验式教学、科学研究、科普宣传和文化传承的使命，是集多功能为一体的永久性公益文博机构。

水准标尺检定装置

中国地震局第一监测中心水准标尺实验室成立于1986年，本文介绍的“新物件”是实验室的一套计量标准装置，名字叫“水准标尺检定装置”。它的主要功能是通过激光测距仪和手动导轨滑台完成对水准标尺的检定工作。水准标尺经过检定后，配合水准仪使用，可以实现陆地区域的高程测量。正是因为水准标尺检定装置对形变仪器测量数据质量的保障，我们脚下每一寸土地的高程才得到了精准测量。

1986年4月，为了满足地震监测事业的发展需求，国家地震局正式向一测中心的前身原地震测量队下达了研制水准标尺检定装置的任务。随后，由董炽等老一辈科技工作者组成的项目小组于同年6月份成立；1987年，项目小组完成了装置的设计与试制加工；1988年，项目小组完成了装置的安装与调试工作；1989年，进一步完成了装置的调试和精度比正是因为水准标尺检定装置对形变仪器测量数据质量的保障，我们脚下每一寸土地的高程才得到了精准测量。

水准标尺检定装置

对实验；1990 年，装置通过了科学技术成果鉴定。1991 年 8 月，整套装置完成了项目验收报告。

国家地震局下发的“项目科技成果鉴定证书”对水准标尺检定装置的应用前景和效益预算作出了充分肯定。证书原文是“本系统的研制完成，解决了我大队及东部兄弟单位地震监测工作中检尺的急需，也为测绘、地质等外系统提供了检尺的方便”，“该检测系统整体设计合理，慎密，制作精细，外观质量在全国同类检测系统中属上乘”。

回溯这段历史可以发现，这套计量装置的研制过程前后历时 5 年。其中的艰苦，我们已经很难体会，而从一些仅存的历史遗留资料却能窥探一二。为了验证装置结构的可靠性，在研制期间项目组成员对装置的结构进行了大量尝试。为了验证装置的测试结果，项目组成员进行了多次试验，保留下了大量的测试报告。而其中一份测试报告总共收录了上百页的测试结果。

35 年以来，水准标尺检定装置经历了数代使用和保管人员，他们的初心始终如一。一代代计量人以匠心为尺，以毫厘为度，默默诠释着计量工作的品质初心。实验室中一个个沉甸甸的收纳箱，承载着几十盒各种规格的标尺维修器件，度量着地震计量人的细心。实验室中一份份厚重整洁的标尺检定记录本，记录着全国几百副尺连续 14 年的检测记录，度量着地震计量人的恒心。

祖国960万平方千米的大好河山，蜿蜒起伏，波澜壮阔，因为有了一代代计量人几十年如一日默默无闻的坚守付出，中华大地的每一片土地才得到了精准测量。35年来，水准标尺检定装置已累计服务200余家单位，覆盖全国大部分省份的主要水准测量队伍，每年累计为数百套水准标尺提供精准计量服务。在地震行业，已为“全国地震监测水准网”“区域精密水准网”“全国跨断层形变场地”等多个重大科学项目提供可靠保障。

为了适应新时代防震减灾事业发展的需要，水准标尺实验室研制了新一代自动化水准标尺检定装置，并已投入使用。与上一代装置相比，新一代的自动化检定装置集图像边缘智能识别系统、高精度激光干涉测距技术、高精度光栅导轨平台于一体。可实现对多型号水准标尺的全自动或半自动检测。装置的检测精度得到进一步提高，数据记录、分析与处理可以通过现代化的“地震计量信息化平台”自动完成。新一代装置的应用革新，填补了地震计量相关领域的技术空白。

2017年，中国地震局党组对地震计量业务体制改革进行了部署。同年8月，中国地震局批复同意在一测中心建设国家地震计量站，地震计量的改革序幕由此拉开。如今，新的国家地震计量站实验室大楼已拔地而起，新的水准标尺检定实验室已焕然一新。展望未来，水准标尺检定装置的发展必定伴随着地震计量的改革之路，历久弥新！

油气管道
内检测机器人

油气管道是国家重要能源基础设施，当前我国各类油气管道超过 100 万千米，一旦发生泄漏，往往会导致爆炸、火灾或环境污染等事故。

见证新时代

油气管道内检测机器人国产化和自主化打破国外技术垄断，让中国制造赢得更多的尊重，为『中国制造』贡献青春力量。

油气管道内检测机器人

管道智能内检测机器人可以检测并记录油气管道上的一般缺陷、坑状缺陷、大面积腐蚀、机械损伤、内部缺陷、焊缝异常（金属损失类）、划痕、打孔盗油点等管道异常缺陷信息及套管、补丁、阀门、三通等管道附件，是了解管道本质安全状况最有效的手段。长期以来，我国的油气管道“体检”业务长期被美国、德国的两三家跨国公司高度垄断。国外公司在对我国的海底油气管道进行体检的同时是可以记录下我国油气管道的运行信息和地理坐标信息的。“洋检测”长期垄断我国管道检测市场，价格高昂，也使我国管道资产面临信息泄露的风险，危及国家能源动脉安全。而国外公司的检测过程我方无法参与，更无法进行干预，他们只会在检测完成后一到两个月为我方提供一份标准格式的检测报告，其他情况我们不得而知。这种自己花钱体检，体检过程中疑被侵犯隐私，我们却拿他没办法的奇闻异事人们偶尔也曾听过，但在我国打破国外对油气管道检测技术的垄断之前，这几乎就是我国油气行业的日常。

中国特种设备检测研究院坚持创新是引领发展的第一动力，以解决“卡脖子”难题和核心装备国产化为己任，勇闯技术难关，成功研制出全系列 26 个规格油气管道内检测机器人，先后攻克了内外缺陷识别一体化传感器、大行程磁路浮动机构、低功耗数据处理存储系统、高产能量电源等关键技术，攻克了缺陷漏磁数据自动识别、缺陷高精度量化分析算法等关键技术，成功研发国内首套真正意义上的漏磁内检测缺陷精确自动分析系统。满足了行业特定的检测需求，填补了多项国内空白。自主研发的管道内检测机器人，先后在国家管网、中石油、中石化、中海油等 50 多家单位开展管道内检测技术服务工作，创造了“48 小时人员到场和设备完成组装测试，72 小时内完成检测任务”“在戈壁沙漠连续 4 天 4 夜实施检测服务和产品工业化应用”“面对高腐蚀、多杂质、低压力、低排量等严苛工况，针对性优化检测设备，顺利检测出需立即维修缺陷 400 余处”等工程壮举；累计开展油气管道内检测技术服务 2 万余千米，获得直接经济效益近 3 亿元，累计检出油气管道金属损失 200 万余处，超标几何变形 4500 余处，打孔盗油点 2000 余处，为企业消除 1 万多处安全隐患，获得业主感谢锦旗、感谢信 30 余项，为保障油气管道安全运行作出了突出贡献。

油气管道内检测机器人国产化和自主化打破国外技术垄断，逼迫国外厂商大幅降低产品与服务价格。采用了国产设备之后，油气管道的检测成本较之前采用国外设备将减少 30%—50%，让中国制造赢得更多的尊重，获得更多公平的待遇，不再是处处受制于人却又不得不忍气吞声，为“中国制造”贡献青春力量。

任意波形电磁超声科学实验仪器

电磁超声是一种工业用 B 超检测技术，主要用于探测材料内部是否存在危害性的裂纹、腐蚀、孔洞等缺陷，以及早发现危害以防止灾害事故发生，在高铁轨道和车轮、化工装备、电站设施、海洋平台、石油与天然气管道等重要装备的安全检测中广泛应用。电磁超声现象发现于 1967 年，因其在超声检测中具有免耦合剂、非接触、适于发射接收各种模式波的独特优点，在过去的半个世纪中，该技术在极端温度、带涂层、自动化工业超声检测中获得了广泛的研究与应用。

见证新时代

我国第一台电磁超声科学实验仪器成功面市，标志着我国成为国际上第二个具备该仪器研产能力的国家。

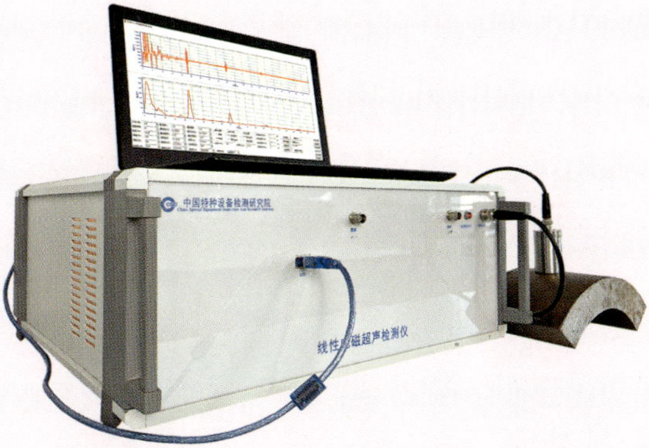

2018 年 5 月研发成功的电磁超声实验仪器原理样机

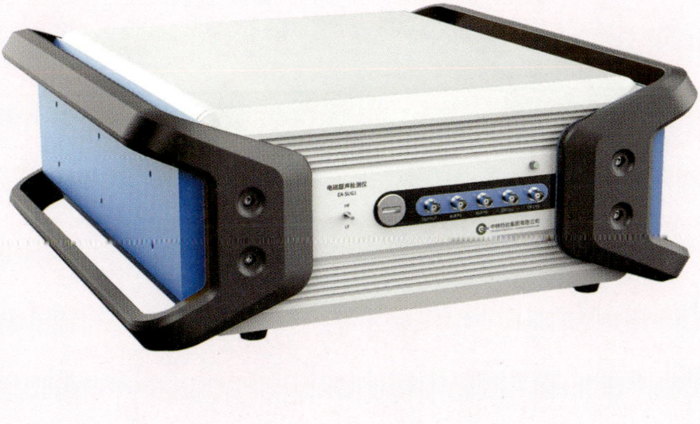

2021 年 8 月面市的电磁超声实验仪器产品

任意波形电磁超声科学实验仪器是专门针对电磁超声检测技术研究与应用而研发的高性能仪器，其工作频带宽，可用于驱动电磁超声传感器发射和接收超声体波、导波和表面波等。该仪器采用独创的任意波形线性放大激励与接收技术，使科研人员可以实现无限算法的研究开发，是电磁超声领域划时代的科学实验平台。此外，该仪器在大功率激发、高增益高信噪比接收等关键核心指标方面，处于国际领先水平，使得其在铁磁性和非铁磁性材料、大提离、非接触、极端高低温等各类检测研究中均能获得高信噪比检测信号。该实验仪器的研发为我国研发高温深冷用新材料、电磁超声检测新技术提供了关键装备。

科研人员在国家重大科学仪器、国家重点研发计划等项目支持下，连续攻关10余年，突破了电磁声多场耦合传感设计理论和方法，实现了全系列电磁超声传感器的国产化；突破了电磁超声检测仪器的发射、接收等关键核心部件与整机技术，核心指标达到国际领先水平；国际首创任意波形的大功率线性激励技术，使得该仪器能根据科研人员需要产生驱动电磁超声的任意波形，成为新一代研究平台的代表。

2021年8月我国第一台电磁超声科学实验仪器成功面市，标志着我国成为国际上第二个具备该仪器研产能力的国家，也打破了电磁超声现象发现半个世纪来，西方某国独家对该领域高端科学实验仪器的垄断。高端科学仪器的突破对整个技术领域的突破具有重要的引领作用。任意波形电磁超声科学实验仪器已在我国电磁超声领域科学研究、标准制定和工业应用研究中发挥了重要作用，支撑研制了电磁超声传感器、仪器和检测方法系列国家标准5项，支撑研发了电磁超声测厚、电磁超声探伤、电磁超声管道导波检测、电磁超声相控阵成像、腐蚀非侵入式高温在线监测、钢板自动探伤、钢管自动探伤、储罐检测机器人等众多先进工程检测技术和装备，使我国在该领域的研究与应用步入国际前列。

· 供稿 · 国家市场监督管理总局中国特种设备检测研究院

测量黄河
2021 年洪水流速仪

2021 年秋季，黄河中下游遭遇新中国成立以来最严重秋汛，8 轮秋雨连番登场，黄河流域伏秋大汛暴雨洪水过程猛烈频繁，其频次之多、过程之长、雨区重叠度之高、量级之大极为罕见，累积面雨量均列 1961 年以来同期最高值。2021 年 9 月 27 日 15 时，黄河潼关站流量涨至 5020 立方米每秒，发生当年第 1 号洪水；27 日 21 时，黄河花园口站流量涨至

见证新时代

流速仪尝尽了洪水百态，经受了风雨洗礼，伴随『滴、滴』信号声传递着水文人的使命与责任，一次次地为黄河防汛指挥调度决策提供了准确无误的水文信息。

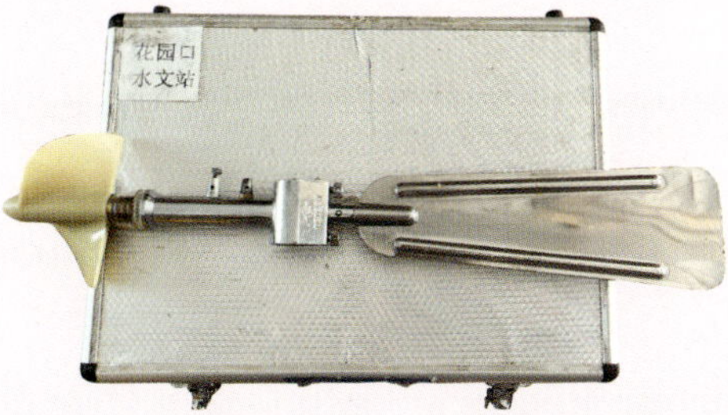

测量黄河 2021 年第 2 号洪水流速仪

使用中的流速仪

4020 立方米每秒，发生当年第 2 号洪水；期间，黄河干流 9 天内出现 3 次编号洪水，潼关水文站洪峰流量高至 8360 立方米每秒，小浪底水库出现建库以来最高水位，下游河道大流量洪水过程持续超过 35 天。按照《黄河水情预警发布管理办法》，黄河水利委员会发布黄河下游干流河段洪水蓝色预警。此次洪水从 9 月 20 日开始至 10 月 27 日结束，共持续 38 天。

Ls25-1 型旋桨流速仪是这场洪水的“见证者”、是水文人的“手中枪”，跟随水文“侦察兵”闻令而动，在滚滚黄河水

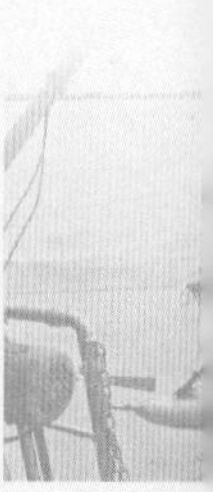

中一次又一次地上升和下降，任由洪水裹挟的树枝、杂草等漂浮物拍打、撞击依然屹立于风口浪尖。它尝尽了洪水百态，经受了风雨洗礼，伴随“滴、滴”信号声传递着水文人的使命与责任，一次次地为黄河防汛指挥调度决策提供了准确无误的水文信息。在新仪器新技术广泛运用的今天，日常流量、输沙率测验和流量 5500 立方米每秒以上、含沙量 15 千克每立方米以上的情况下仍然以 Ls25-1 型旋桨流速仪为主要测验工具，它在黄河水文高质量发展进程中始终发挥着不可或缺的重要作用。

无液氦稀释制冷机

稀释制冷机是一种能够提供接近绝对零度环境的高端科研仪器，在凝聚态物理、材料科学、粒子物理乃至天文探测等科研领域有广泛应用，能够为量子计算机的正常运行提供必要的极低温环境。而无液氦稀释制冷机有别于传统依赖液氦辅助降温的湿式稀释制冷机，无需液氦供应，样品空间大，连续运行时间长且运维方便，在最近 10 年迅速普及并成为市场主流。

近年量子计算研究发展，几种主流固态量子计算方案，包括超导、自旋和拓扑量子计算，都需要无液氦稀释制冷机为量子芯片提供降低热激发、维持量子态相干性所必需的极低温环境。以超导量子计算为例，无液氦稀释制冷机是唯一

见证新时代

自主研制无液氦稀释制冷机，掌握稀释制冷核心技术，标志着我国具备了为量子计算等前沿研究提供极低温条件保障的能力，为我国的量子计算实验前沿研究提供有力支撑。

正在研制中的新一代无液氦稀释制冷机内部构造

中科院物理所成功自主研制的无液氦稀释制冷机全貌

能在安装数百根微波频率测控电缆的情况下，冷却量子芯片到必需的 20 毫开氏度以下的商用制冷技术，是构建超导量子计算机必不可少的关键设备。

作为中国低温实验技术和低温物理研究的发源地，中国科学院物理研究所在 20 世纪 70 年代末就研制成功了我国第一台湿式稀释制冷机，实现了最低 33 毫开氏度的极低温。2021 年 6 月，物理所在自主研制科研设备、科技自立自强上又迈出了关键一步。面对新一轮量子信息科技竞争的新形势，物理所研究团队再一次组织力量联合攻关，完全自主研制国产无液氦稀释制冷机。

在历时两年半的研发过程中，物理所团队攻克低温设备焊接工艺难题，解决了长期困扰的冷漏、超漏问题，在核心的极低温高效热交换器制作过程中，测试、评估了大量材料和多种设计方案，陆续攻克了盘管热交换器和银粉热交换器等多项核心技术难题，最终实现了低于 10.9 毫开氏度的长时间连续稳定温度，而非连续的单冲程模式更可低至 8.7 毫开氏度，在温度指标上达到当前国际主流厂商裸机最低 10 毫开氏度左右的水平。

物理所成功自主研制无液氦稀释制冷机，掌握稀释制冷核心技术，标志着我国具备了为量子计算等前沿研究提供极低温条件保障的能力。近年来，物理所在基础研究、应用基础研究和核心技术攻关方面多次取得系列重要进展。2017 年

9 月，物理所在北京怀柔科学城率先开工建设综合极端条件实验装置，作为国家重大科技基础设施建设中长期规划确定的“十二五”建设重点内容之一，承载着北京怀柔综合性国家科学中心物质科学研究实现跨越发展的重要使命。2020 年 7 月综合极端条件实验装置土建工程率先完成竣工验收，2020 年 10 月物理所怀柔园区正式开园，建设工作转入了设备安装调试与试运行阶段。物理所预计将于 2022 年全面建成集超高压、极低温、强磁场、超快光场等极端条件于一体的国际先进的用户实验装置，极大提升我国在物质科学及相关领域的基础研究与应用基础研究综合实力。科研人员可以利用综合极端条件用户装置拓展物质科学研究空间，开展极端条件下的物性研究、量子态调控以及超快过程等物质科学前沿研究，促进新物态、新现象、新规律的发现，使我国在物质科学及相关的多个前沿研究领域达到世界一流水平，力争在多个研究方向取得国际一流研究成果。

物理所始终牢记作为“国家队”“国家人”，应该心系“国家事”、肩扛“国家责”，立足基础研究，以实现高水平科技自立自强为己任。目前，物理所团队正在依托综合极端条件实验装置的极端条件量子态调控系统继续攻坚克难，进一步优化无液氦稀释制冷机相关技术，固化工艺流程，正在建设中的新一代制冷机将在易用性和稳定性方面达到进口产品水平，为我国的量子计算实验前沿研究提供有力支撑。

074 / 150

量子通信望远镜

2016 年 8 月 16 号，全球首颗量子科学实验卫星“墨子号”成功发射，光电所研制的地面望远镜承担了星地量子通信的核心实验任务。4 个台站的望远镜均是在卫星首次过境对地对接就完成了对卫星的捕获跟踪，有力地保障了星地量子通信实验的开展。

见证新时代

以量子通信望远镜为代表的一个一个重大工程任务的成功实施，是科研工作者心怀『国之大者』，勇攀科技巅峰的生动体现，传承的是精神，更是力量！

墨子卫星星地对准

量子通信望远镜

“墨子号”科学实验卫星项目是全球首次开展星地量子通信科学实验，由一颗低轨卫星和5台地面望远镜组成。5台地面望远镜中有4台望远镜口径超过1米，用于接收“墨子号”发射的量子密钥信号光和量子纠缠信号光。这4台望远镜的研制和改造工作均由光电所团队来承担。为了减小暗计数对量子通信的影响，“墨子号”卫星必须在飞行在地球的地影区间时同地面望远镜实现通信，这要求地面望远镜在卫星不可见时就要将上行信标照射到高速飞行的“墨子号”卫星，对地面望远镜的指向跟踪提出了极高的要求。同时，地面望远镜在接收到下行信标后，需保持对高速飞行卫星的高精度跟踪和对准，才能将卫星发射的下行量子信号光接收到芯径数十微米的光纤内，这对望远镜的跟踪精度要求极高。

2017年7月，随着星地量子密钥分发、量子纠缠分发科学实验成果等在国际顶级学术杂志《Nature》和《Science》上发表，“墨子号”科学实验卫星的科学目标提前完成，这同地面望远镜高性能的技术指标和高稳定性、可靠性的技术状态密不可分。望远镜在运行期间，还承担了天文观测任务，并完成了国内首次星地相干激光通信实验。

这些成绩的背后是光电所科研工作者心系“国家事”、

肩扛“国家责”，数十年如一日的坚韧和热忱，也是一个关于“最美科技工作者”——光电所黄永梅研究员带领团队坚守初心、执着攻关的奋斗故事。

面对“墨子号”科学实验卫星项目地面望远镜研制的重大科学任务，黄永梅带领团队多方调研、积极攻关，开展相关关键技术研究，先后突破了大速度范围和风扰条件下的高精度跟踪、高精度指向技术和宽谱段范围内的多频点保偏等关键技术，成功研制了国内首台集量子通信、激光通信、天文观测为一体的多功能大口径望远镜系统。量子激光通信大口径望远镜关键技术突破及系统的成功研制对我国保密通信、高码率通信的发展具有重要意义。黄永梅始终与大家同甘苦、共进退，在一线带领团队人员咬牙坚持完成设备安装调试和试验等一项项体力和脑力劳动，承受着比男同志更大的压力，但干起工作来却巾帼不让须眉，为星地量子科学实验的完成奠定了坚实的基础。外场工作人员称她是“铿锵玫瑰”，有媒体记者把她比作“地空对话”技术的“女掌门”。

科技兴则民族兴，科技强则国家强。以量子通信望远镜为代表的一个一个重大工程任务的成功实施，是科研工作者心怀“国之大者”，勇攀科技巅峰的生动体现，传承的是精神，更是力量！

· 供稿 · 中国科学院光电研究所

“科学”号海洋科学综合考察船

海洋是地球上覆盖面积最大的区域，却是人类认知最少的区域。我们目前对海洋的探测和研究区域只占整个海洋的5%左右，逊于对空间的认知。作为重要的支撑平台，科学考察船在海洋综合探测与研究中起着不可替代的作用，其发展水平直接体现了国家的海洋科技实力。

『科学』号见证了新时代我国海洋科技迅猛发展的光辉历程，书写了驰骋深海大洋波澜壮阔的新篇章。

我国新一代海洋科学综合考察船『科学』号

『科学』号上搭载的『发现』号水下机器人开展深海科学探测

海洋科学的发展在很大程度上取决于海洋装备技术和装备水平的发展，一直以来，我国的海洋科学考察装备较发达国家相对落后。随着我国综合国力的不断提升及海洋强国战略的部署实施，对深远海科学考察能力也提出了更高的要求，但没有现代化的科考船，我们只能“望洋兴叹”。在这样的时代背景下，围绕深远海科学考察，打造新一代海洋科学综合科考船的需求愈发迫切。

“工欲善其事，必先利其器”。2012 年，由我国自主设计和建造的新一代海洋科学综合考察船“科学”号正式交付使用。作为海洋科学考察大国重器，“科学”号见证了新时代我国海洋科技迅猛发展的光辉历程，书写了驰骋深海大洋波澜壮阔的新篇章。

“科学”号总长 99.8 米，型宽 17.8 米，型深 8.9 米，总吨位 4711 吨，续航能力 1.5 万海里，自持力 60 天，最大航速 15.875 节，定员 80 人；采用吊舱式电力推进系统，配置 2 台艏侧推、360 度环视驾驶台、无人机舱、DP-1 动力定位、一人驾驶桥楼。

在方案设计阶段，设计团队包括出海经验丰富的科考船船长和科学家，由他们提出科研需求，再由中国船舶及海洋工程设计研究院将需求转化为船舶参数进行设计，最终形成了一套专为深海科学考察设计的“短宽型”船型方案，并由武昌船舶重工有限责任公司历时2年建造完成。

作为我国最先进的海洋综合科考船，“科学”号具备自主航行、全球航行及高精度动力定位能力，配备了水体探测、大气探测、海底探测、深海极端环境探测、遥感信息现场印证、船载实验、船载网络七大系统，搭载了高精度导航、操控系统、缆控水下机器人、走航自动观测等多种国际先进的探测设备，被誉为“海上移动实验室”。“科学”号承载了几代中国海洋科技工作者的梦想。它的交付使用，标志着我国真正具备了走向深海大洋的能力。

交付运行10年来，“科学”号优秀的性能表现得到了业内人士的一致认可，以“专业运行、开放共享”的模式运行管理，承担完成多项国家重大科研项目，创造了诸多国内外第一。10年间，“科学”号重点关注深海探测研究、关键核心技术和重大科学问题，共执行近50个深远海调查航次，10次跨越赤道科考，累计安全航行2000余天，航程30多万海里，面向全国数十家高校、科研院所的数千名科研人员开放共享，取得了一系列重大成果和突破，引领我国深远海科考能力实现跨越发展。

依托“科学”号，中国科学院海洋研究所率先构建了国际一流的深远海综合探测与研究体系，实现了“下得去、看得清、采得上、测得准、功能全、用得起”的目标。国内首次建立了“宏观与微观、走航与定点、梯度与原位相结合”的探测技术体系，具备了立体同步精准开展深海地形地貌、海底环境、水体环境的综合探测和样品采集能力，深海近海底地形探测分辨率达到厘米级，成功开展深海极端环境探测、深海现场试验、海底培养实验及深海原位长期连续探测，实现了“将实验室搬到海底”的科学创想，引领我国深远海探测与实验能力跨入世界先进国家行列。

以“科学”号为平台，聚焦西太平洋冷泉、热液、海山等深海极端环境的重大科学问题，科考团队取得了一系列原创成果和重大突破：攻克深海潜标数据实时传输的世界难题，建成了国际最大规模的西太平洋实时科学观测网，使深海探测由“录像回放”变为“现场直播”；在国际上率先开展热液喷口流体温度梯度原位探测，获取了30余个热液喷口的温度剖面，在我国南海首次发现裸露在海底的“可燃冰”；建成了我国迄今样品量最大、物种数最多的深海大型生物样品库和唯一深海大型化能营养生物活体库，发现1个新科、1个新亚科、13个新属、128个新种，获取8000余株深海微生物（含46个细菌新种），获得国内首个具有姿态和方位信息的超长沉积物柱状样品（16.01米），推动我国深海大洋研究跻身世界前沿。

“科学”号及其科考团队向世界展示了中国的科学精神，用实际行动践行了海洋强国梦。英国《自然》杂志两次报道和评述“科学”号在西太平洋的探测研究及我国海洋科考能力的提升，将其赞誉为“郑和下西洋600年后中国人的又一创举”。

· 供稿 · 中国科学院海洋研究所

“实验 6”科学考察船

新型地球物理综合科学考察船“实验 6”是国家发改委立项的中国科学院“十三五”科教基础设施建设项目，由中科院南海海洋研究所承担，总投资 5.175 亿元，设计总吨 3990，总长 90.6 米，型宽 17.0 米，型深 8.0 米，最大速度 15.5 节，续航力 12000 海里，定员 60 人，自持力 60 天。

“实验 6”是一艘采用国际最先进设计理念，科考能力突出的特种用途船舶，探测手段达到国际先进水平。“实验 6”具备全球航行和全天候观测能力，既突出地球物理专业调查功能，又能满足物理海洋、海气相互作用、海洋化学、海洋生物与生态等多学科综合考察需求；既能开展近海浅水区、大陆架、岛礁区的科学考察活动，又能在深海大洋极端环境进行全海深的探测和取样；配置学科齐全的现代化船载实验室，能现场进行多学科样品处理与分析，并实现与陆基实验室同步数据传输。

『实验6』科考船的投入使用，对于维护国家主权与海洋权益，加快建设海洋强国具有非常重要的推动和促进作用。

『实验6』科学考察船

“实验 6”科考船的投入使用，对于提高我国海洋探测能力和数据样品获取能力，开发利用海洋空间资源、油气矿产和生物基因资源，维护国家主权与海洋权益，保障我国经济社会可持续发展，加快建设海洋强国具有非常重要的推动和促进作用。

“实验 6”科考船的投入使用同时满足面向国际海洋科学前沿和实施国家强国战略的重大需求：（1）立足岛礁，深耕南海，大力提升我国对地球深部结构、南海岛礁区的探测、取样和基础数据获取能力，维护国家安全与海洋权益；（2）强化与“海上丝绸之路”沿线国家的海洋科技合作与交流，助力建设“21 世纪海上丝绸之路”；（3）支撑中国科学院在海洋科学领域实施“三个面向”“四个率先”行动计划，促进重大海洋科技成果的产出；（4）跨越深蓝，联动全球，深入开展印度洋和西太平洋等深海大洋的探测，探索深海极端环境与生命过程，促进海洋多学科综合交叉研究；（5）加快我国海洋监测技术和深海探测设备自主研发的应用进程，推动创新性海洋高新技术的快速发展。

“实验 6”是一艘具备先进性与创新性的专业船舶。在稳性和抗风力方面，通过严格、系统的全船重量重心控制，完整稳性在全面满足国际公约要求的基础上，进一步满足 11 级抗风稳性要求，增加了抵抗恶劣海况的能力；在耐波性和操纵性方面，通过采用控制气泡干扰的船型一体化设计技术，

结合高腹板舭龙骨及特殊设计的耐波性船型，可实现4级海况ROV（水下机器人）收放、5级海况漂泊调查作业、7级海况安全航行；通过采用大功率全回转吊舱电力推进系统，结合首侧推的应用，具备极为出色的动力定位能力；在声寂环境方面，采用主机双层隔振等多种最先进的减振降噪措施，使水下辐射噪声得以最大限度降低，满足11节时DNV GL（挪威船级社）的水下辐射噪声SILENT-A+S要求；在实验和探测能力方面，不仅拥有超过330平方米的实验室面积、超过470平方米的科考辅助面积，露天作业甲板面积更是超过了600平方米，达到4000吨级科考船的水平；固定安装有13000米钢缆绞车、13000米光电缆绞车、8000米CTD（温盐深）绞车和6000米水文生物绞车各1台，并预留2台露天绞车安装空间；配置1×2°深水多波束、浅水多波束、单波束、浅剖、ADCP（声学多普勒剖面流速仪）、超短基线及鱼探仪等种类齐全的声学探测设备；在践行国家对关键科考设备自主可控的国产化要求方面，"实验6"积极响应，实现国产大容量地震空压机和国产科考升降鳍板的首次装船应用并取得成功。

"实验6"科考船采用高效节能型主机和先进的AFE（有源前端）变频电力推进技术、优化住舱和实验室布置、合理分配各种不同科考需求的电负荷、优化科考设备配置和作业流程、采用轻质材料，具有吨位适中、操作灵活、科考功能强大、运行成本低等先进性能。

科学数据银行

——我国首个通用型论文关联数据存储平台

科学数据属于国家战略资源范畴，事关国家安全和科技发展。2015 年国务院发布的《促进大数据发展行动纲要》指出，“数据已成为国家基础性战略资源”。那时候，中国科学院计算机网络信息中心科学数据银行团队接到一个攻关任务——研发面向全学科、全类型的通用型论文关联数据存储的数据库平台。接到任务后，团队在国内首次提出基于云环科学数据银行将不断提升科学数据公共服务对科技创新的支撑作用，为科学数据出版和共享贡献中国方案。

科学数据银行平台首页

科学数据银行的基础设施

境的数字出版框架，在中科院“十三五”信息化专项和“十四五”传播专项的支持下，经过 6 年的努力建成了具有自主知识产权的全学科、全类型的通用型论文关联数据存储平台——科学数据银行（Science Data Bank，ScienceDB），并具有一定的国际影响力。ScienceDB 能为论文关联数据的汇聚、管理、开放、共享提供高效解决方案。截至目前，ScienceDB 为全球万余种学术期刊提供论文关联数据存储服务，用户遍布 170 多个国家和地区。

2020 年 9 月 25 日对于 ScienceDB 来说，是具有里程碑意义的一天。这一天，ScienceDB 被斯普林格 · 自然和 Scientific Data 收录到其推荐的通用型数据存储库名单，这意味着 ScienceDB 成为我国首个通用型论文关联数据存储平台。2022 年 4 月 2 日，ScienceDB 成为《关于开展 2021 年度期刊核验工作的通知》（国新出发电 [2022] 13 号）推荐的数据存储库；2022 年 6 月 6 日，ScienceDB 正式入选中共中央宣传部“中国这十年”系列主题新闻发布会聚焦“实施创新驱动发展战略 建设科技强国”有关材料。

国际范围内，“论文 + 关联数据”的联合出版已成为重要发展趋势，科学数据出版可提升科学实验的可重复验证性和成果透明性，促进期刊传播与被引。科学数据银行团队与《中国科学数据》联手构建特色的数据出版模式，填补我国科技出版行业空白，为我国科技期刊跻身国际一流提供了至关重要的解决途径。相关工作获得第五届中国出版政府奖先进出版单位荣誉称号。

ScienceDB 促进科学数据价值发现，以科学数据驱动国家科技创新，实时追踪并标准化展示我国优质科学数据资源，公开发布数据 5751042 个，支撑的重大研究包括联合国可持续发展计划（SDGs）、郭守敬望远镜（LAMOST）、500 米口径球面射电望远镜（FAST）、中国人脑毕生发展研究、世界第三极研究等。

除了关键技术突破，数据政策与标准规范等可信软实力的薄弱，让我国科学数据平台一直无法融入国际交流并形成国际科技资源交换中心。团队协力开展政策调研、组织材料，以及与国际出版商多轮沟通，不断打磨平台硬实力和软实力，突破斯普林格·自然、《细胞》杂志、爱思唯尔等顶尖出版商长期架起的政策壁垒，先后获得 Google Dataset Search、Web of Science 下的 Data Citation Index、Mendeley Data、Scopus、BASE、DataCite 和 Dimensions 等国际主流平台的索引收录。

截至目前，ScienceDB 已吸引全球 170 多个国家和地区的用户提交或访问数据，形成国际优质数据资源的虹吸效应。

ScienceDB 从 2020 年起积极与欧洲、美国等的科学数据存储库探索交流，促成与 Zenodo、Mendeley Data、Pangaea 等国际主要通用型科学数据平台的镜像合作。目前，已完成 7 千万余个数据文件、1.2 亿条元数据镜像工作。

科学数据银行团队坚持立足本职、岗位创优，共发表论文或专著 20 余项，申请专利 10 项、软著 4 项，参与标准编著 12 项，其中：国家标准 4 项，国际标准提案 1 项。团队聚焦科学数据主责主业，深入践行“作为‘国家队’‘国家人’，必须心系‘国家事’、肩扛‘国家责’”的价值理念，认真贯彻执行《科学数据管理办法》，紧密围绕国家关于加强数据资源整合和服务、提升数据资源价值的战略部署，落实中科院党组关于加强科学数据中心体系建设、加快推进建设数字出版和论文关联数据存储平台等决策部署，在科学数据汇交存储、共享利用、安全管理等方面深耕细作、笃行不怠。科学数据银行将不断提升科学数据公共服务对科技创新的支撑作用，为科学数据出版和共享贡献中国方案。

新一代
北斗导航卫星
首发星

2009年，北斗三号系统工程正式启动实施。2009年12月，中科院微小卫星创新院（上海微小卫星工程中心）正式参与北斗三号建设任务。面临当时境外测运控难、信号质量差、信号连续性可用性差、核心器部件受制于人等困境，年轻的中科院北斗导航卫星研制团队不惧挑战、迎难而上，通过艰苦卓绝的努力，突破了一系列关键技术，于2015年3月30日在西昌卫星发射中心成功发射新一代北斗导航卫星首发星（I1-S），标志着中国北斗系统从区域运行向全球拓展的启动实施。

见证新时代

新一代北斗导航卫星首发星充分体现了『自主创新、开放融合、万众一心、追求卓越』的新时代北斗精神，是中国北斗导航卫星领域的『破冰』之作。

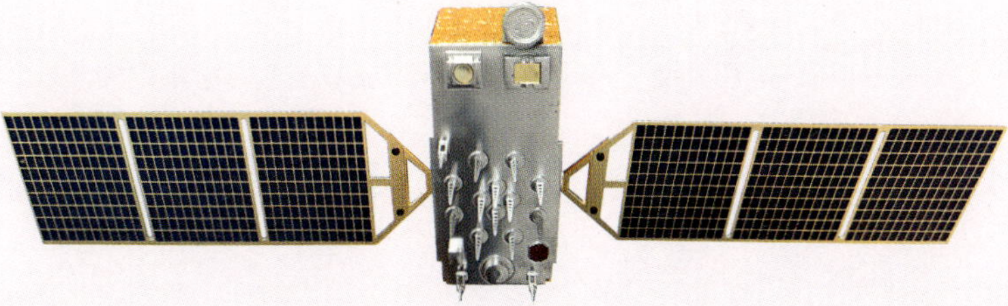

北斗三号 MEO 卫星

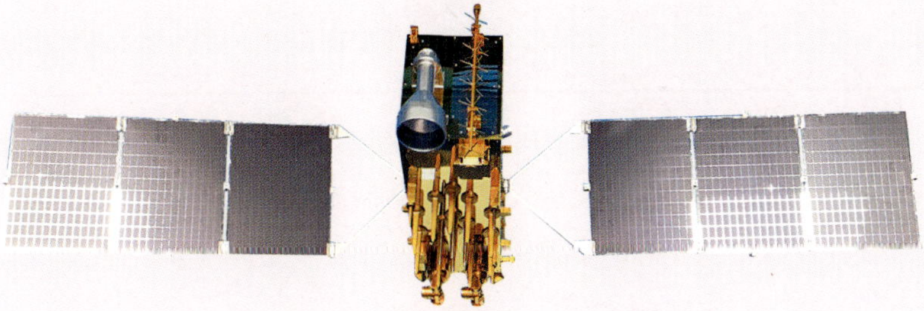

北斗全球卫星导航系统 MEO

它理念先进。该星打破了传统的设计思路，独创性地提出了“功能链”设计理念，最大限度地优化整合卫星各项资源，提高了整星功能密度，解决了小型化和高可靠的矛盾，卫星重量从数吨降低至 847.6 千克，大幅降低了卫星的研制成本和发射成本。

它技术创新。该星国际首创 Ka（K 频段以上）相控阵时分体制星间测量通信技术，体制和指标国际领先，实现了一星通、星星通，实现了基于国内站的全球星座测运管，解决了北斗从区域走向全球的技术瓶颈。在 7 万千米距离，100 毫秒内可以实现卫星捕获和测距，双向测距精度高达 1 厘米，PDOP（位置精度衰减因子）值改善 10—30 倍，URE（用户测距误差）优于 GPS。

此外，该星还突破了时频无缝切换技术，实现了主备钟 20 皮秒无缝切换，大大提升了信号的连续性；首创使用了 120 瓦氮化镓高效固放技术，三阶交调比行放好 6 分贝，杂散好 15—20 分贝，有效提升了信号质量。

它立足国产。该星采用了国产抗辐照龙芯 CPU+FLASH 架构，避免了 PROM（可编程只读存储器）禁运的风险，填补了国产航天处理器的空白。实现了FPGA(现场可编程门阵列)、DC/DC（直流—直流）、微波等部组件的国产化。

它着眼未来。该星采用框架面板式结构，实现了载荷平台模块化，大大提高了系统集成测试能力，为组网卫星的批量生产奠定了技术基础。

此外，框架面板式结构设计将卫星与“太空摆渡车”上面级的分离冲击量级从6000克减小到460克，不仅解决了工程初期遇到的星上产品无法承受高冲击量级的难题，也为运载系统产品的定型和批量研制提供了有力支撑。

新一代北斗导航卫星首发星充分体现了“自主创新、开放融合、万众一心、追求卓越”的新时代北斗精神，该星平台已成为北斗导航系统基本平台之一，其验证的新体制、新技术已应用于后续全球新作建设，相关技术成果也已推广到其他多个型号卫星研制中，具有显著的社会效益；该星的研制发射是中国北斗导航卫星领域的“破冰”之作，是中国北斗卫星导航系统从区域运行向全球拓展实施的重要节点，具有十分重要的里程碑意义。

· 供稿 · 中国科学院微小卫星创新研究院

上海
超强超短激光
实验装置

上海超强超短激光实验装置（SULF），又称羲和激光装置，项目法人单位为中国科学院上海光学精密机械研究所。该项目是上海建设具有全球影响力的科创中心、打造世界级重大科技基础设施集群的首批重大项目，是上海张江综合性国家科学中心的核心平台之一。

羲和激光装置为我国光子科学研究铸就国之重器，我国在国际上首次实现了10拍瓦激光放大输出，引领了这一方向的研究。

SULF 实验大厅

上海超强超短激光实验装置大楼

羲和是《山海经 · 大荒南经》中记载的太阳之母，诞下10个太阳。10拍瓦（即1亿亿瓦）超强超短激光指的是脉冲宽度压缩至数十飞秒，输出功率超过10的16次方瓦的激光脉冲，该激光经过聚焦后，光强高达每平方厘米10的22次方瓦，相当于将10个太阳辐射到地球的总功率汇聚到一根头发丝直径这样尺度上的光强。因而，上海超强超短激光实验装置项目负责人、中国科学院院士李儒新为上海超强超短激光实验装置取了一个更富诗意的名字：羲和激光装置。

超强超短激光被认为是人类已知的最亮光源，能在实验室里创造出之前只有在核爆中心、恒星内部、黑洞边缘才能找到的极端物理条件，是一项非常了不起的成就。10拍瓦激光系统为人们提供了前所未有的超高能量密度、超强电磁场和超快时间尺度等综合性极端物理条件。

羲和激光装置旨在发展国际领先水平的10拍瓦级超强超短激光产生技术，利用10拍瓦激光及重复频率拍瓦激光驱动产生超快、多光谱、高亮度光源与超快高性能粒子束，应用于物质科学和生命科学的基础研究。该装置主要包括一台10拍瓦超强超短激光系统，同时具备高重复频率的1拍瓦级激光输出束线，利用该激光系统驱动产生的高亮度超短脉冲高能光子与粒子束，建立极端条件材料科学研究平台、超快亚原子物理研究平台、超快化学与大分子动力学研究平台等3

个用户实验终端，配套一栋地下2层地上4层的科研大楼，总建筑面积9161平方米。

2017年10月24日，项目团队在国际上首次实现了10拍瓦激光放大输出，是当时已知的国际最高激光脉冲峰值功率；2018年1月，《Science》杂志专文评述，将该成果列为国际上自1960年第一台激光器发明以来，人类在激光脉冲功率提升方面的第5大里程碑式进展，认为我国引领了这一方向的研究。

2019年底，10拍瓦激光系统成功实现平均11.7拍瓦、最高12.9拍瓦峰值功率/24.6飞秒级激光脉冲输出能力（国际最高峰值功率）；激光中心波长800纳米；工作模式为3分钟每发次（2021年升级至1分钟每发次），并通过了工艺测试评审。

2020年6月，重复频率1拍瓦激光系统通过了工艺测试评审，达到了重复频率0.1赫兹、最高峰值功率1.21拍瓦的验收指标。

2020年12月初，三大用户平台：极端条件材料科学研究平台、超快亚原子物理研究平台和超快化学与大分子动力学研究平台通过工艺测试评审，达到验收指标。

2020年12月28日，项目整体通过验收，为我国光子科学研究铸就国之重器，面向国内外用户全面开放。

“天宫二号”空间冷原子钟

没有钟摆，也没有秒针的滴答声，一个“长相”完全不符合人们对钟的预期的圆柱体于 2016 年 9 月搭乘“天宫二号”空间实验室来到太空，成为人类历史上第一台在轨进行科学实验的空间冷原子钟。

和人们日常所见的钟表不同，这个钟对时间的测量基于原子能级间的跃迁。而又跟大部分的原子钟不同，这个钟应用的是更为先进的冷原子技术。如果说机械表 1 天差不多有 1 秒误差，石英表 10 天大概有 1 秒误差，氢原子钟数百万年有 1 秒误差，那么冷原子钟则可以做到 3 千万年到 3 亿年误差 1 秒。

空间冷原子钟的成功为空间超高精度时间频率基准的重大需求奠定了技术基础，也为未来空间基础物理研究开辟了新的方向。

『天宫二号』空间冷原子钟正面照

『天宫二号』空间冷原子钟物理系统

“天宫二号”空间冷原子钟走得那么准的秘诀在于“高”“冷”二字：一方面得益于太空中“天宫二号”的“微重力”环境，另一方面则因为其自身的“冷”。

在微重力环境下，原子团可以做超慢速匀速直线运动，基于对这种运动的精细测量可以获得较地面上更加精密的原子谱线信息，从而可以获得更高精度的原子钟信号。

此外，利用激光冷却技术，原子气体被冷却至极低的温度，则极大地消除了原子热运动对原子钟性能的影响。

空间冷原子钟的在轨运行，能在太空中建立超高精度的时间频率基准，对其他卫星上的星载原子钟进行无干扰的时间信号传递和校准，使得基于空间冷原子钟同步的全球卫星导航系统具有更加精确和稳定的运行能力，为深空探测提供关键的时间频率信号。

中国科学院上海光学精密机械研究所于2007年初开始研制空间冷原子钟，于2010年完成了原理样机的研制和地面科学试验论证。经过近10年的艰苦努力，研究所于2016年中完成空间冷原子钟正样产品研制。空间冷原子钟在光、机、电、

热、软件等方面通过了中国载人航天工程各类环模测试的检验，达到了满足火箭发射和空间在轨正常运行的要求，并于2016年9月随“天宫二号”载人航天飞行器发射升空，在轨运行近3年，所有指标均保持不变，完成了所有的在轨测试，获得了大量的数据，积累了大量的经验，并于2019年7月19日随“天宫二号”受控离轨。

空间冷原子钟的主要成果包括国际上首次实现在轨激光冷却和冷原子操控；首次发现了微重力环境下激光冷却效率比地面高3倍；首次实现微重力环境下慢速冷原子抛射，实现了超慢原子束，为下一步发展基于冷原子技术的量子传感器奠定了坚实的基础；首次实现微重力环境下冷原子和微波相互作用，获得拉姆齐（Ramsey）条纹，实现冷原子钟长期在轨闭环运行；首次在空间环境下利用冷原子磁敏能级跃迁对地球磁场进行了测试，验证了空间冷原子磁强计的原理。

空间冷原子钟的成功为空间超高精度时间频率基准的重大需求奠定了技术基础，也为未来空间基础物理研究开辟了新的方向。

稳态强磁场实验装置

重大科技基础设施是“国之重器”。位于安徽合肥科学岛上的稳态强磁场实验装置是国家发改委批准建设的重大科技基础设施。装置于 2008 年开工建设、2017 年通过国家验收。目前，团队成功研制出世界最高磁场强度的混合磁体（45.22 特斯拉），5 台不同用途的水冷磁体（四创世界纪录、3 台保持至今），建成了国际首创的水冷磁体扫描隧道显微镜、扫描隧道—磁力—原子力组合显微系统等一系列科学实验系统，使我国磁体技术和综合性能处于国际领先地位。装置为开展物理、化学、材料、生命健康和工程技术等学科的研究提供了稳态强磁场实验条件，已在多学科前沿探索中取得诸多重大科技成果。

稳态强磁场实验装置为我国基础研究和高新技术发展提供了强大支撑，改变了我国科学家开展强磁场领域相关研究必须依赖国外的局面。

稳态强磁场实验装置标志性实验设施——混合磁体

科研人员在调试稳态强磁场实验装置低温系统

强磁场是现代科学实验最重要的极端条件之一，是推动重大科学发现的“利器”。曾几何时，国内强磁场领域的研究几乎一片空白，成为制约我国科技进步的痛点和短板。从那时起，装置研制团队就以为祖国研制大科学装置为己任，白手起家、攻坚克难：设备不够，多方借用自主研制；资料不够，搜集文献集中编制；人才不够，千方百计内招外引。多方面的努力，为装置建设奠定了重要基础。

党的十八大以来，以习近平同志为核心的党中央高度重视科技创新工作，装置建设进入“快车道”。团队立足学科前沿、坚持自主创新，最近10年间，相继突破了高场水冷磁体与混合磁体设计制造等国际技术壁垒，填补了10特斯拉级大口径超导磁体关键技术的国内空白，建成了具有自主知识产权的稳态强磁场实验装置。

稳态强磁场实验装置为我国基础研究和高新技术发展提供了强大支撑，改变了我国科学家开展强磁场领域相关研究必须依赖国外的局面。装置投入运行后，已为国内外170多家单位的近3000项课题提供了科研支持，推动产出了一大批具有国际影响力的高水平成果，如：发现癌细胞中的纺锤体和癌蛋白能被强磁场调控，进而导致癌细胞生长减速，为未来癌症治疗提供了可能方向；揭示脑内谷氨酸合成新通道及其参与日光照射改善学习记忆的分子及神经环路机制，有助于了解大脑工作机理及探索相关疾病发生机制；首次发现外尔轨道导致的三维量子霍尔效应，迈出了从二维到三维的关键一步；首次在少层黑砷中发现新奇量子霍尔态，为高效率、低能耗自旋电子器件研制提供理论基础，等等。稳态强磁场实验装置的建设和运行，成为我国努力实现高水平科技自立自强的重要缩影。

· 供稿 · 中国科学院强磁场科学中心

第 5000000 号发明专利证书

1985 年 4 月 1 日，来自航空工业部第二研究院 207 所的胡国华成为改革开放以来第一件中国发明专利的申请人。同年 12 月，胡国华顺利拿到专利证书，发明专利证书上的专利号为“85100001.0”。37 年后，2022 年 3 月 15 日，国家知识产权局授出第 5000000 号发明专利证书，这是我国授权的第 500 万件发明专利。

从 1985 年到 2022 年，从第 1 件到第 500 万件，我国专利事业从零起步，仅用几十年时间就成为全球公认的专利大国。其中，我国发明专利申请量（自 2011 年起）连续 11 年位列世界第一、PCT（Patent Cooperation Treaty，专利合作条约）

见证新时代

我国专利事业从零起步，仅用几十年时间就成为全球公认的专利大国。我们坚信，在党的坚强领导下，我国知识产权事业必将乘着新时代的东风，乘风破浪，扬帆远航，早日建成知识产权强国。

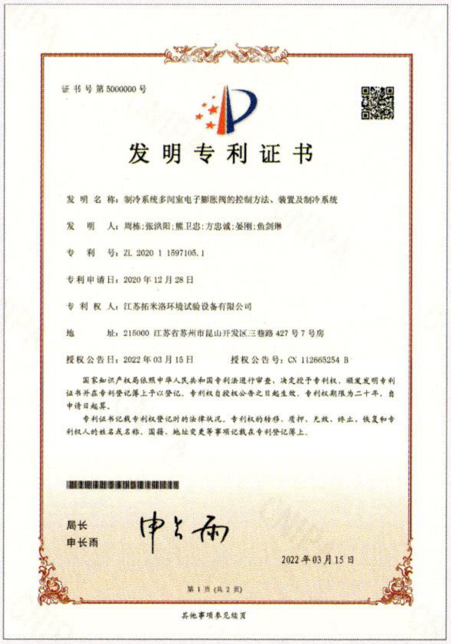

证书号第5000000号

发明专利证书

发明名称：制冷系统多间室电子膨胀阀的控制方法、装置及制冷系统

发明人：周栋；张洪阳；熊卫忠；方忠诚；娄刚；鱼剑琳

专利号：ZL 2020 1 1597105.1

专利申请日：2020年12月28日

专利权人：江苏拓米洛环境试验设备有限公司

地址：215000 江苏省苏州市昆山开发区三巷路427号7号房

授权公告日：2022年03月15日　　授权公告号：CN 112665254 B

国家知识产权局依照中华人民共和国专利法进行审查，决定授予专利权，颁发发明专利证书并在专利登记簿上予以登记。专利权自授权公告之日起生效。专利权期限为二十年，自申请日起算。

专利证书记载专利权登记时的法律状况。专利权的转移、质押、无效、终止、恢复和专利权人的姓名或名称、国籍、地址变更等事项记载在专利登记簿上。

局长
申长雨

2022年03月15日

第1页（共2页）

其他事项参见续页

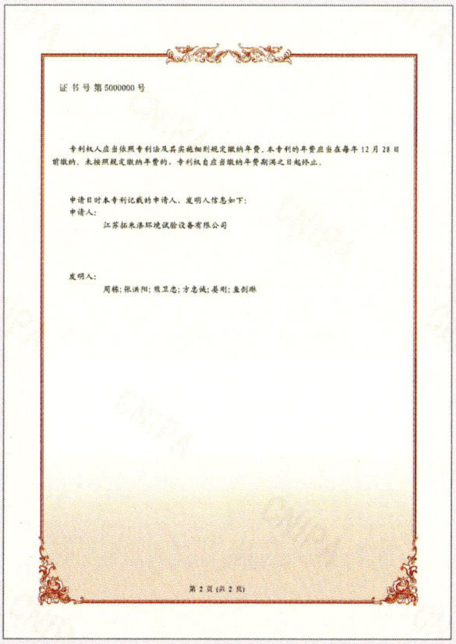

证书号第5000000号

专利权人应当依照专利法及其实施细则规定缴纳年费。本专利的年费应当在每年12月28日前缴纳。未按照规定缴纳年费的，专利权自应当缴纳年费期满之日起终止。

申请日时本专利记载的申请人、发明人信息如下：
申请人：
江苏拓米洛环境试验设备有限公司

发明人：
周栋；张洪阳；熊卫忠；方忠诚；娄刚；鱼剑琳

第2页（共2页）

第5000000号发明专利证书

国际专利申请量（自 2019 年起）连续 3 年位居世界第一。

几十年来，中国发生了什么？中国又何以仅用短短几十年时间，就发展成为一个专利大国？

这一切，要从专利的作用和专利制度的起源讲起。自专利制度建立之初，专利就与创新发展紧密相关，成为科技创新的重要驱动力。专利数量的多少，也从一个方面体现了一个国家和地区的创新能力。一般认为，专利制度起源于西方，以英国 1623 年颁布《垄断法案》为标志。西方国家正是通过“对发明进行合法的垄断”，在专利制度促进下发生了多轮次的工业革命，实现了大国崛起。遗憾的是，在 200 多年的全球工业化进程中，我国与前两次工业革命都失之交臂。

新中国的成立，从根本上改变了中国社会的发展方向，为中华民族自立自强、实现伟大复兴创造了根本社会条件，成为我国各项事业的伟大起点，专利事业就是其中之一。特别是改革开放初期，邓小平同志一锤定音，作出“专利法以早通过为好”的果断决策，为我国专利制度的建立铺平了道路。

1985 年 4 月 1 日，我国专利法实施的第一天，包括胡国华在内的国内外申请人提交专利申请 3455 件，被时任世界知识产权组织总干事鲍格胥誉为“世界专利史上的新纪录”。

以此为起点，我国专利制度不断完善，分别于 1992 年、2000 年、2008 年、2020 年历经 4 次修法。其中，1992 年专利法第一次修改延长了专利权的期限，扩大了专利保护的技术领域；2000 年专利法第二次修改简化、完善了专利审批和维权程序；2008 年第三次专利法修改提高了专利授权标准，加强了专利权保护，合理平衡了专利权人与公众利益关系；2020 年第四次专利法修改建立侵权惩罚性赔偿制度，对故意侵权行为规定 1 到 5 倍的惩罚性赔偿，将法定赔偿额上限提高到 500 万，新增专利开放许可制度以及专利权期限补偿制度和药品专利纠纷早期解决程序等有关条款。更加健全的专利制度为国内外申请人提供了更加全面的专利保护，推动我国专利事业走上快车道，实现跨越式发展。第 500 万件发明专利证书的颁发，正是我国专利事业取得历史性成就的标志性例证。

站在新的历史起点上，以习近平同志为核心的党中央把知识产权工作摆在更加突出的位置，习近平总书记作出一系列重要指示论述，党中央、国务院相继印发《知识产权强国建设纲要（2021—2035 年）》和《“十四五”国家知识产权保护和运用规划》，对知识产权事业发展作出重大顶层设计，我国正在加快由知识产权引进大国向知识产权创造大国转变，我国知识产权工作正在加快从追求数量向提高质量转变。

我们坚信，在党的坚强领导下，我国知识产权事业必将乘着新时代的东风，乘风破浪，扬帆远航，早日建成知识产权强国，为全面建成社会主义现代化国家、实现中华民族伟大复兴的中国梦作出更大贡献。

屠呦呦获得的诺贝尔奖奖章及证书

屠呦呦研究员因在青蒿素研发过程中所作出的突出贡献被授予2015年诺贝尔生理学或医学奖。2015年12月她率领团队赴瑞典首都斯德哥尔摩参加诺贝尔奖颁奖典礼。12月10日屠呦呦研究员在颁奖典礼上从瑞典国王卡尔十六世·古斯塔夫手中接过了诺贝尔奖的奖章和证书，成为中国首位获得诺贝尔生理学或医学奖的科学家。这是中国科学家在中国本土进行的科学研究首次获诺贝尔科学奖，是中国医学界迄今为止获得的国际最高奖项，也是中医药成果获得的国际最高奖项。至今以青蒿素类药物为基础的联合用药疗法（ACT）仍为世界卫生组织推荐的抗疟的最佳治疗方法，挽救了全球特别是发展中国家数百万人的生命，为人类健康和中医药科技创新作出了重要贡献。

见证新时代

屠呦呦研究员和她的团队研发青蒿素的艰苦历程，充分彰显了『胸怀祖国、敢于担当，团结协作、传承创新，情系苍生、淡泊名利，增强自信、勇攀高峰』的伟大青蒿素精神。

屠呦呦获得的诺贝尔生理学或医学奖奖章

屠呦呦获得的诺贝尔生理学或医学奖证书

屠呦呦研究员和她的团队研发青蒿素的艰苦历程，充分彰显了“胸怀祖国、敢于担当，团结协作、传承创新，情系苍生、淡泊名利，增强自信、勇攀高峰”的伟大青蒿素精神。

20世纪60年代，疟原虫对主流抗疟药物氯奎表现出强大的耐药性，1964年在越南战争中由疟疾引起的伤亡比战争减员高出4至5倍。时任越共书记胡志明向毛泽东主席提出支援抗疟药物和方法的请求。毛主席说“解决你们的问题也是解决我们的问题”。1967年5月23日抗疟新药研发的序幕正式拉开。因当时是一项保密的军工项目，就以开会的日期命名代号为“523”。1969年1月21日，屠呦呦研究员接受了国家“523”抗疟药物研究的艰巨任务，被任命为中医研究院中药抗疟科研组组长。

从本草研究入手，屠呦呦研究员收集了2000多个药方，在此基础上编撰了《疟疾单秘验方集》，并组织团队先后进行300余次筛选实验，确定了以中药青蒿为主的研究方向。在中医古籍《肘后备急方》中“青蒿一握，以水二升渍，绞取汁，尽服之”治疗寒热诸疟的启迪下，屠呦呦研究员创建了低温提取青蒿抗疟有效部位的方法，并于1971年10月4日获得了对鼠疟原虫抑制率达100%的青蒿乙醚中性提取物，这是青蒿素发现史上最为关键的一步。1972年11月8日，屠呦呦团队终于分离提纯得到抗疟有效单体——青蒿素。1973

年，屠呦呦研究员发现青蒿素的还原衍生物——双氢青蒿素。1986 年，中国中医研究院中药研究所获得了自我国新药审批办法实施以来的第一个一类新药证书（86）卫药证字 X-01 号——青蒿素。1992 年双氢青蒿素获国家一类新药证书。双氢青蒿素商品名为“科泰新”，被广泛用于各种疟疾的治疗，在很长一段时间里，作为中国国家领导人出访非洲必送的礼物，在当地被誉为“中国神药”。1995 年在肯尼亚疟疾重灾区奇苏姆省，有位怀孕的妈妈得了疟疾，如果用传统的奎宁或者氯奎治疗，即使母亲活下来，还是很有可造成胎儿的流产。通过使用青蒿素进行治疗，孩子平安降生下来，后来该母亲为孩子起名时就叫孩子“科泰新”。

基于青蒿素的原创性发现，屠呦呦研究员荣获了一系列国际、国内重要奖项，其中包括：2011 年荣获美国拉斯克-狄贝基临床医学研究奖；2015 年荣获美国哈佛大学医学院华伦 · 阿尔波特奖；2015 年荣获诺贝尔生理学或医学奖；2016 年荣获国家最高科学技术奖；2018 年荣获改革开放 40 周年改革先锋称号；2019 年荣获国家最高荣誉勋章——共和国勋章。

以国家重大需求为己任始终是屠呦呦研究员的人生追求，她继续主持着青蒿素的科学研究工作，致力于创造出新的成果，以造福于人类健康。

中国遥感卫星地面站

中国遥感卫星地面站是国家重大科技基础设施，也是国际资源卫星地面站网的重要成员。地面站目前在轨卫星任务43颗，是世界上接收与处理卫星数量最多的机构之一，存有1986年以来的各类卫星数据资料570余万景，是我国时间最长的对地观测卫星数据历史档案库，为启蒙和推动我国遥感应用的发展作出了历史性贡献。

中国遥感卫星地面站是我国时间最长的对地观测卫星数据历史档案库，为启蒙和推动我国遥感应用的发展作出了历史性贡献。

九寨沟地震灾情遥感监测图

密云卫星数据接收站

2011 年，中国科学院空间科学战略性先导科技专项正式启动，地面站承担近地轨道空间科学卫星的跟踪、接收、记录和传输任务，从而将数据接收业务从对地观测领域拓展至空间科学领域。2015 年开始，地面站相继成功实现了我国空间科学卫星——暗物质粒子探测卫星、实践十号返回式科学实验卫星、量子科学实验卫星、硬 X 射线调制望远镜卫星、微重力技术实验卫星、引力波暴高能电磁对应体全天监测器卫星、可持续发展科学卫星一号数据的高质量可靠接收，为其取得重大应用成果作出了贡献。

党的十八大以来，在习近平新时代中国特色社会主义思想指引下，在国家发展和改革委员会牵头的卫星应用专项和国家民用空间基础设施、国家国防科技工业局牵头的民用航天和高分辨率对地观测系统重大专项、中国科学院先导专项等支持下，中国遥感卫星地面站迅猛发展，实现了完全国产替代和赶超国际先进水平，形成了以北京总部运行管理、数据处理、用户服务平台为中心，密云站、喀什站、三亚站、昆明站、北极站为数据接收网的运行格局。

密云卫星接收站现拥有 9 座大口径接收天线及配套的数据接收、记录和数据传输设备，接收范围覆盖我国中部、东北地区及相邻境外地区。喀什卫星接收站拥有8套大口径卫星数据接收天线系统，接收范围覆盖中国西部以及中亚邻国等区域。三亚卫星接收站现拥有6套12米口径卫星数据接收天线系统，接收范围覆盖中国南海以及东南亚邻国等区域。昆明卫星接收站目前拥有1套7.3米口径可搬移接收系统，接收范围覆盖中国西南以及周边地区。北极卫星接收站目前拥有1套12米口径S、X、Ka三频数据接收天线系统，具备对全球陆地观测卫星数据的快速接收能力。地面站的实时数据接收覆盖中国全部领土和亚洲70%的陆地区域，并初步具备全球数据快速获取能力。

北京总部建成运行调度系统、数据传输系统、数据处理系统、数据管理系统、数据检索与服务系统、数据深加工系统等业务系统协同运行，负责卫星任务调度、数据接收汇聚等任务，已实现5站超过40颗星的全自动化业务运行。在数据接收记录方面具备S、X、Ka频段的卫星下行数据接收能力，数据接收的码速率达到2×1200兆比特每秒（X频段）和4×1.5千兆比特每秒（Ka频段），系统具备高动态、低信噪比卫星信号的快速捕获与跟踪能力，具备多颗国内外卫星数据同时实时记录、快视和输出能力，数据接收总成功率达

99.8%。在数据传输方面，密云卫星接收站至北京总部之间建有10千兆比特每秒高速数据传输专用链路；喀什、三亚卫星接收站至北京总部之间各分别建有1.3千兆比特每秒带宽高速数据传输专用链路；昆明卫星接收站至北京总部之间建有200兆比特每秒带宽的高速数据传输链路；北极卫星接收站至北京总部之间建有450兆比特每秒带宽的国际互联网数据传输链路。在运行管理方面，具备极轨对地观测卫星、静止轨道对地观测卫星、空间科学卫星等各类国内外卫星的业务运行管理能力，能够对数据接收、记录、传输等各业务系统的业务运行状态和任务执行情况进行实时监视、调度与控制。

同时，为满足地面站系统自动化运行和远程技术支持的需要，通过数字三维虚拟仿真技术，将北京总部和各地面站的环境与设备场景都进行了三维虚拟仿真显示，向运维人员提供了设备的统一监视与管理平台和监视信息的可视化综合显示。

为满足用户多样化应用需求，地面站积极发展 RTU（远程终端单元）产品，全国、全球一张图区划产品，长时序监测产品，虚拟地面站播报产品等深加工产品，能够满足不同用户的多层次需求。虚拟地面站系统具备卫星下行数据的实时处理和全分辨率卫星数据的远程实时播报功能，已部署到数十余家国内单位和柬埔寨、蒙古、吉尔吉斯斯坦等国家。

地面站在为国家及地方部门重大遥感项目提供数据支持和保障的同时，积极开展数据共享服务，于 2011 年发起的对地观测数据共享计划，至今已延续了 12 年，面向全国用户提供了超过 45 万景数据的免费共享，在线共享数据总量超过 350 万亿字节。依托地面站建设和运行的国家综合地球观测数据共享平台，注册用户超过 30 万，可回溯元数据量超过 5000 万条，可回溯实体数据量超过 12.7 拍字节，2021 年访问量达到 1323 万人次，在 50 个国家科技资源共享服务平台中排名第二。

"华龙一号"总平面布置图

总平面布置图，是按照一定比例绘制，表示建筑物、构筑物方位、间距以及路网、绿化、竖向设计的总体布局图样。"华龙一号"总平面布置图，比一般工业企业图纸要复杂很多，凝聚着70多个专业的合力协作，有大大小小几百个建构筑物、密密麻麻数万根管线，经历多次修改和变更，每一笔都凝聚着"华龙一号"设计研发团队的心血，背后包含的是无数次的研讨会和不分日夜的科研攻关。

『华龙一号』是中核工程甲子历史的精神图腾，它承载的是中国核电事业发展的里程碑，是中国核工业新时代的强国传家宝。

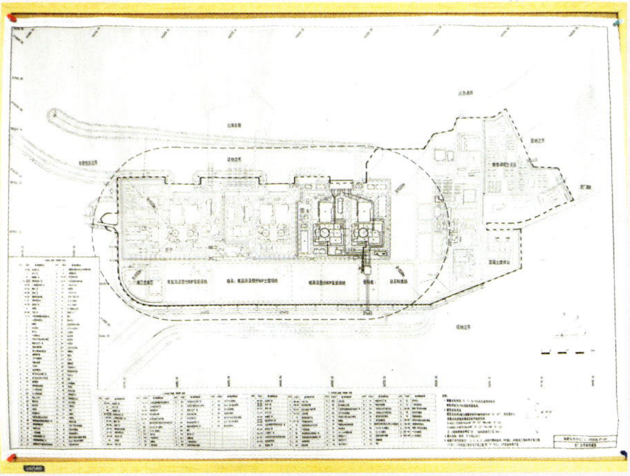

中核集团中核工程『华龙一号』总平面布置图

『华龙一号』设计团队研究『华龙一号』总平面布置

“华龙一号”总平面布置图的设计出自我国核工程设计的发源地——中国核电工程有限公司。从中国核工业发轫起，这里就与国家命运紧密相连，记录了很多载入共和国史册的里程碑事件：绝处逢生、逆势而上，遭遇技术封锁后白手起家，“两弹一艇”震撼世界，挺起中华民族的脊梁；适逢市场热潮保军转民，自谋生路变身“啤酒院”；福岛核事故发人警醒，精益求精，30年不间断科研探索，“华龙一号”横空出世。

在吃过“技术封锁”的亏、尝过“卡脖子”的痛后，中核工程人誓将核心技术掌握在自己手中，做有志气、有骨气，有底气的科研工作者，“华龙一号”就是他们在30年核电科研、设计、制造、建设和运行经验的基础上，汲取世界先进核电理念，完成100余项科研课题，攻克多项关键验证试验后，最终形成的具有完全自主知识产权的百千万瓦级三代核电技术。李克强总理赞誉“华龙一号”为“国之重器”，并在实地考察调研中核工程时表示，“华龙一号”是国家实施“一带一路”及核电“走出去”倡议的一张亮丽名片，希望“你

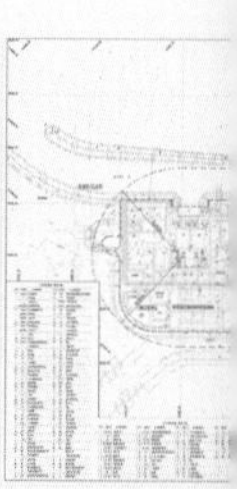

们为我撑腰，我去国际舞台为你们扬名”。

“华龙一号”研发的成功，将中国核电技术带向了世界舞台，是我国自主核电技术的一次重大跨越，标志着我国在核电领域实现了与美国、法国、俄罗斯等核电强国的基本并跑，迈出了我国由核电大国转向核电强国的重要一步。

截至目前，“华龙一号”国内外示范工程全面建成，创造了全球第三代核电压水堆首堆建设的最佳业绩。作为战略性高新产业和国家新基建大型项目，“华龙一号”核心技术和关键设备全部自主，实现向“中国创造”的重大跨越，且其批量化建设将有效拉动经济内循环，新核准的 4 台机组建设可为 10 万人提供就业机会，拉动产值 1500 亿元，并推动我国能源结构调整，保障能源安全。

唯不忘初心者进，唯改革创新者强。“华龙一号”是中核工程甲子历史的精神图腾，它将鼓舞着中核工程人向着更高的科研高峰继续攀登、继续奋进！它承载的是中国核电事业发展的里程碑，是中国核工业新时代的强国传家宝。

· 供稿 · 中华全国总工会、
中国核工业集团中国核电工程有限公司

长征八号
遥二火箭整流罩
残骸

2022年2月27日11时06分，长征八号遥二运载火箭在中国文昌航天发射场点火起飞，随后将搭载的22颗卫星分别送入预定轨道，发射任务取得圆满成功，创造了我国“一箭多星”发射的最高纪录。

长征八号遥二运载火箭成功发射将为我国后续进入航天发射主战场奠定基石，巩固我国长征八号在商业航天领域的位置。

火箭整流罩

打捞上来的整流罩残骸

火箭点火起飞后200秒，箭体飞出大气层，火箭的整流罩也完成了使命与火箭进行分离。由于惯性，脱落的整流罩继续飞行了约200千米后，落到了越南东部的海域里。整流罩经历了一个多月的漂流后，最终回到了祖国——中国海南岛附近的海域，它“回家”了。

在火箭整流罩残骸被成功打捞后，负责该型号抓总的火箭院的“长八型号办”第一时间联系到中国航天博物馆，并将火箭的整流罩残骸捐赠给中国航天博物馆作为永久珍藏。

作为海上发射的火箭，残骸大多都会掉到海中，打捞难度是非常大的，这是博物馆首次将海上打捞的火箭残骸收藏入馆，非常难得。

长征八号是我国面向国际商业航天发射市场研制的新一代中型运载火箭，长八遥二为长八运载火箭无助推器状态，为适应一箭多星任务，更换整流罩，本次发射是该构型首次飞行试验。

长征八号遥二运载火箭总长50.3米，芯一级直径3.35米，二级直径3米。火箭起飞质量约356吨，主要用于发射近地轨道或太阳同步轨道有效载荷，可以把近5吨的有效载荷送

入 700 千米太阳同步轨道。

长八遥二火箭承载了中国航天的很多第一。首先这是我国第一次用商业资本完成运载火箭研制发射。第二，一箭 22 星，创造了我国一次发射卫星数量最多的纪录。22 星分离，共计完成 12 次分离动作，创造了中国航天的新纪录。可以说，星箭分离中长八火箭宛如跳了一出“芭蕾”，最终 22 颗星的释放就如“天女散花”一般。

长八遥二火箭同时还是一发“共享火箭”，其搭载发射的 22 颗卫星，分别来自 7 家研制单位。这种拼车模式，为用户提供经济实惠的发射服务，门槛大大降低了。

此外，本次长征八号遥二运载火箭成功发射，对于我国而言有着极为重要的意义。一来是创下了历史纪录，再次实现了型号不带助推器的新构型首飞。二来，此次长征八号遥二运载火箭的发射，还能够检验新构型的正确性、协调性、匹配性，甚至对于开拓我国的中型主力火箭市场，也具有重要的意义。三来，新构型的首飞还将为我国后续进入航天发射主战场奠定基石，巩固我国长征八号在商业航天领域的位置。

· 供稿 · 中国航天科技集团有限公司中国航天博物馆

20 吋微通道板型光电倍增管

光电倍增管被称为科学家捕捉光信号的“猎眼”，是一种将极微弱光信号转化为电信号的真空器件，它能使进入的微弱光信号增强至原来的 106—108 倍，使光信号能被测量。中微子研究是当前国际物理研究的最前沿领域之一，也是我国未来冲击诺贝尔奖的一个重点方向。中微子被称为“幽灵粒子”，极难捕捉，目前唯一可行的方案就是光电倍增管技术。

为捍卫我国中微子物理研究的领先地位，中国科学院高能物理研究所（以下简称：中科院高能所）提出了国家大科学工程“江门中微子实验”项目，但是该项目面临一个核心问题——捕捉中微子的核心器件光电倍增管当时全世界只有日本滨松公司可以制作，且售价极高。为满足大科学工程装

见证新时代

20吋微通道板型光电倍增管的核心关键技术完全自主可控，填补了国内空白，成功地在国际高端光电倍增管市场上占有一席之地。

20吋微通道板型光电倍增管

置对核心探测器件国产化需求，打破国外垄断，培育民族产业，“江门中微子实验”项目提出研制“中国制造”的光电探测器件——20吋微通道板型光电倍增管。

2011年9月，在中科院高能所的组织下，北方夜视科技研究院集团有限公司（以下简称夜视院集团）作为我国唯一从事微光像增强器、微通道板研发生产的专业企业，以现有军工核心技术为基础，针对应用需求分析梳理现有技术条件，积极承担20吋微通道板型光电倍增管的研制任务。历经4年时间，夜视院集团克服了多个看似不可逾越的技术难关，依托成熟的军用微通道板技术及像增强器制造技术经验，在光电转换—电子倍增—电子收集等核心环节突破了相关技术瓶颈和关键工艺，于2015年9月成功发明研制出20吋微通道板型光电倍增管产品，属世界首创。产品具有高量子效率、高增益等特点，综合技术指标达到国际领先水平。夜视院集团在同年的国际竞标中，与日本滨松公司同台竞技，成功中标“江门中微子实验”项目1.5万只，是当前国内光电倍增管单笔采购数量和金额最大的合同。

2016年，夜视院集团利用原有军品生产线及相关军工核心技术，自筹经费，增补人力、试验测试、工艺设备等资源，于同年11月建成国内首条20吋微通道板型光电倍增管生产线，形成了年产7500只生产能力。其中，具有自主知识产权的核心工艺设备——三工位阴极转移设备是真空、机械、电子、计算机相结合的高新技术设备，具有大面积阴极制作、大尺寸铟封、微通道板自动清刷等功能，具备生产效率高、工艺控制稳定等特点，属于世界首创。

2017 年国家重大科技基础设施“高海拔宇宙线观测站”项目对 20 吋微通道板型光电倍增管的时间特性提出更高的要求，夜视院集团在“江门中微子实验”项目所用核心光电探测器件基础上，紧贴大科学工程需求，大胆自主创新，结合理论建模，设计自动触发机械结构，于 2018 年 6 月研制成功高时间特性的 20 吋微通道板型光电倍增管，在技术性能方面进一步提升，具有渡越时间离散小、时间一致性好、暗噪声小等特点，为世界首创。夜视院集团于 2018 年 9 月成功中标“高海拔宇宙线观测站”项目 2270 只 20 吋微通道板型光电倍增管。

截至 2020 年 9 月，夜视院集团已成功交付“江门中微子实验”项目 15000 只、“高海拔宇宙线观测站”项目 2270 只 20 吋微通道板型光电倍增管，为国家节约 10 亿元以上科研经费，创造了巨大的经济效益。产品核心关键技术完全自主可控，申请相关发明专利 49 项，已授权 29 项，促使我国光电倍增管技术水平突飞猛进，填补了国内空白，成功地在国际高端光电倍增管市场上占有一席之地。其次，核心探测器件成功实现国产化替代，对我国高能物理与核物理走向世界前沿、取得重要科学成果发挥关键作用，具有重大的科学价值和显著的社会效益，对实现高水平科技自立自强具有重大意义。

特高压 ±800kV 直流输电工程

我国 80% 以上的能源资源分布在西部和北部，70% 以上的电力消费集中在中东部等经济发达地区。经济发展与资源分布的不均匀，决定了我国电网大容量、远距离西电东送的特点。“十一五”以后西电送广东的电源主要是云南西北部的水电，输送距离为 1500—1800 千米。随着西电东送规模的增大、输送距离的增加，若依靠 500 千伏交、直流输电，需要新建大量的输电线路，将占用宝贵的走廊资源。输电通道作为一种不可再生的资源，在电网发展中所起的制约作用越来越大，因此迫切需要开发更高一级电压等级的直流输电技术。

见证新时代

特高压直流输电技术是国际上公认的我国占据世界领先地位的技术，是我国在能源电力领域的重大创新，实现了中国创造和中国引领。

穗东换流站

±800kV 特高压直流换流站阀厅

2003 年 8 月，南方电网公司正式启动特高压技术应用研究工作，对特高压电压等级选择进行了论证。2005 年 2 月 16 日，南方电网公司全面启动了特高压直流输电的前期研究工作。2006 年 10 月，国家科技部正式启动“十一五”国家科技支撑计划项目“特高压输变电系统开发与示范”，南方电网公司负责组织我国 ±800kV 特高压直流输电关键技术研究和关键设备研制。2006 年 12 月 8 日，南方电网公司负责建设的云南—广东 ±800kV 特高压直流输电工程（简称“云广直流工程”）获国家发改委核准。2009 年 6 月 30 日，云广直流工程成功实现单极投产，2010 年 6 月 18 日双极竣工投产。

云广直流工程是世界第一条特高压直流输电工程，西起云南楚雄，东至广东广州，输电距离 1373 千米，额定电压 ±800 千伏，额定容量 500 万千瓦，由楚雄换流站、穗东换流站、直流线路、两侧接地极和接地极线路五大部分组成。

特高压 ±800kV 直流输电工程创新性极强，难度极大。工程从理论和实践上研究并攻克了特高压直流条件下的过电压、外绝缘等方面的世界级难题，在世界上首次研究并提出了 ±800kV 特高压直流输电绝缘配合和绝缘配置体系；首次研究并提出 ±800kV 特高压直流输电的双阀组均衡串联主接线拓扑结构；研制了世界首批 ±800kV 特高压直流输电成套

装备并实现产业化；在世界上成功研究解决了大容量特高压直流接入系统问题并保证了系统安全稳定运行，充分发挥了±800kV特高压直流输电的输电能力，取得了巨大的经济效益和社会效益；建成了国际领先的特高压直流输电试验平台和国家工程实验室，形成了世界领先的特高压直流试验研究能力；建立了世界首个特高压直流技术体系。

特高压 ±800kV直流输电实现了我国西部、北部大型能源基地，尤其是清洁能源的远距离高效送出，减少了二氧化碳排放，协调经济发展和环境保护需求。截至2022年5月，云广直流工程累计向广东珠三角负荷中心输送云南清洁水电突破3000亿度，相当于节约标煤8640万吨，减少二氧化碳排放2.3亿吨，减少二氧化硫排放166万吨，减少氮氧化合物排放83万吨，减少粉尘排放4320万吨，对优化东西部资源配置，实现东西部资源互补，助力国家实现“双碳”目标有着重要意义。

特高压直流输电技术是国际上公认的我国占据世界领先地位的技术，是我国在能源电力领域的重大创新，实现了中国创造和中国引领。2017年，“特高压 ±800kV直流输电工程”获得国家科技进步奖特等奖。

冰立方
冬奥会冰壶赛道

作为北京2022年冬奥会冰壶和轮椅冰壶的比赛场馆，“水立方”通过改造已经成功变为“冰立方”。改造后的冰立方将成为世界首个泳池上架设冰壶赛道的双奥场馆，也是冬奥史上首个在泳池上架设冰壶赛道的双奥场馆。不管是在业内还是在国内，这样的场馆前所未有，相关的技术积累也极为改造后的冰立方是世界首个泳池上架设冰壶赛道的双奥场馆，也是冬奥史上首个在泳池上架设冰壶赛道的双奥场馆。

冬奥会冰立方比赛大厅冰壶赛场

可转换架体内部（每个构件都有自己的编码）

有限。中建一局建设发展公司冰立方冬奥会冰壶场馆改造项目团队在毫无经验可借鉴的情况下，克服无数困难，攻坚科技难题，数不清多少个日夜披星戴月，大小会议研讨方案，所有的付出和期待只为这一刻能够见证奇迹。最终，在各方的努力下，位于北京中轴线上的这座双奥场馆，已经圆满完成从“水立方”到“冰立方”的华丽转换。

在游泳池上架设冰壶赛道，首先要把泳池里的水抽干，然后在泳池内搭设可转换架体。早在 2017 年，项目团队便和国内外专家一道进行了相关试验，最终选择了钢结构加轻质混凝土预制板结构体系。在泳池里“搭架子”看似简单，但这套冰场可转换钢结构的设计考量和安装精度堪称精密。如何保证冰面在稳定牢固的同时，还能达到冬奥会比赛要求?秘密就藏在支撑冰面的可转换钢结构中。它由 2600 根 3 米高、2 米长的薄壁 H 型钢搭建而成，每根梁柱装有柱脚，每个连接点装有可拆卸高强度螺丝，确保钢架坚固结实。架体搭设完毕后，项目团队进行了荷载试验，最终试验结果显示，每平方米增加 1 吨的荷载，钢结构的最大变形仅有 1.6 毫米，符合 3 毫米以内的设计要求。需要特别指出的是，作为 2019 年国际篮联篮球世界杯开幕式的现场，在架体之上搭设了临时

观众席，已证明这幅“骨架”完全经得起重大活动的检验，能够承载冰面压力。

作为支撑冰面“骨架”的一部分，制冰基础层施工也十分重要。首先要在混凝土预制板面上铺一层 PE（聚乙烯）膜，然后再铺 2 层挤塑保温板，保温板之上再铺一层 PE 膜和抗滑移层，最上一层便是制冰管架。看似简单的工序，对施工品质要求极高，项目团队决定全体管理人员亲自上阵完成制冰基础层施工。在施工开始前，项目团队专门抽出一天的时间组织了集体学习，为大家进行了技术培训、质量安全交底。施工开始后，在全体项目员工齐心协力下，制冰基础层原本计划 2 天的施工任务结果提前 1 天完成；蜂窝支架及制冰排管施工，比原计划提前5天完成。看到自己的劳动成果，项目员工也分外开心，大家以实际行动为冬奥场馆建设添砖加瓦。

截至目前，在这个冰场转换结构上，已经完成 3 次“水冰转换”，在这里成功举办了 2019 年篮球世界杯开幕式、中国青少年冰壶公开赛；2021 年，先后 2 次经过“相约北京”冬奥测试活动的检验，还成功举办了轮椅冰壶世锦赛。在北京 2022 年冬奥会和冬残奥会中，各项赛程在冰立方圆满完成，为科技冬奥、精彩冬奥贡献了中国智慧。

无人机
机载激光雷达系统

被誉为“空中之眼”的无人机机载激光雷达系统，是指在无人机上集成激光雷达、定位定姿系统和控制系统，实现GPS、数码相机以及强大计算机功能的融合。它可以在200米的高空进行测量，精度达到厘米级，即时生成真实世界的彩色3D模型。在数字化时代，作为数字生产工具广泛应用于电力工程测绘、自然资源、考古学等领域。

见证新时代

短短十几年，我国就实现了对『卡脖子』的机载激光雷达系统的技术追赶，见证着我国广大科技工作者以实际行动践行着改革创新的时代精神。

双料国货『飞马无人机＋禾赛激光雷达』全家福

人机合一在『银线』上飞舞

机载激光雷达系统结构精密且复杂，关涉学科复杂多样，具有较高的技术水准与技术壁垒，它的国产化过程，浓缩了我国不断提升工业制造水平、科技创新自立自强的时代记忆。时光倒流回2005年，中国的半导体事业方兴未艾，无人机和激光雷达市场长期被国外产品霸占，它们价格昂贵，工程应用对这一最新技术只能望洋兴叹。为了摆脱受制于人的尴尬处境，国内以国防科技大学、浙江大学为代表的高校和以北科天绘、禾赛为代表的企业在技术研发和量产上率先投入与发力，为完整掌握硬件的核心技术，自主研发激光雷达信号处理芯片，使激光雷达传感器化，并以配套的算法全面打破国外的垄断。此外，国内激光雷达厂商和无人机厂商加大研发投入与研究升级，不断提升核心产品的性能，华为、大疆等科技巨头的进入更是推动了整个产业的发展，凭借其在光学电子和无人机飞控等领域的优势与研发能力，持续为激光雷达与无人机的结合加码，国产优势也得到进一步提升。

2020年，双料“国货”无人机与激光雷达系统在江苏电

力全息三维数字电网构建过程中得到全面应用，“中国芯”为数字化强力赋能。系统通过精准模拟和再现变电站、杆塔、电线以及线路走廊内的地形、地貌、地物等，构建数字化电网，将现有二维的电网地图升级成三维立体形态。目前，江苏全息电网已覆盖 3.2 万千米的输电线路，全面提升了电网的智慧运维水平，也为智能电网建设打下了坚实的基础，这一成果已达到世界领先水平。

当今世界，每一次科学技术的腾飞势必带来经济社会的高速发展，自主创新能力业已成为国际竞争的核心力量和国家高质量发展的“加速器”。从 2005 年至今，短短十几年，我国就实现了对“卡脖子”的机载激光雷达系统的技术追赶，而这不过是工业技术领域国产化进程中的尘埃一角。这一段段记忆见证着我国广大科技工作者心怀“国之大者”，将个人理想融入国家需要，自主创新攻克关键核心技术，以实际行动践行着改革创新的时代精神，也昭示着我国在科技创新领域下好“先手棋”，实现从技术跟跑到领跑的坚定目标。

海上风电
非嵌岩四桩导管架及
导管架基础桩

华电阳江青洲三 500 兆瓦海上风电项目位于阳西沙扒镇附近海域，是我国离岸最远、水深最深及总装机规模最大的海上风电项目。导管架是海上风电机组基础结构的主要形式之一，通常有 3—4 个桩腿，桩腿之间用撑杆相互连接，形成稳定的空间结构，上承风机塔筒，下接基础桩，本项目的导管架总体重量约 1200—1600 吨，是国内最大中心轴距的非嵌岩式导管架。

三峡阳江沙扒海上风电项目的投产将进一步增加清洁能源在能源结构中的占比，助力能源结构转型。

国内最大直径、最大长度的非嵌岩式导管架基础桩完工

国内最大中心轴距的非嵌岩式导管架装船发运

三峡阳江沙扒海上风电项目位于广东省阳江市沙扒镇，共规划五期，总装机容量 170 万千瓦，该项目是国内首个“百万千瓦级”海上风电基地。其二期（400 兆瓦）项目于 2021 年底实现全容量并网发电，项目投产后将进一步增加清洁能源在广东能源结构中的占比，助力广东地区能源结构转型。由于项目所在的海域地质结构复杂，持力层较浅且高低

起伏、分布不均，无法使用2.4米桩径的常规四桩导管架基础桩，为了满足风机的承载力，首创采用4米桩径的非嵌岩基础桩，这对施工单位和建造厂家都提出了更大的挑战。钢管桩为海上风电导管架的基础桩，是成套风机基础最底下的基础，直径为2—5米，单套重量约800—1300吨，为国内海上风电最大直径、最大长度的非嵌岩式四桩导管架基础桩。

· 供稿 · 中国能源建设集团华南电力装备有限公司

世界首台
千吨级高铁架桥一体机
“昆仑号”

在铁道兵纪念馆的科技展厅陈列着中国铁建自主研制的世界首台千吨级高铁架桥一体机“昆仑号”的智能沙盘模型，这个模型向观众演示了桥梁架设中提梁、运梁、架梁的全过程。“昆仑号”是目前我国功能最全的高铁桥梁施工设备，它拥有橘红色的外表，机体长116米，有88个轮子，一个轮胎比一个人还高，被称为巨型变形金刚，一次可提起1000吨重的

『昆仑号』将助推中国高铁建设再上新台阶，为中国高铁『走出去』提供技术支撑，让中国高铁这张世界名片更加耀眼。

『昆仑号』千吨级架桥模型

『昆仑号』高铁架桥

40 米长巨型简支箱梁，相当于 200 头成年亚洲象的重量，它像一个大力士，让建桥如同搭积木。“昆仑”二字源于毛主席的诗词《念奴娇 · 昆仑》，“横空出世，莽昆仑，阅尽人间春色”，寓意着架桥神器“昆仑号”力拔山河、改天造路，祖国的大好河山将不再有天堑险壑。

“昆仑号”应用于福厦高铁湄洲湾特大桥。福厦高铁是中国首条跨海高铁，全长 278 千米，是福建省首条时速 350 千米的高铁。湄洲湾跨海大桥是福厦高铁的重要组成部分，同时也是我国首批高速铁路 40 米箱梁架设的试点线路，全长 14.7 千米，其中有 10 千米位于海上。湄洲湾位于福建省海岸的中部，常年伴有雨季、大风、台风等恶劣天气，建造更大跨度、更大吨位的简支箱梁桥，可以有效减少墩台数量、增加桥跨布置适应性、提高工程建设的生产效率。“昆仑号”千吨级架桥一体机的研发应用将这种可能变为了现实，它成功架设了世界首座采用 1000 吨重、40 米跨箱梁的湄洲湾大桥，既可增加通航能力，又可减轻潮水对桥墩的冲击力，提高了跨海大桥的安全性。2021 年 7 月，“昆仑号”顺利完成了福厦高铁的全部架梁任务，建成后，福州至厦门行程缩短至 1 小时内。

“昆仑号”千吨级架桥一体机具有智能化程度高、用途广等特点，该设备可满足 24 米、32 米、40 米等不同跨度的架设需求，攻克了中国 400 千米时速轮轨交通建设核心技术中的卡脖子环节，可以提升 25% 的架梁速度，较以往的架桥

机能节省一半的投入成本，在湄洲湾大桥架设过程中尽显优势，完成了该跨海大桥 298 孔、40 米高铁箱梁的架设，有效节省了工程费用，大大缩短了建设周期。同时，为保证大桥建设的顺利推进，中国铁建研发团队还自主开发了“高铁架桥机监测监控系统”，实时监测“昆仑号”在建设全过程中的运行状态与数据变化，及时有效地针对现场情况提供技术支撑。

“昆仑号”作为“国之重器”在国家“十三五”科技创新成就展中亮相，该成果达到国际先进水平，将助推中国高铁建设再上新台阶，为中国高铁“走出去”提供技术支撑，让中国高铁这张世界名片更加耀眼。“昆仑号”作为架桥机大家庭中的全能选手，实现了技术与装备上的重大提升。在中国速度的背后，让铁路穿山过海，天堑变通途，架桥机这一“神器”贡献了不可或缺的力量。

中国铁路从时速 80 千米、160 千米、200 千米、250 千米……到如今风驰电掣的时速 350 千米的“复兴号”，取得了举世瞩目的成就。截至 2021 年底，全国铁路营业里程突破 15 万千米，其中高铁超过 4 万千米。而能够完成这一架设任务的“昆仑号”，将为推动我国高铁迈向时速 400 千米及更高时速提供技术支撑与装备保障，标志着我国高速铁路建设在技术与装备上实现了重大提升，为高铁建设再添大国重器，对未来我国高铁建设具有划时代意义。

“嫦娥五号”月球土壤样品

月球是离地球最近的星球，又蕴含着丰富的资源和能源以及特殊环境，各国发展空间探测大都从探月开始。中国的探月工程分为“绕”“落”“回”3个阶段。第一期绕月工程在2007年对月球表面环境、地貌、地形、地质构造与物理场进行探测；第二期工程时间在2007年至2010年，目标是研制和发射航天器，以软着陆的方式降落在月球上进行探测；第三期工程时间定在2011至2020年，目标是月面巡视勘察与采样返回。

见证新时代

『嫦娥五号』任务作为我国复杂度最高、技术跨度最大的航天系统工程，使我国成为世界上第三个从月球取回样品的国家，为未来我国开展月球和行星探测奠定了坚实基础。

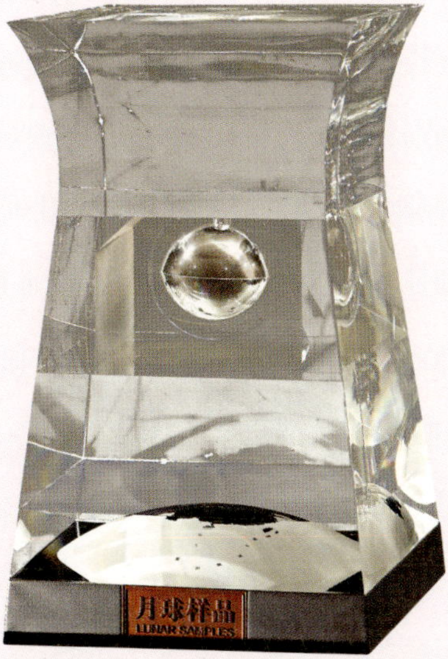

月球土壤样品

实施探月工程是党中央把握我国经济科技发展大势作出的重大战略决策，工程自立项以来圆满完成6次探测任务。“嫦娥五号”任务作为我国复杂度最高、技术跨度最大的航天系统工程，于2020年12月17日首次实现我国地外天体采样返回，也是人类时隔44年再次将月球样品带回地球，使我国成为世界上第三个从月球取回样品的国家，为未来我国开展月球和行星探测奠定了坚实基础。

2020年11月24日4时30分，长征五号遥五运载火箭在中国文昌航天发射场点火升空，运送“嫦娥五号”探测器至地月转移轨道。2020年12月17日凌晨，“嫦娥五号”返回器携带1731克月球样品，采用半弹道跳跃方式再入返回，在内蒙古四子王旗预定区域安全着陆，完成地外天体采样返回。

2021年2月22日上午，中共中央总书记、国家主席、中央军委主席习近平在北京人民大会堂会见探月工程“嫦娥五号”任务参研参试人员代表并参观月球样品和探月工程成果展览，充分肯定探月工程特别是“嫦娥五号”任务取得的成就。此后该样品被分成若干份，其中编号第001号共100克于2021年2月27日正式入藏中国国家博物馆。

研究人员表示，多项证据表明，该样品是一种相对少见的富集稀土元素的高钛月海玄武岩，这表明嫦娥五号着陆区历史上可能曾经发生过多次火山喷发活动，将有望解读月幔源区不同物质成分、火山岩浆形成的能量来源和月球晚期火山活动的精细时空分布规律，后续深化研究工作正在进行中。

大亚湾
中微子探测器

中微子是构成物质世界最基本的粒子之一，每秒钟有亿万个中微子穿过我们的身体，但我们很难发现它的踪影，因为它几乎不与任何物质发生作用。在我们这个宇宙中，中微子的数量极多，它充满在宇宙每个角落，平均每立方厘米就有 300 个左右，与光子差不多，比其他所有的粒子要多数十亿倍。所以，中微子对宇宙来说有举足轻重的作用。世界各国曾有 8 个中微子实验建议，最终 3 个得以实施，其中一个在深圳大亚湾，其他两个在韩国和法国。

中微子是构成物质世界最基本的粒子之一，对宇宙来说有举足轻重的作用。

大亚湾中微子探测器

安置于水池中的中微子探测器

2003 年，中国科学院高能物理研究所的科研人员提出设想，利用我国大亚湾核反应堆群产生的大量中微子，来寻找中微子的第三种振荡，其振荡概率用 sin22 θ 13 表示。大亚湾中微子实验项目中国内地总投资 1.6 亿元人民币，得到科技部、中国科学院、国家自然科学基金委员会、广东省、深圳市和中国广东核电集团的共同支持，是我国基础科学领域最大的国际合作项目。大亚湾反应堆中微子实验站项目 2006 年获准立项；2007 年 10 月动工建设；2010 年 12 月完成核电站附近全部约 3000 次爆破，建成全长 3000 米的地下隧道和 5 个地下实验厅；2011 年年中逐步完成探测器的建造与安装，当年 12 月远、近点探测器同时投入运行；2012 年 3 月宣布发现新的中微子振荡模式，精确测量到中微子混合角 13。这是在中国诞生的一项重大物理成果，被称为中微子物理的一个里程碑。2012 年 3 月 8 日，大亚湾实验室拔得头筹，发现了第三种中微子振荡模式，并精确测量到其振荡概率，韩国科学家的结果比我们晚了 25 天。

2012 年底，大亚湾中微子实验成果入选美国《科学》杂志 2012 年度十大科学突破。2013 年 1 月 19 日，该项科技成果被选为2012年中国十大科技进展，2016年获得年度国家自然科学奖一等奖。

2020年12月12日，经过4年酝酿、4年建设和9年运行取数的中微子实验装置，实现了原定科学目标，完成了科学使命，正式退役。与此同时，中科院高能物理研究所表示，将一套完整的中微子探测器捐赠中国国家博物馆。

中微子探测器通过液体靶向捕捉空气中的中微子，通过设置在仪器中的光电倍增管将捕捉到的光信号转化为数字信号，提取相关数据并用于研究。依照以上原理，该中微子探测器总共可分为8部分，分别为5米直径的特制不锈钢金属罐，4米直径亚克力液体容器，3米直径的液体内罐，光电倍增管支撑架，若干光电倍增管，上部反光镜，下部反光镜，容器外小锅炉。其中，内部的两层亚克力容器用于承装捕获中微子的靶向液体，光电倍增器支架通过固定一定数量的光电倍增管，对捕获的中微子进行采集。5米特制不锈钢金属罐作为外部容器，为仪器提供稳定的环境。所有部件均为该探测器的重要组成部分，缺少便无法完整表现该探测仪的工作原理及过程。

便携式
多光谱电子文检仪

护照证件是出入境人员进行国际旅行活动时持用的重要文件，也是移民管理机关开展执法工作的重要查验对象。世界各国和地区在制发护照证件时，普遍使用各种复杂精细的防伪技术。移民管理民警在工作中，通常会借助各种文检设备，以便对护照证件的真伪进行快速准确的鉴别，并进一步对持用人的身份进行核验。

便携式多光谱电子文检仪在功能上实现了多项技术突破，实战性和实用性都提升了一个档次，有效保障了通关效率和管控安全。

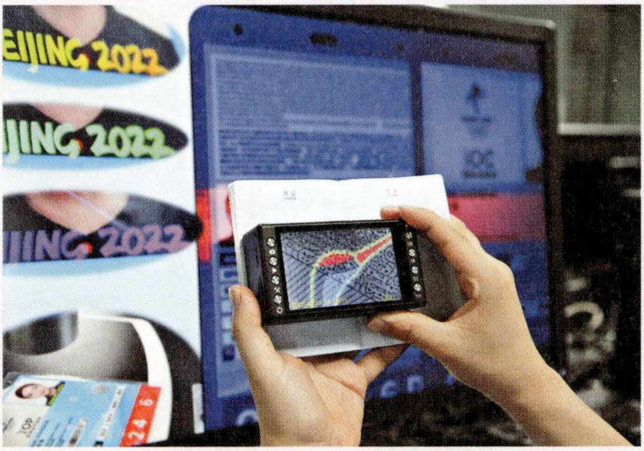

使用文检仪的紫外光观察证件细节

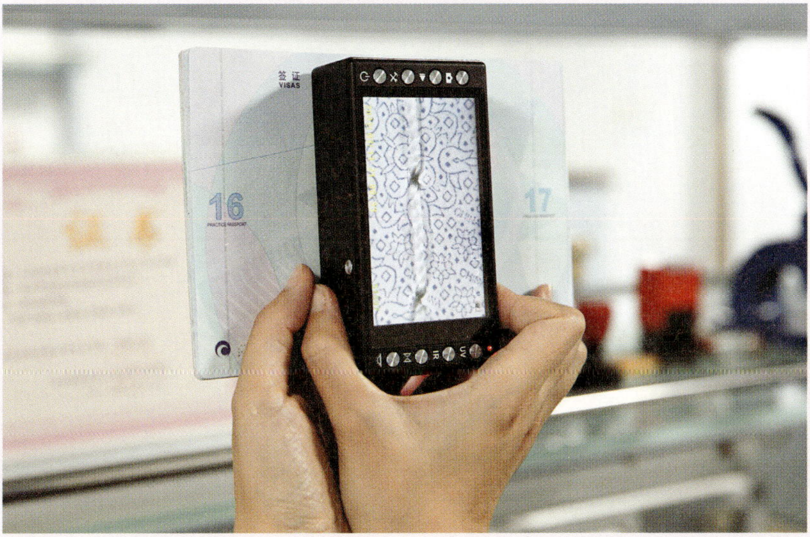

使用文检仪的常光观察证件细节

以往，移民管理民警使用的文检设备或是不便携带，或是功能单一，已不能满足执勤执法的工作需要。北京边检总站证件研究室充分发挥技术优势，于2016年组建攻关团队，着力研发符合边检一线实战需求的新一代文检仪。经过2年的摸索实践和反复试验，最终成功研发出具有行业领先地位的便携式多光谱电子文检仪。

该新型设备具有功能集成、方便操作、查验精准的特点，在功能上实现了多项技术突破：一是采用了液晶屏电子显示，使用时将设备和证件放置在检查台上即可对证件进行真伪鉴别，眼睛无需零距离接触仪器；二是设备内置操作软件，常用检测光源（常光、紫外光、红外光、侧光）实现一键切换，清晰明了；三是带有图片拍摄存储功能，可留存资料供后期分析比对或技术研究使用。该设备最大的特点在于民警只需通过设备自带的显示屏，就可以清楚观察到护照证件的细节，民警可以一边与旅客交流，一边进行证件鉴别工作，实战性和实用性都提升了一个档次。2019 年 4 月该产品正式获得国家实用新型专利证书，同年获评全国公安机关基层技术革新奖，2021 年获评国家移民管理局基层科技创新奖。因其小巧的体积、灵敏的操作，移民管理民警亲切地将其称作“检测鼠”。

目前便携式多光谱电子文检仪已经在北京、天津、深圳等多个出入境边防检查总站的执勤一线推广使用，受到了广泛的好评。欧盟边防局、荷兰、德国、法国、葡萄牙的来访外方专家对该设备给予了高度评价，并表示希望能够合作，将设备推广到欧盟边防检查机关。

北京冬奥期间，一线民警需要穿着厚重的防护服和护目镜开展执勤工作，便携式多光谱电子文检仪的使用为大家便捷查验广大冬奥运动员的护照和注册卡提供了便利，有效保障了通关效率和管控安全。

北京 2022 年
冬奥会、冬残奥会
“飞扬”火炬

申办和举办北京冬奥会、冬残奥会，是以习近平同志为核心的党中央作出的重大战略性部署。统揽中华民族伟大复兴战略全局和世界百年未有之大变局，习近平总书记指出：“北京冬奥会是我国重要历史节点的重大标志性活动，是展现国家形象、促进国家发展、振奋民族精神的重要契机。”2022年2月4日，举世瞩目的北京冬奥会盛大开幕，北京成为历史上第一个“双奥之城”。

见证新时代

透过『飞扬』火炬，我们深刻体会到中华民族迎来了从站起来、富起来到强起来的历史性巨变。

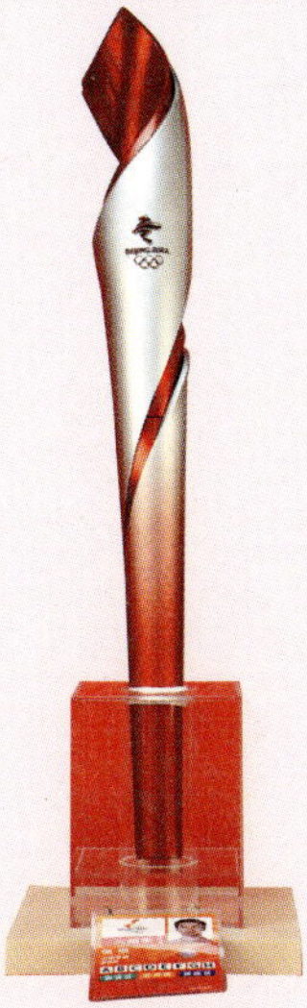

2022 年北京冬奥会火炬

2022 年北京冬残奥会火炬

北京冬奥会、冬残奥会“飞扬”火炬，是北京冬奥会重要的形象元素之一，充分彰显了主办国中国和主办城市北京丰富的文化内涵和文化自信。北京 2022 年冬奥会火炬，其外观由银色和红色两种配色构成，底纹为祥云纹样，外壳由碳纤维及其复合材料制成，象征冰火相约，激情飞扬，照亮冰雪，温暖世界；象征着不同文明交流互鉴，让世界更加相知相融的冬奥愿景。北京 2022 年冬残奥会火炬的颜色为金色与银色，

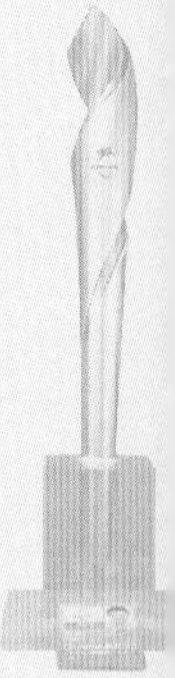

寓意辉煌与梦想，随火炬转动而上下贯通的金色线条，象征着激情的冰雪赛道，也代表着永恒的火种，光明向上，表达了人类生生不息、包容融合、向往和平的期望和“勇气、决心、激励、平等”的残奥价值观。在北京冬奥会、冬残奥会举办期间，2 月 7 日与 3 月 11 日北京冬奥会火炬手侯琨、冬残奥会火炬手李锐分别将使用传递的冬奥会火炬、冬残奥会火炬捐赠给香山革命纪念馆，以此表达自己深厚的爱国情怀。

北京2022年冬奥会和冬残奥会定制版吉祥物——金墩墩、金容融

“金墩墩”“金容融”定制版吉祥物是在北京2022年冬奥会和冬残奥会纪念品颁发仪式中颁发给获奖运动员的纪念品。其总体设计是以北京2022年冬奥会、冬残奥会吉祥物冰墩墩和雪容融为原型，辅以我国传统文化中的“岁寒三友”——松、竹、梅三种植物做成的花环，成为获奖运动员专属的纪念品。松、竹、梅寓意着坚韧、顽强和旺盛的生命力，表达对获奖运动员的敬意和美好祝福。为了防止运动员拿到吉祥物时冻手，花环特意用了金色PU（聚氨酯）面料，辅以棉花填充，拿在手上又温暖又柔和。

见证新时代

金墩墩、金容融亲切可爱的形象将运动员强壮有力的身体、坚韧不拔的意志和鼓舞人心的奥林匹克精神传递到世界的每个角落。

金墩墩

金容融

冰墩墩最初的创意来自广州美术学院设计团队设计的冰糖葫芦，其中，国宝大熊猫方案脱颖而出。设计团队成员专门前往四川卧龙大熊猫自然保护区进行实地观察，以幼年熊猫形象为基础进行吉祥物设计。冰墩墩头部周围由奥林匹克五环颜色的线条围绕，这一设计灵感也来自我们国家速滑馆“冰丝带”的外形设计。身着冰晶外壳的大熊猫，形象酷似航天员，充满了科技感和未来感，寓意创造非凡，引领未来。冰墩墩两只小手上的红色小桃心代表着热烈欢迎世界宾客来到北京，共享冬奥荣光。经过专家多次讨论后，该吉祥物取名“冰墩墩”。冰象征冰雪的纯洁、坚强，是冬奥会的特色，墩墩寓意敦厚、敦实，与熊猫整体形象相契合。

雪容融是北京 2022 年冬残奥会的吉祥物，以灯笼为原型进行设计创作。它的整体造型渲染了 2022 年中国春节的节日气氛，主色调为红色，顶部的如意造型象征吉祥幸福；

京鸽和天坛构成的图案，寓意着和平友谊，突出了北京的人文特色；装饰图案以剪纸艺术为载体，彰显中国传统文化根脉；基于灯笼的属性从吉祥物身体发出光芒的特点，寓意着点亮梦想、温暖世界，代表着友爱、勇气和坚强，体现了冬残奥会运动员的拼搏精神和激励世界的冬残奥会理念。它是由吉林艺术学院学生姜宇帆为主要创作人设计出来的。雪容融名字中的雪，象征洁白、美丽，是冰雪运动的特点；容，意喻包容、宽容、交流互鉴；融，意喻融合、温暖，相知相融。容融，表达了世界文明交流互鉴、和谐发展的理念，体现了通过残奥运动创造一个更加包容的世界和构建人类命运共同体的美好愿景。

希望可以通过吉祥物亲切可爱的形象将运动员强壮有力的身体、坚韧不拔的意志和鼓舞人心的奥林匹克精神传递到世界的每个角落。

· 供稿 · 北京奥运博物馆

新中国体育
70 周年系列徽章

这是一套北京冬奥会特许商品，是以“新中国体育70周年”为主题开发的限量3000套系列徽章，全套徽章共10枚，从“竞技体育”“群众体育”“体育产业”3个方面呈现新中国体育70周年发展历程，并将北京2022年冬奥会会徽与中国奥委会徽记联合呈现，为新中国成立70周年和新中国体育70周年献礼。

首先是“竞技体育”系列，这一系列徽章以“薪火相传”为核心概念，可以看到上面有国家体育场鸟巢及火炬形象。这一系列徽章通过我国运动健儿在竞技体育中砥砺传承、为国争光的画面，展示新中国体育发展的一次次飞跃。

见证新时代

这套徽章见证了新中国竞技体育事业走过的70年不平凡的拼搏历程，展示了广大群众参与体育的运动的画面，新时期，我国的体育事业取得了令世界瞩目的辉煌成就，成为世界体坛举足轻重的力量。

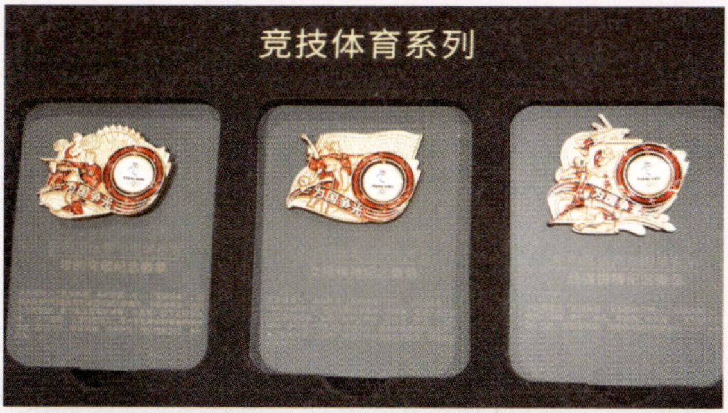

竞技体育系列徽章

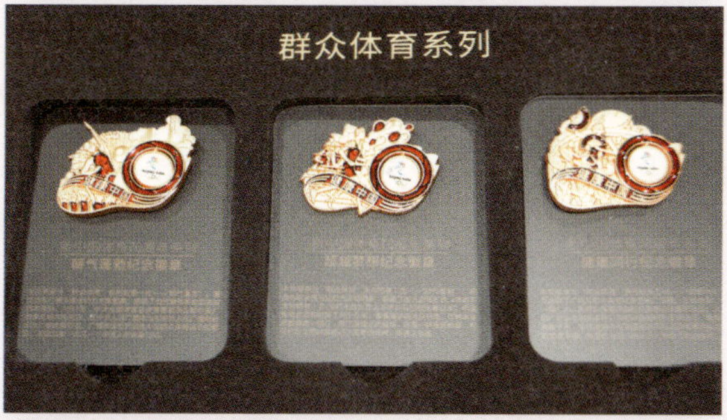

群众体育系列徽章

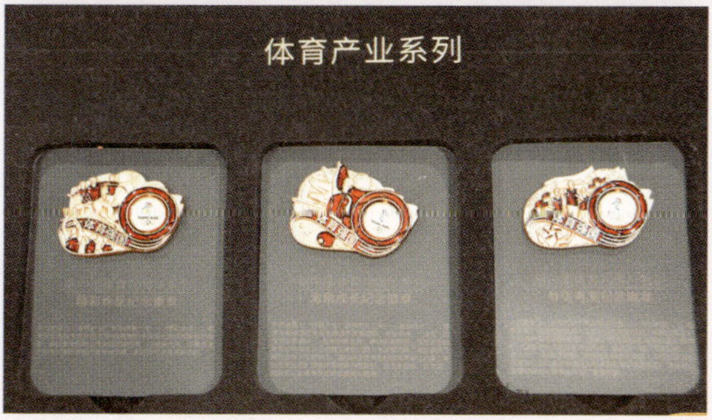

体育产业系列徽章

“竞技体育”系列的第一枚徽章是“零的突破”，画面选取首个打破世界纪录的中国人陈镜开，中国体育首个世界冠军容国团，首个奥运冠军许海峰，以及中国第一位冬奥冠军杨扬。从无到有，从落后到强大，每一块金牌都凝聚着我国体育健儿的血与汗，体坛扬威，为国争光，他们创造历史，书写未来。

“竞技体育”系列的第二枚徽章是“女排精神”。1981—1986年间，中国女排在世界杯、世锦赛、奥运会的比赛中连续5次称霸，实现了前所未有的“五连冠”奇迹，“女排精神”是中国女子排球队顽强战斗、勇敢拼搏精神的总概括，是中国体育的一面旗帜，更成为中华民族锐意进取、昂首前进的精神动力！

“竞技体育”系列的第三枚徽章是“顽强拼搏”，伏明霞、刘翔、李宁、林丹、韩晓鹏、武大靖，这些名字代表的不只是一枚枚的奖牌，也是新中国体育发展的一次次飞跃。

“群众体育”系列对应的概念是“健康中国”，由“朝气蓬勃”“超越梦想”和“健康同行”3枚反映群众体育主题的徽章组成。“朝气蓬勃”以广播体操为主题，展现青年英姿勃发的精神面貌；“超越梦想”以马拉松为主题，彰显国人坚韧不拔、锲而不舍的精神，“健康同行”则选取了广场运动中具有代表性的广场舞和太极拳，描绘了一幅广大人民群众热情洋溢地投身运动的画面。

“体育产业”系列对应的概念是“体育强国”。“精彩纷呈”徽章的画面选取中国足球联赛和中国职业篮球联赛画面，象征着中国职业体育的发展历程。“激励成长”徽章主画面选取奥运金牌选手挥舞国旗，身穿品牌“战衣”的夺冠经典瞬间，各种体育装备、器材环绕四周，体现出中国优秀的体育企业与体育品牌经过数十年发展历程，具备了国际竞争力与影响力。“有信有爱”徽章的主画面中，3名青年迎着朝阳奔跑，身后一张张飘扬的体育彩票汇成旗帜，徽章下方金色双手托起阳光，呈现出一幅“有信有爱，乐善人生”的美好画面。

体育承载着国家强盛、民族振兴的梦想，体育强则中国强，国运兴则体育兴。这套徽章见证了新中国竞技体育事业走过的70年不平凡的拼搏历程，展示了广大群众参与体育运动的画面，新时期，我国的体育事业取得了令世界瞩目的辉煌成就，成为世界体坛举足轻重的力量。

新矿物
标本20件（套）

新矿物的化学组成和（或）结晶学性质与任何已存在的矿物种明显不同。新矿物的发现代表了矿物学研究的最新成果。党的十八大以来，中国地质博物馆持续收藏中国矿物学者发现的新矿物标本，包括青松矿、闽江石（磷钡铍石）、氧钠细晶石、氟钙烧绿石、氟钠烧绿石、冕宁矿、羟铅烧氯石、孟宪民石、碲钨矿、红河石、谷氏氧钴矿、吴延之矿（吴氏

见证新时代

这组新矿物标本见证了新时代国内新矿物研究的重要成果。

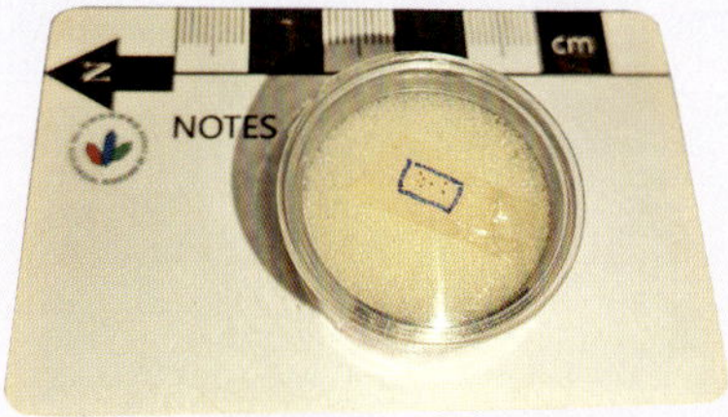

M12183 氟钠烧绿石

M13579 红河石

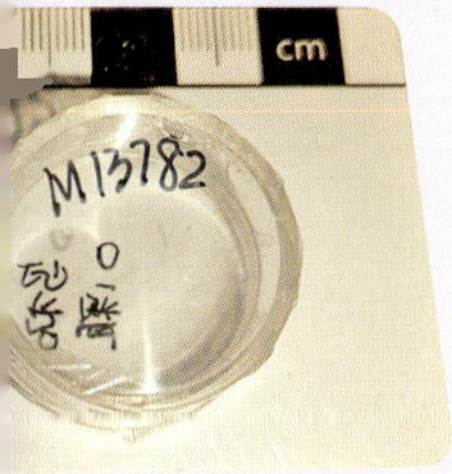

M13811 锌尼日利亚石-6N6S

M13818 竺可桢石

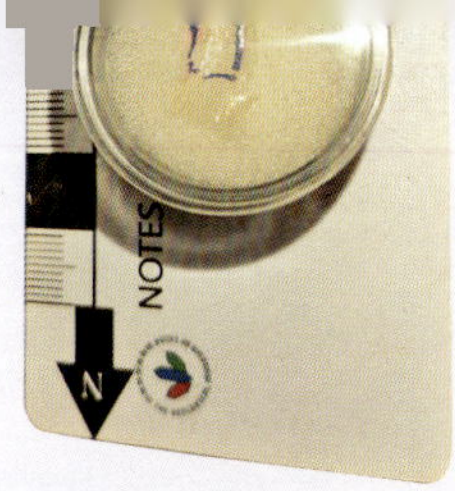

M13817 志琴矿

M13782 乌木石

M12182 氟钙烧绿石

M13294 碲钨矿

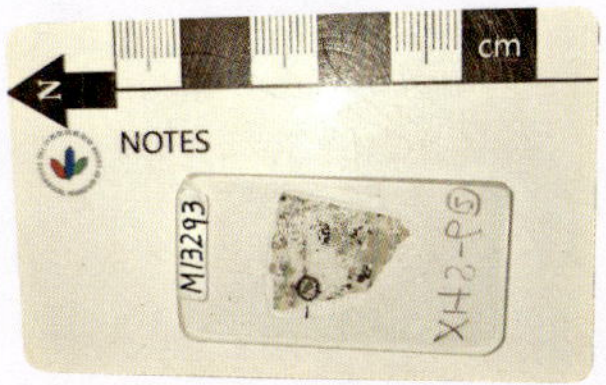

M13293 孟宪民石

M13810 锌尼日利亚石-2N1S

M13816 铅锾矿

M11940 氧钠细晶石

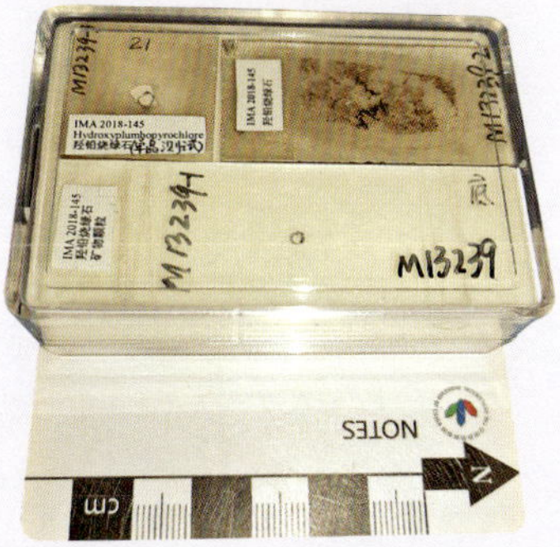

M13239 羟铅烧氯石

M13712 吴延之矿（吴氏辉铜矿）

M13815 钾绿钙闪石

M11843 青松矿

M11842 闽江石

M12189 冕宁矿

M13711 谷氏氧铅矿

M13812 灵宝矿

辉铜矿）、乌木石、锌尼日利亚石-2N1S、锌尼日利亚石-6N6S、灵宝矿、钾绿钙闪石、经绥矿、志琴矿、竺可桢石，共计20件（套），产地分别为福建、西藏、河南、新疆等9个省（自治区）。其中，青松矿是目前报道的第一个含硼的地幔源矿物，有利于理解地壳地幔物质循环过程；碲钨矿对于研究碲成矿理论和研发新的电子材料具有重要意义；吴延之矿对于铜矿区深部找矿具有重要指示意义；氟钙烧绿石等矿物是重要的稀土元素矿物，可用于提取稀土元素；冕宁矿等具有特殊的矿物晶体结构，具有结晶学研究价值；锌尼日利亚石可作为新的宝石型矿物，同时具有高新材料开发潜力。这组新矿物标本见证了新时代国内新矿物研究的重要成果。

· 供稿 · 自然资源部中国地质博物馆

海外追缴古生物3件（套）

党的十八大以来，中国地质博物馆认真履行古生物化石保护职责，继续配合自然资源部（原国土资源部）、我国驻外使（领）馆和有关国家执法部门开展对非法走私出境化石的追缴工作，完成了对流入美国、加拿大等海外国家（地区）古生物化石的追缴、鉴定、接收以及收藏保护工作，涉及鱼龙、近鸟龙和澄江动物标本3件（套）。这些标本反映了化石标本保护国际合作新成就。

见证新时代

党的十八大以来，中国地质博物馆认真履行古生物化石保护职责，这些标本反映了化石标本保护国际合作新成就。

V14532 澄江化石（2017年于加拿大追缴）

V12845 近鸟龙标本（2019年于美国追缴）

V02746 鱼龙标本（2017年于加拿大追缴）

· 供稿 · 自然资源部中国地质博物馆

“脱贫攻坚题材报告文学创作工程”系列丛书

习近平总书记在庆祝中国共产党成立100周年大会上庄严宣告：“我们实现了第一个百年奋斗目标，在中华大地上全面建成了小康社会，历史性地解决了绝对贫困问题，正在意气风发向着全面建成社会主义现代化强国的第二个百年奋斗目标迈进。”新的征程上，新时代文学必须高举习近平新时代中国特色社会主义思想伟大旗帜，牢记“国之大者”，

见证新时代

一批接着一批的作家真正深入到贫困地区、贫困村镇，倾听中国大地最有力量的呼吸，捕捉一个民族最有活力的心跳，书写中国的山乡巨变，讲述芬芳的中国故事。

『脱贫攻坚题材报告文学创作工程』系列丛书

把握历史主动，勇于担当作为，把学习习近平总书记关于文艺工作重要论述的成果，落实到建设社会主义文化强国的实干实绩实效上，为实现中华民族伟大复兴贡献新时代文学的强大力量。在全面建成小康社会的伟大历程中，中国的每一寸土地上经历了怎样的变化？战胜贫困，中国人民向世界奉献了怎样的中国经验与智慧？为此，作家们开启了一场特殊的旅程。一批接着一批的作家真正深入到贫困地区、贫困村镇，倾听中国大地最有力量的呼吸，捕捉一个民族最有活力的心跳，书写中国的山乡巨变，讲述芬芳的中国故事。从湘西十八洞村精准扶贫首倡地到福建宁德扶贫第一村，从黔西南到华北平原，从大凉山到青藏高原以及西部边陲，作家们日夜兼程，实地走访，走街串巷，只为获取最真实的第一手材料。作家们被每一寸土地上发生的巨变，被每一个努力改变命运的中国人所感染，所震动，用滚烫的心谱写与人民同心与时代同行的作品，而人民用热情的反馈给予作家有力的支持。

2020 年 4 月，习总书记在决战决胜脱贫攻坚座谈会上的讲话中指出："脱贫攻坚不仅要做得好，而且要讲得好。"为中华民族伟大复兴书写"信史"，为新时代中国留下"小康印记”，是历史赋予中国作家的重要机遇，也是中国文学义不容辞的时代担当。2019 年 9 月起，中国作协与国务院扶贫办合作，组织“脱贫攻坚题材报告文学创作工程”，遴选全国 20 余位优秀作家，奔赴全国重点扶贫地区深入采访，作家采访的足迹遍及吉林延边、河北阜平、陕西周至、甘肃定西、宁夏永宁、新疆伊犁、湖南湘西、贵州贵阳、四川昭觉、江西井冈山、安徽金寨、福建宁德、云南鲁甸、内蒙古赤峰、山西岢岚、山东章丘、江西赣州、河南兰考、河北张北等地。广大作家深入生活、扎根人民，以饱满的热情拥抱祖国大地，将敏锐的目光投向脱贫攻坚现场，他们与时代同行、与人民同心，在与追求美好生活而不懈奋斗的人民同呼吸、共命运中，创作出了一大批反映人民心声、凝聚人民力量并为人民所喜闻乐见的优秀文学作品。

“脱贫攻坚题材报告文学创作工程”集中推出的 23 部报告文学作品，既有从微观层面对脱贫攻坚实践的细部观察透视，也有从宏观层面对脱贫攻坚的中国进行全景式多视角的呈现。这些作品作为新时代中华民族史志的书写，富有表现力地塑造了具有中国脊梁式的扶贫模范、脱贫强者，展现了在脱贫攻坚中形成的中国力量、中国创造和中国精神。这些作品充分证明了新时代文学家在围绕中心、服务大局上的澎湃热情，彰显了新时代文学的勃勃生机。在艺术水准上，本系列丛书站在五千年中华文明历史的高度，立足新时代中国特色社会主义和中华民族伟大复兴的中国梦的基点，以世界和人类反贫困事业为坐标，面向全国和全局，面向世界，面向未来；既有对具体村、乡镇和县扶贫脱贫成就的描写，也注重辐射全省和一个地区的扶贫脱贫工作；既注重地域特点和民族特色，讲好生动感人的故事，塑造鲜活典型的时代新人；也重视历史与现实的对比，赋予作品以历史的纵深感，是艺术性、思想性和可读性俱佳，文学色彩鲜明的作品。这些以人民为中心、与人民心心相印的作品获得了人民的欢迎与喜爱，引发了社会和读者的广泛关注，也必将在中国文学发展史上产生深远的影响。

丛书产生了广泛的社会影响，获得了一致好评。中央电视台以及求是网、“学习强国”等媒体平台上的相关内容获得百万级播放量，《人民日报》《光明日报》《文艺报》等报刊平台发表相关新闻、评论近百篇，丛书中的作品接连入选“中国好书”“中国作协纪录小康推荐书单”“百道好书榜”“《中国新闻出版广电报》2020年度优秀畅销书排行榜文学榜”“中版好书”“农家书屋”等图书推荐榜单。丛书中9部作品被列入中宣部主题出版重点出版物，8部作品与多家外国出版社签订合同，翻译至多种语言，走向全世界。总而言之，本系列丛书既是文学史上的里程碑式作品，也是见证新时代发展历程的重要成果；既是新时代作家深入生活扎根人民的典范之作，也是具有社会学、经济学、民俗学视野的，记录中华民族伟大复兴的信史，作为历史文献与新时代的见证值得收藏。

· 供稿 · 中国作家协会创作研究部

《中国大运河史诗》图卷

《中国大运河史诗》图卷是由江苏省委、省政府特别组织的美术精品创作工程，是穿越时空凝聚而成的艺术结晶，以浪漫的笔意诉说千年汩汩流淌的大运河故事。画卷总长 135 米，高 3 米，其中上卷长 43 米，下卷长 64 米，书法题跋长 28 米，以江苏省书画家为主创成员，大运河沿线 7 个省（直辖市）的 15 位书画家共同参与，对运河沿岸 3 个省份、2 个直辖市、20 多个城镇的历史遗迹、现代风貌、人文景观进行了考察与写生，深入挖掘以大运河为核心的历史文化资源，

见证新时代

大运河是中华民族的血脉，是祖先留给我们的宝贵遗产，要深入挖掘以大运河为核心的历史文化资源，统筹保护好、传承好、利用好。

《中国大运河史诗》图卷上卷全景

《中国大运河史诗》图卷局部细节

以严谨的敬业精神和过硬的业务素质通力合作。经过5个月的集中精心创作，“中国古代伟大创举”卷三易其稿，“新时代辉煌篇章”卷五易其稿，最终完成了这部作品。诗、书、画、印等多种艺术样式在这里和谐交融，形成了既磅礴开合、又细致入微，具有高度艺术震撼力和感染力的精品力作，让观众在纵览大运河迷人风光的同时，得以全景领略大运河历史人文的无穷魅力。

上卷为“人物篇: 中国古代伟大创举”，通过“春秋争霸，吴凿邗沟”“雄才大略，沟通江浙”“汴河畅通，繁荣京华”“一统天下，南北交融”4个篇章，展现中国大运河的开凿、发展、西进、通航等历史进程，再现历史时空中人物的时代特质。这一篇章以描绘与大运河有密切关系的历史人物为主，展现了大运河在中国历史上的重要价值，体现出大运河的全程开掘凝聚着世代中国工匠精心编织的宏图大业。除了历史上主持开凿大运河的英雄人物外，那些开河的技术人员和普通的劳工役夫也占据了画面的中心位置，体现出人民群众在推动历史发展中的地位和作用。一个个活生生的人物和场景，构成了生机流动的有故事的画面，令观众倍感亲切。画面中的千名人物都被刻画得十分细腻精致，每一个人物都栩栩如生。下卷为“山水篇:

新时代辉煌篇章”，通过“北国瑞雪”“冀鲁高秋”“江淮绿野”“吴越花雨”4 个篇章表现中国大运河沿线一年四季不同的景致与改革开放以来的新风貌。

《中国大运河史诗》图卷立足大运河全域，通过全新的视角，从时间、空间、人文、自然等多个维度，描绘大运河的“前世今生”，把散落分布的文化瑰宝串成“珍珠项链”，绘制当代“清明上河图”，不仅给人带来审美的感动，而且使人产生旅游的冲动，更叫人拥有跟随画中的精彩去现场体验的激动。

习近平总书记强调，大运河是中华民族的血脉，是祖先留给我们的宝贵遗产，要深入挖掘以大运河为核心的历史文化资源，统筹保护好、传承好、利用好。江苏作为大运河起源地和申遗牵头城市所在省份，正致力于推进大运河文化带建设，打造文化建设高质量的鲜明标志和闪亮名片。《中国大运河史诗》图卷百米长卷美术精品正是在此背景下应“运”而生。

作为《中国大运河史诗》图卷的收藏单位，中国大运河博物馆在“运河与艺术”展厅，为百米长卷打造了专属的展览空间，讲述其创作历程，呈现运河史诗的恢宏气魄，同时也让观众作为历史的参与者和新时代的见证者，真正融入千年运河的血脉和胸怀。

中国丝绸博物馆北高加索工作站铜牌

中国丝绸博物馆北高加索工作站铜牌质地为纯铜，表面拉丝，长 60 厘米，宽 40 厘米，厚 8 毫米，四周折边，刻有中英黑色阴文。其文字内容为：纺织品文物保护国家文物局重点科研基地（中国丝绸博物馆）北高加索工作站。

北高加索工作站的设立不仅彰显了我国在纺织品文物科技领域的领先水平，对于丝绸之路文化交流研究也具有重要意义。

中国丝绸博物馆北高加索工作站铜牌

修复中的蒙元时期织金锦长袍

2010 年，国家文物局批准依托中国丝绸博物馆设立纺织品文物保护国家文物局重点科研基地，开展纺织品文物科学认知关键技术、保护修复关键技术、传统织造工艺复原等研究。为更好推动丝路沿线相关地区的纺织品文物保护事业发展、加强科研成果转化、发挥辐射效应，科研基地先后在新疆（2011 年）、甘肃（2015 年）、内蒙古（2017 年）、俄罗斯（2019 年）、郑州（2019 年）、陕西（2020 年）设立工作站，在西藏（2014 年）设立联合工作站，以工作站为平台，不断为当地纺织品文物保护提供技术和人才保障。

俄罗斯斯塔夫罗波尔市为北高加索城市，是草原丝绸之路沿线的一个重要地点，2019 年 7 月 26 日，北高加索工作站在斯塔夫罗波尔市正式挂牌，该铜牌悬挂在古代史与考古研究所（Nasledie Ltd.）内。

北高加索工作站的铜牌能够悬挂于遥远的斯塔夫罗波尔市，一方面是科研基地在丝绸之路沿线设立工作站的规划，另一方面是基于双方前期的学术交流。早在 2005 年，俄罗斯学者兹维兹达纳·多德（Zvezdana Dode）参加由当时中国丝绸博物馆赵丰馆长组织的学术会议，从此开始与国丝在纺织品服饰研究和保护等方面开展交流合作。2014 年，俄罗斯考古所派出 2 名修复师到国丝学习纺织品保护修复技术，其修复能力有了较大提升。此后，纺织品文物保护国家文物局重点科研基地主任周旸曾几次赴俄进行访问交流，积极与对方就北高加索地区出土的纺织品进行着持续、系统的研究，研究对象包括北高加索哈索特（Hasaut）山谷出土的纺织品、纳石失织金锦残片等。以上工作为工作站的建立奠定了基础。2019 年 7 月，中国丝绸博物馆王淑娟率修复师团队赴俄开展蒙元时期织金锦长袍的修复，同时将北高加索工作站的铜牌正式悬挂于万里之遥的斯塔夫罗波尔市。

北高加索工作站是国丝目前所设立的 7 家工作站中的第 6 家，也是首家海外工作站，不仅彰显了我国在纺织品文物科技领域的领先水平，同时对于丝绸之路文化交流研究具有重要意义。

良渚古城遗址“世界文化遗产”证书

世界文化遗产，是一项由联合国发起、联合国教育科学文化组织负责执行的国际公约建制，以保存对全世界人类都具有杰出普遍性价值的自然或文化处所为目的。世界文化遗产是文化的保护与传承的最高等级。入选世界文化遗产，即证明该遗址是被联合国教科文组织和世界遗产委员会承认的，人类罕见的、目前无法替代的财富，是全人类公认的具有突出意义和普遍价值的文物古迹。

见证新时代

良渚古城遗址为实证中华五千多年的文明史提供了无可辩驳的实物依据和确凿的学术支撑。

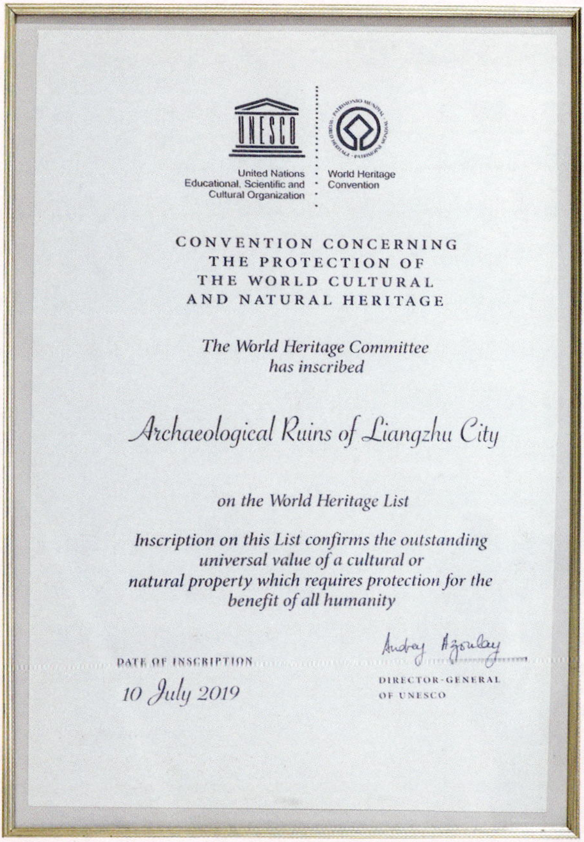
United Nations
Educational, Scientific and
Cultural Organization

World Heritage
Convention

CONVENTION CONCERNING
THE PROTECTION OF
THE WORLD CULTURAL
AND NATURAL HERITAGE

The World Heritage Committee
has inscribed

Archaeological Ruins of Liangzhu City

on the World Heritage List

Inscription on this List confirms the outstanding universal value of a cultural or natural property which requires protection for the benefit of all humanity

DATE OF INSCRIPTION

10 July 2019

Audrey Azoulay

DIRECTOR-GENERAL
OF UNESCO

良渚古城遗址『世界文化遗产』证书

1936 年，考古工作者在浙江省杭州市余杭区附近发现了两片“黑陶”，在之后的 83 年中，这里先后发掘出了大量的精美玉器、完整的城墙遗址、庞大的水利工程，一座沉睡于地下数千年的古城，终于重见天日，从此也开启了实证中华五千多年文明史的申遗之旅。

以良渚遗址命名的良渚文化，距今 5300—4300 年，是中国长江下游环太湖流域一支重要的考古学文化。良渚古城是良渚遗址的核心，也是整个良渚文化区域的权力和信仰中心，是目前已发现的中国乃至世界上，距今五千年同时拥有城墙和水利系统的规模最大、保存最好的都邑遗址，有见证阶层分化、等级分明的墓地，有象征信仰和制度的系列玉器，标志着良渚文化已进入早期国家阶段，为实证中华五千年文明史提供了最为直接、最为典型的例证。

习近平总书记一直十分关心良渚古城遗址保护和申遗工作，曾两次到良渚实地调研，多次作出重要指示批示，无论是在浙江工作期间，还是到中央工作以后，始终牵挂着良渚古城遗址的保护、申遗情况。2016 年 7 月习近平总书记作出长篇重要批示，再次强调“良渚是实证中华五千多年文明史的圣地”，深刻提出申报世界文化遗产“三个有利于”，为良渚古城遗址申遗工作指明了方向、提供了遵循，也成为申遗工作实质快速推进的原点。随后，良渚古城遗址申请世界文化遗产工作全面展开。相继完成学术研究、申遗文本编制、环境整治、遗产展示、遗址公园建设、文化宣传等一系列工作。

2019年7月6日，在阿塞拜疆巴库举行的第43届世界遗产大会上，良渚古城遗址成功列入《世界遗产名录》，整个审议过程历时13分钟，获得各国专家的一致通过。申遗成功后，联合国教科文组织评价："良渚古城遗址代表了长江流域对'多元一体'的中华文明起源作出的卓越贡献，是东亚和中国五千多年前史前稻作文明的最高成就，是人类文明史上早期城市文明的杰出范例。"

从无与伦比的浩大都邑，到精心夯筑的巨大宫殿；从充满霸王之气的玉琮王，到极具神秘色彩的神人兽面像；从高大规整的方形祭坛，到已知的世界上规模最大、功能最完备的大型水利系统……良渚古城遗址为实证中华五千多年的文明史提供了无可辩驳的实物依据和确凿的学术支撑。申遗成功，意味着中华五千多年文明被国际社会所公认，为中华文明在世界上树立了一处文化地标和精神标识，实证了中华五千多年文明史。

· 供稿 · 杭州良渚遗址管理区管理委员会

三星堆遗址
出土铜圆口方尊
3D 打印模型

三星堆遗址新一轮考古发掘重启以来，新发现6个祭祀坑，出土编号文物15000余件。这些新发现的文物兼有古蜀地区、中原地区和国内其他地区文化因素，揭示出成都平原与其周边地区存在密切的文化交流，昭示了中华文明起源的多样性，是中华文明多元一体格局的生动例证。

见证新时代

3D打印技术在文物提取中的应用，充分展现了新技术、新材料在考古与文物保护科技领域的发展。

圆口方尊带纹理三维模型

圆口方尊原地照片

三号坑出土的青铜圆口方尊是2021年新发现的一件重要文物，通高48厘米、口部宽40厘米、腹部宽21—23.5厘米、圈足宽16—17.5厘米，出土时整体变形较严重。器物口部为圆形，腹部与圈足为方形，肩部四角各置一卧鸟，腹部正中为兽面纹，腹部转折处饰分身鸟纹，形态与肩上卧鸟相似。尊是商代青铜礼器的代表之一，表明古蜀文明与中原商代礼乐文明的交流和对商的青铜铸造技术的学习。同类的铜圆口方尊仅有一件传世品，现藏台湾省台北故宫博物院。由于铜圆口方尊埋藏在地底已经有3000多年，器体较为脆弱，为完整提取该器物，技术人员采用高精度三维激光扫描技术采集器物密集点云数据，通过熔积成型法3D打印出器物实物模型、翻制高强度的柔性硅胶保护层，紧贴合在文物上后，再使用

套箱的方式提取文物。这是国内考古首次将3D打印技术运用于考古现场文物保护。

习近平总书记在中央政治局第二十三次集体学习时强调“考古工作是一项重要文化事业，也是一项具有重大社会政治意义的工作”，“要运用科学技术提供的新手段新工具，提高考古工作发现和分析能力，提高历史文化遗产保护能力”。在三星堆考古发掘中，通过建立考古发掘舱、应急保护平台，配套预防性保护与分析检测设备，为文物科学认知、考古研究与保护修复提供了科技支撑。特别是3D打印技术在文物提取中的应用，充分展现了新技术、新材料在考古与文物保护科技领域的发展，是践行“努力建设中国特色、中国风格、中国气派的考古学”的具体举措。

· 供稿 · 三星堆博物馆

中华人民共和国社会保障卡

中华人民共和国社会保障卡简称社保卡，由人力资源社会保障部统一规划，各级人力资源社会保障部门联合商业银行面向社会公众发行，是政府民生服务的基础性载体，包括实体、电子两种形态，支持线上线下服务应用，具有身份凭证，信息记录，自助查询，就医结算、缴费，待遇领取和金融支付 6 大功能，我国居民和在中国境内就业、参保的境外人员均可申领。

见证新时代

社保卡是深化『放管服』改革，建设服务型政府的时代见证，是群众享受便利公共服务，追求美好生活的时代见证。

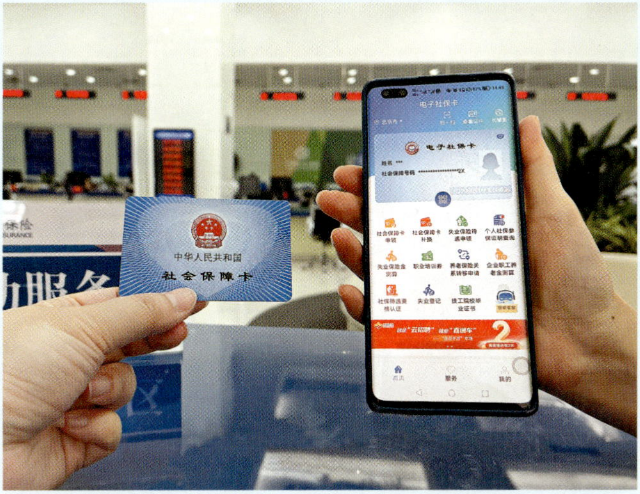

实体社会保障卡和电子社保卡

四川省成都市小朋友使用社保卡借阅图书

1999年12月23日，上海市民江晨领到了全国第一张社保卡。2017年5月25日，河北省邯郸市馆陶县宁洁同学领取了全国第10亿张社保卡。至2022年6月，社保卡经历了22年的发展，累计持卡人数已达13.60亿人，覆盖全国96.3%人口。5.75亿群众已在手机中领用电子社保卡，覆盖全国40.7%人口。

2020年8月20日，习近平总书记在扎实推进长三角一体化发展座谈会上指出：“要探索以社会保障卡为载体建立居民服务‘一卡通’，在交通出行、旅游观光、文化体验等方面率先实现‘同城待遇’。”2022年4月，国务院办公厅部署在9省1市依托全国一体化政务服务平台开展社保卡居民服务“一卡通”应用试点工作，按照需求导向、便民高效、开放融合、安全可控原则，加强跨地区、跨部门、跨层级协同联动，促进线上线下融合发展，建立并不断完善社保卡居民服务“一卡通”服务管理模式。

● 1999 年第一代社保卡发行，具有社会保障功能，主要用于身份凭证、医保结算。

● 2011 年第二代社保卡发行，加载了金融功能，增加社保缴费、就业和社保等待遇领取服务。

● 2017 年第三代社保卡发行，增加“一晃而过”的非接触读写方式，可以更广泛用于智慧城市应用。

● 2018 年电子社保卡开通，将社保卡加至手机中，支持线上身份认证与支付结算等应用。

● 2020 年推进以社保卡为载体建立居民服务“一卡通”。

● 2022 年依托全国一体化政务服务平台开展社保卡居民服务“一卡通”应用试点。

十八大以来，按照党中央、国务院的决策部署，各地积极推动以社保卡为载体建立居民服务“一卡通”，这已成为我国民生服务的重要发展方向。

群众持卡或者扫码即可快捷享受人社领域服务。比如青年人办理参保登记、享受就业创业服务，中年人参加职业培训、办理社保关系转移，老年人进行社保待遇资格认证、查询社保权益等，都可以线上线下“一卡办”；社保卡可以领取就业补贴、养老金、失业金、工伤津贴、农民工工资，成为名副其实的“待遇卡”。

社保卡大力支持其他民生服务领域“一卡通”应用。目前全部地市通过实体社保卡实现本地就医购药和跨省异地就医结算，31个省份的部分地市通过社保卡发放惠民惠农财政补贴资金，25个省份的部分地市实现持社保卡乘坐公交，30个省份的部分地市实现凭社保卡借阅图书、进博物馆/展览馆、公园入园、景区购票等。此外，各地同步推进社保卡加载老年人、残疾人服务，发放助学补助，办理公积金等功能。

社保卡这张小小的卡片，从群众的视角，见证着新时代政府为解决群众的“关键小事”和“急难愁盼”问题，增强群众幸福感、获得感、安全感所做出的不懈努力。

社保卡见证了政府民生服务的不断优化。通过“一卡通”整合跨业务、跨部门的多种纸质和电子证卡，最大程度方便群众办事，减少群众在办事过程中重复提交证明、重复填表、来回跑腿和报销垫资，见证了政府不断深入推进“放管服”改革，创新“一件事”“一卡办”的服务方式。通过“一卡通”实现跨地区服务协同，探索群众享受“同城待遇”，见证了政府不断促进人力资源要素流动，补齐民生短板，激发市场活力，支持区域一体化高质量发展。

社保卡见证了政府治理能力的不断提升。通过社保待遇、就业补贴、惠民惠农资金等的“一卡通”发放，不断压缩发放周期，减少操作风险，实现资金监管，减少跑冒滴漏。通过“一卡通”服务数据的聚合，实现核准人员状态，落实政策找人，见证了政府精准服务与监管能力的不断提升。通过建立“一卡通”服务管理模式，实现跨部门跨地区的信息共享和服务联动，见证了政府基本公共服务效能的不断提高。

社保卡见证了智慧城市建设的不断发展。通过“一卡通”服务人的一生，覆盖居民服务的“关键小事”，见证了公共服务数字化转型的加快推进。通过“一卡通”服务数据的共享开放，结合生物特征识别、大数据、区块链等新技术，见证了交通出行、文化旅游等智慧城市现代化的进程，推动了电子证照、公民信用、精准授权等社会治理创新应用的创新发展。

社保卡作为政府民生服务的基础性载体，从1999年首发，到今日基本实现人手一卡，不断适应新技术发展，提供160项线上线下民生服务，贯穿了出生、教育、就业、失业、流动、退休、去世等人的一生，构建了跨地区、跨部门、覆盖全民的居民服务“一卡通”体系。

社保卡是深化“放管服”改革，建设服务型政府的时代见证，是群众享受便利公共服务，追求美好生活的时代见证。

· 供稿 · 人力资源和社会保障部信息中心

湖南省贫困户退出确认书

中国国家博物馆藏有湖南省湘西土家族苗族自治州花垣县双龙镇十八洞村贫困户隆兴邦的精准扶贫“五状况”脱贫评估表和贫困户退出确认书等档案文书实物资料，是十八洞村脱贫攻坚历程的历史见证，也是新时代党和政府带领贫困地区人民脱贫致富奔小康的生动写照。

见证新时代

十八洞村以首倡之地的首倡之为，在人类战胜绝对贫困的征途上树起了一面光辉旗帜，闪烁着中国共产党初心使命的时代光芒。

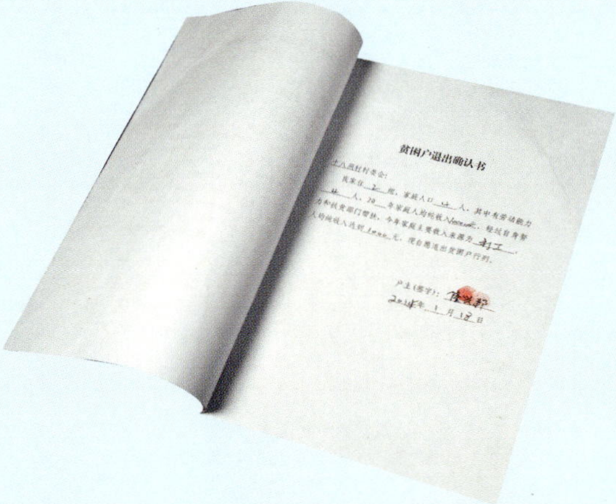

隆兴邦的贫困户退出确认书

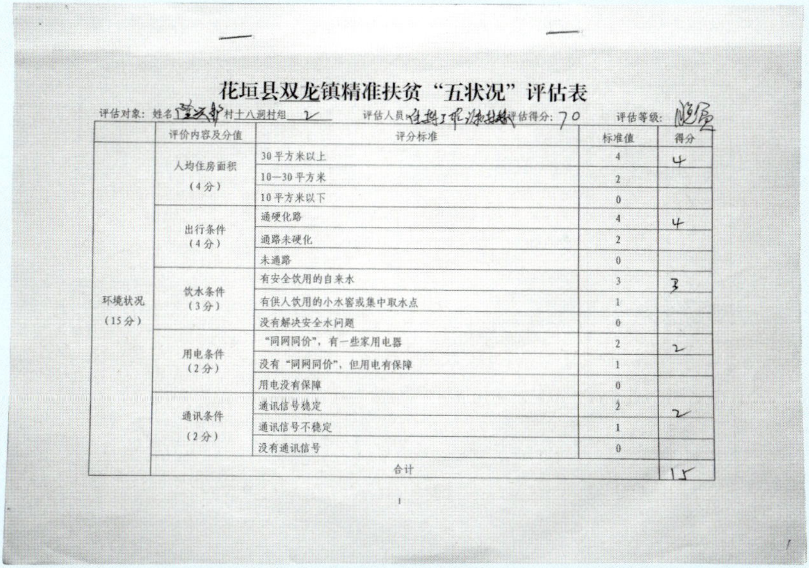

花垣县双龙镇精准扶贫“五状况”评估表

评估对象：姓名 隆兴邦 村 十八洞村 组 2　评估人员 [illegible]　评估得分：70　评估等级：[illegible]

	评价内容及分值	评分标准	标准值	得分
环境状况（15分）	人均住房面积（4分）	30平方米以上	4	4
		10—30平方米	2	
		10平方米以下	0	
	出行条件（4分）	通硬化路	4	4
		通路未硬化	2	
		未通路	0	
	饮水条件（3分）	有安全饮用的自来水	3	3
		有供人饮用的小水窖或集中取水点	1	
		没有解决安全水问题	0	
	用电条件（2分）	“同网同价”，有一些家用电器	2	2
		没有“同网同价”，但用电有保障	1	
		用电没有保障	0	
	通讯条件（2分）	通讯信号稳定	2	2
		通讯信号不稳定	1	
		没有通讯信号	0	
合计				15

1

隆兴邦的精准扶贫『五状况』评估表

这套评估表遵照习近平总书记“精准扶贫”重要指示，按照“因乡因族制宜、因村施策、因户施法，扶到点上、扶到根上”的指导思想，从环境状况、财产状况、收入状况、能力状况和健康状况5个方面，对十八洞村村民进行综合评估，“综合评估得分”在60分以上的农户视为已经脱贫，户主在《贫困户退出确认书》上签字。

十八洞村位于花垣县双龙镇西南部，是典型的苗族聚居贫困村。也是武陵山连片特困地区的一个典型贫困村。这里受区域整体性贫困、区域内部发展不均衡以及恶劣自然条件的影响，长期处于深度贫困状态。

2013 年 11 月 3 日，就是在十八洞村，在梨子寨那棵 300 多岁梨树的见证下，习近平总书记坐在村民施成富家前坪里，提出了“精准扶贫”重要论述。“精准扶贫”从十八洞村走向世界，被写入联合国大会的决议。十八洞村，为构建人类消除贫困的“中国方案”提供了有益经验和启示。

贫困地区的发展始终牵动着党中央。习近平总书记在十八洞村考察时指出：“发展是甩掉贫困帽子的总办法，贫困地区要从实际出发，因地制宜，把种什么、养什么、从哪里增收想明白，帮助乡亲们寻找脱贫致富的好路子。”花垣县委决定将十八洞村作为全县探索精准扶贫可复制、可推广经验的试点村，探索民族贫困地区脱贫致富的有效路径。

习近平总书记2013年在十八洞村首倡开展“精准扶贫”后，十八洞村两委班子坚持一户一策、精准帮扶，在就业扶贫、产业发展、兜底保障、互帮互助上精准发力，2016年，十八洞村成为湖南省第一批出列的贫困村。十八洞村坚持党建引领、筑牢根基，探索“党建引领、互助五兴”农村基层治理新模式；坚持因地制宜、壮大产业，先后形成种养、苗绣、劳务、旅游、山泉水5大产业体系，2013年至2020年，村民人均纯收入由1668元增长至18369元，村集体经济收入从零到突破200万元；坚持开放交流、互学互鉴，成为中国精准扶贫对外交流窗口。2021年2月25日，十八洞村荣获“全国脱贫攻坚楷模”光荣称号。

在精准扶贫理念指引下，十八洞村以首倡之地的首倡之为，牢记总书记殷切嘱托，在湖南全省第一批退出贫困村行列，大步踏上了乡村振兴的致富路，在人类战胜绝对贫困的征途上树起了一面光辉旗帜，闪烁着中国共产党初心使命的时代光芒。然而，脱贫摘帽并不是十八洞村的终点，而是其新生活、新奋斗的起点。十八洞村从深度贫困到乡村振兴的有效衔接，从封闭保守落后到文明开放自信的历史跨越和深刻转变，创造了湘西苗寨千年发展史上的奇迹。

百坭村贫困户分布手绘图

这是一张地图，图上画有道路，画有村庄。这似乎又不像地图，它没有艳丽的色彩，没有城市、高楼、商铺，有的只是一户户贫困户的具体位置，一个个问题，一条条对策。

准确地说，这是一张贫困户分布地图，更是脱贫攻坚作战图。这张长 27 厘米、宽 17 厘米的图朴实无华，它出自黄文秀的驻村日记，绘制于 2018 年 9 月 10 日星期一。这张图，画的是民情，画的也是一名优秀共产党员一心为民的初心。

黄文秀的家乡是右江革命老区百色市，2012 年 6 月被划为全国 14 个集中连片的特困地区之一，是一个集革命老区、

『很多人从农村走了出去就不想再回去了，但总是要有人回来的，我就是要回来的人。』

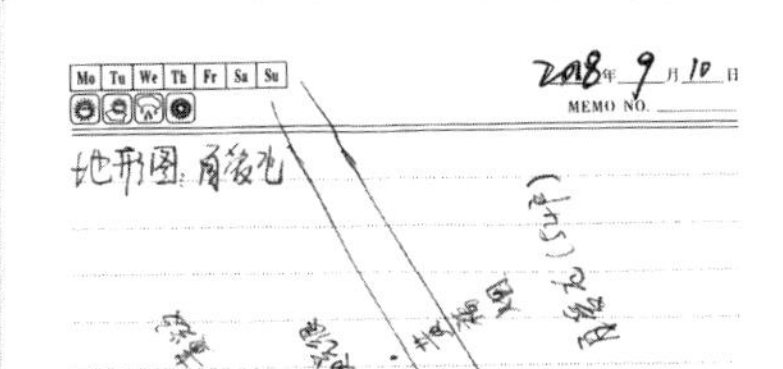

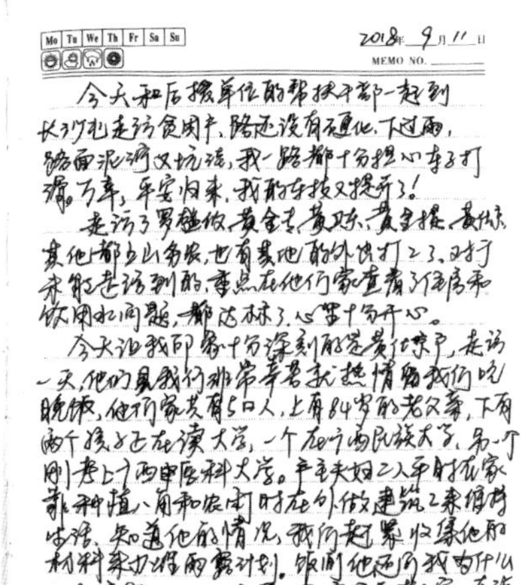

2018年9月11日

今天和后援单位的帮扶干部一起到长沙屯走访贫困户。路还没有硬化，下过雨，路面泥泞又坑洼，我一路都十分担心车子打滑了车，平安归来，我的车技又提升了！

走访了罗继做、黄金专、黄改东、黄金提、黄桂京，其他都出去务农，也有其他的外出打工了。对于未能走访到的，重点在他们家查看了住房和饮用水问题，都达标了，心里十分开心。

今天让我印象十分深刻的是黄仕京户，走访一天，他们具我们非常辛苦，热情留我们吃晚饭，他们家共有5口人，上有84岁的老父亲，下有两个孩子正在读大学，一个在广西民族大学，另一个刚考上广西中医科大学。户主夫妇二人平时在家靠种植八角和农闲时在外做建筑工来维持生活。知道他的情况，我们赶紧收集他的材料来办理雨露计划。饭间他还问我为什么从北京毕业回到村里工作，家里的老人家一直说感谢党的好政策，为他的孩子解决学费问题，对我们的到来表示非常激动，期间我告诉他，现在日子苦一点，以后依靠不断的努力，幸福总会到来，他居然激动地哭了，他说这一切都感觉让我无比动容。

黄文秀手绘的百坭村贫困户分布地图

少数民族地区、边境地区、大石山区、贫困地区、水库移民区“六位一体”的特殊区域。2016年黄文秀研究生毕业后放弃大城市的生活，毅然返回家乡，主动请缨担任驻村第一书记。她把扶贫当作新的长征，埋头苦干、日夜奋斗。

黄文秀所驻的村叫百坭村，是一个自治区级深度贫困村，石山林立，山路蜿蜒陡峭，基础设施薄弱，生活条件恶劣，全村下辖11个自然屯，498户共2068人。2017年全村未脱贫的仍有154户691人，2018年贫困发生率为22.88%，是扶贫工作中难啃的“硬骨头”。

刚驻村时，崎岖的山路、分散的房子、陌生的地形、不会讲的方言、不配合的村民等等，都让黄文秀的扶贫征程充满艰难和坎坷。面对质疑她不放弃，面对困境她不退缩，为了啃下这块“硬骨头”，尽快熟悉村情，快速了解村况，黄文秀花了2个月时间一步一个脚印地遍访全村195户贫困户。晚上工作结束后，在村部两层的小楼里书写驻村日记，并在驻村日记本里画出全村贫困户分布地图，图上详细标注每一户的住址、家庭情况、致贫原因、脱贫措施。这张地图上标注的贫困户是文秀心中的牵挂与工作目标。凭着这张地图，黄文秀在短短的一年多的时间里，走村串户，带领大家想办法、找项目、请专家、筹资金，积极改善村里“硬件”条件，带领村民因地制宜发展砂糖橘、油茶、八角、杉树等特色产业，带动农产品销售，带领88户418名贫困群众脱了贫，使全村的贫困发生率下降 20% 以上。

当今，沿着地图探访，百坭村家家户户都变了模样。村民黄金专跟着黄文秀带动村民种油茶，年收入达三四万左右。班统茂等村民跟着黄文秀发展砂糖橘产业，如今，全村 2000 多亩（约 133 万平方米）的砂糖橘果园郁郁葱葱，砂糖橘挂满枝头……当年地图上标注的一户户贫困户已实现户户有产业，致了富，村屯道路已经加宽和硬化，百坭村也建成了文秀幼儿园、文秀广场、文秀卫生室、观光荷花池等，完成了新农村风貌改造。曾经的穷山沟变成了“网红”打卡地。

然而，这张地图的主人——黄文秀，在风华正茂的年纪，她选择泥泞，告别繁华；在青春正盛的岁月，她扎根基层，反哺家乡。2019 年 6 月一场突如其来的山洪，将她 30 岁的生命，永远定格在扶贫路上。习近平总书记赞扬黄文秀“回乡奉献、谱写新时代青春之歌”。她用初心之美、奉献之美、担当之美，感动中国，“兰谷遗芳远”。

如今，这张小小的地图静静地躺在百色脱贫攻坚展示馆，无声地向人们述说着黄文秀在脱贫攻坚战场上守初心、担使命，挥洒青春汗水的奋斗故事，蕴藏着伟大的脱贫攻坚精神，见证着这个时代的伟大变迁，激励着成千上万的驻村工作队员在全面推进乡村振兴路上继续唱响汗水谱写的奋斗之歌，感召一代代青年在全面建设社会主义现代化国家新征程上不负韶华、砥砺前行！

脱贫茶树良种“白茶祖”

关于白茶的起源，北宋徽宗在《大观茶论》中即有论述。1982 年初，在安吉县天荒坪镇大溪村海拔 800 米的横坑坞桂家场，这株百年白茶祖被发现。

1982 年 4 月初，安吉县林科所刘益民、程雅谷等茶叶专家剪取白茶祖古茶树的枝条，通过短穗扦插繁育技术，成功地将这一茶中极品推广开来。1997 年，“白叶一号”被认定为浙江省无性系茶树良种，为世界增添了一个珍稀的茶树品种。

见证新时代

『白叶一号』被认定为浙江省无性系茶树良种，为世界增添了一个珍稀的茶树品种，它的广泛引种对于打赢脱贫攻坚战很有意义。

黄杜村捐赠『白叶一号』的车队

白茶祖远景

通过40年的发展，截至2022年，全县安吉白茶栽植面积达到20.06万亩（约137平方千米），年产量2100吨，产值达32亿元，为农民人均增收近8800元。安吉白茶还获得了国家“原产地证明商标”和“中国十大名茶”等荣誉，在历次中外茶叶评选中捧回了系列大奖，成为安吉农业的支柱产业，并以优质茶苗输出的形式在全国扩种了100多万亩（约667平方千米），白茶产业不断发展壮大。

2003年4月9日，时任浙江省委书记习近平在安吉考察时，盛赞安吉白茶“一片叶子富了一方百姓”。时隔15周年的2018年4月9日，黄杜村20名党员给习总书记写信，表示“吃水不忘挖井人，致富不忘党的恩”，提出捐赠1500万株茶苗帮扶贫困地区脱贫。

2018年5月18日，习近平总书记对黄杜村党员向贫困地区捐赠白茶苗一事作出重要指示“增强饮水思源、不忘党恩的意识，弘扬为党分忧、先富帮后富的精神”，对于打赢脱贫攻坚战很有意义。充分肯定他们饮水思源、不忘党恩的意识和为党分忧、先富帮后富的精神，勉励他们把帮扶困难群众这件事做实做好做出成效，带动更多人为脱贫攻坚贡献力量，汪洋、胡春华、黄坤明等中央领导同志也分别对此作出重要批示。

在有关部门的协助下，黄杜村落实四川省青川县、湖南省古丈县、贵州省沿河县和普安县等 4 个县的贫困村作为安吉白茶受捐地，并提供技术、加工、销售的后续一条龙服务，确保精准服务成功。当年 10 月，首批“白叶一号”茶苗送往贵州普安县。截至目前黄杜村已累计向贵州省普安县、沿河县、雷山县和湖南省古丈县、四川省青川县等三省五县捐赠茶苗 2240 万株、种植面积 6217 亩（约 414 万平方米），有效促进 2064 户、6661 名建档立卡贫困人口脱贫。

2021 年 5 月 18 日，黄杜村牵头成立“白叶一号”乡村振兴党建联盟，和古丈县翁草村、青川县青坪村、普安县屯上村、沿河县志强村、雷山县高岩村等 5 个村党组织开展支部结对，在组织建设、产业发展、人才交流等方面建立互助机制，探索乡村振兴、共同富裕新路径。

如今，翁草村围绕茶园生态工程，走出一条以茶兴旅、以旅促茶的茶旅融合发展新路子。沿河县中寨镇“白叶一号”项目基地建立了“村级组织 + 公司 + 合作社 + 农户”的利益联结机制，志强村人均收入达到 16500 元。

· 供稿 · 浙江省湖州市安吉县文化和广电旅游体育局

阿布洛哈村
驻村工作笔记本

“今天，乡村客运班线正式开通，阿布洛哈村终于实现‘车路双通’，村民们喜笑颜开，我们几个也真心高兴，祝福阿布洛哈村往后的日子越来越好！”这是四川省凉山彝族自治州阿布洛哈村驻村工作队在2020年6月30日驻村工作笔记上写下的一段文字。那天，阿布洛哈作为全国最后一个不通公路的建制村实现通路通车，标志着我国农村公路建设取得历史性跨越，总里程达420多万千米，托起6亿多农民的小康梦。

见证新时代

阿布洛哈村驻村工作笔记是中国共产党带领人民向贫困宣战的一个缩影，是在中华大地上全面建成小康社会的生动篇章。

工作笔记内页

火塘边，畅谈脱贫致富之路

翻开驻村工作队的工作笔记本，阿布洛哈村从闭塞陈旧到四通八达，从一贫如洗到丰衣足食的完美蜕变立刻展现在眼前。3 本驻村工作笔记本真实、真情记录了布拖县税务局驻村工作队帮扶路上的点点滴滴，收录了 65 户贫困户的家庭情况和精准帮扶措施，5 年时间，驻村笔记和一个村庄彼此驻扎、相互打量、共同前行。

从踏入阿布诺哈村的那一刻起，税务工作队就把这片土地当成了自己的家，把村民当作自己的兄弟姐妹，把村民的事当成自己的事。

“哪怕你心里早有准备，当你到达阿布洛哈后就会明白它为什么在彝语中意为‘高山中的深谷’‘人迹罕至的地方’，过去，沿着羊肠小道出村要走 3 个多小时，它三面环绕着海拔3000多米的群山，一面临崖，抬头壁立千仞，脚下深渊万丈。”税务驻村工作队这段走访历程足以让我们体味脱贫攻坚背后的苦乐；感受脱贫路、攻坚路上的酸甜；认识脱贫攻坚事业的伟大。

在扶贫的这几年里，阿布洛哈村不断发生变化，通了电、加宽了山路，建了饮水工程，修了新房子，种下了经济作物，而村民最期待的则是一条便捷的通村公路。交通，是阿布洛哈村脱贫攻坚最难啃的“硬骨头”。

“之前一双胶鞋可以穿半年，而修路半年就穿坏了三双鞋。”税务驻村工作人员这段朴实的话诠释了他们做深山里的筑路人的决心。主动充当翻译、协调化解矛盾，再苦再累他们也义无反顾地走下去。工作笔记详细记录了不到4千米的路，耗时一年多，更是“史无前例”地出动重型直升机的“大场面”，也记录了通路后村民们幸福的笑容。

白云生处开“天路”，脱贫摘帽新生活。“花椒、蜂蜜等特色农产品可快递出村，书记的微信又加了几个客户……”工作笔记于细微处展现了扶贫路上的不易和温暖，从计划到总结、从医疗到教育、从单户到整体，从评选到退出，笔记图文并茂、数据翔实，反映了驻村工作的真实风貌，刻画着税务工作队用意志和决心，将双脚扎入泥土之中，于天地间走心动情，冲锋在前的税务力量和担当，更见证了一个时代的改变，这是中国共产党带领人民向贫困宣战的一个缩影，是在中华大地上全面建成小康社会的生动篇章，值得再三抚摸。

· 供稿 · 国家税务总局布拖县税务局

柴生芳的工作笔记本

翻开柴生芳的工作笔记本，一个缤纷的精神世界呈现在眼前。30 本 170 多万字的工作笔记，记录了柴生芳每一天的调研实录、工作思考、学习心得，也记载了他在基层工作 8 年的人生感悟和心路历程。

柴生芳，甘肃宁县人，生前系临洮县委副书记、县长，被追授时代楷模、全国优秀共产党员等称号。在新中国成立 70 周年之际，他又荣获“最美奋斗者”称号。

『以天下为己任，是一条无比艰苦却无比光辉的道路。』

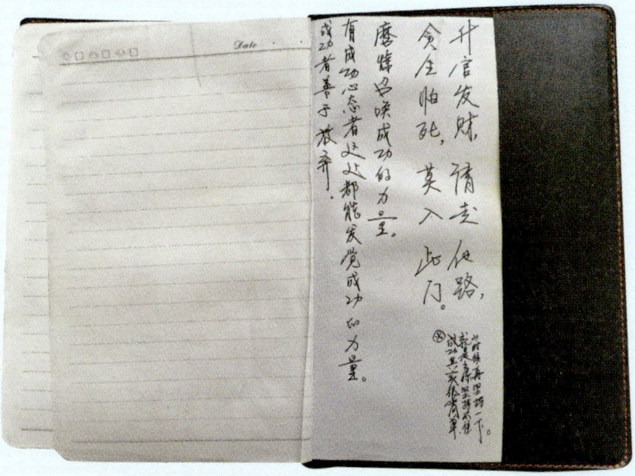

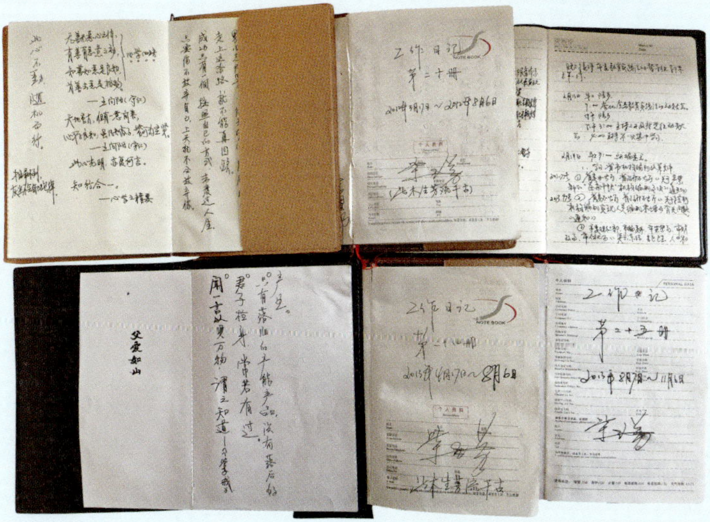

柴生芳的工作笔记

2014 年 8 月 15 日凌晨，在连续工作超过 17.5 个小时后，45 岁的柴生芳和衣睡在办公室里，再也没有醒来……

“博士县长”柴生芳曾是家乡人记忆中的一个传奇——从贫寒农家娃到北大高才生，再到负笈东瀛，捧回日本神户大学硕士、博士学位。他飞得够高够远，却在学成归国后谢绝一切邀约，于 2002 年 10 月回到甘肃。

有人问，“肚子里有那么多‘墨水’，为什么非得跑到基层去吃苦？”柴生芳在他的工作日记里这样回答：“以天下为己任，是一条无比艰苦却无比光辉的道路。”无论是在陇西，还是在安定，或是在临洮，柴生芳职务如何变换，唯一不变的是“以天下为己任”的理想和追求。

第 24 册工作日记的最后一页，他深情地写道：“我能奉献给你们的，只有热血和汗水。”

临洮是灿烂的马家窑文化发源地，但由于专业人才缺乏，丰富的文化资源一直未得到系统整合和挖掘。柴生芳认为:“文化会改变临洮。”他四处奔波，推介宣传、争取项目。最终，饱含他心血的马家窑文化遗址保护规划编制项目，获得国家批复立项。

作为国家扶贫开发工作重点县，临洮全县 54 万人中有 11

万余人是贫困人口。2013 年担任临洮县县长后，柴生芳的“头把火”直点精准扶贫。

他挤出时间下乡，车能去的地方车去，车到不了的地方步行去。在临洮任职 3 年，柴生芳的足迹踏遍全县 323 个行政村中的 281 个。

去过的村庄，他会记下名字，用笔在日记本上标出位置，然后一个个连接起来，绘制成简易地图。对每个村的地理位置、村情村况，他都能如数家珍。

日记本里画的是线路，装进大脑的是思路。在县政府办公楼会议室里，柴生芳挂起了两幅彩色的“作战图”。地图上，临洮县每个村对应一个图标——洋芋、白菜、鸡、牛……323 个行政村，细分为 125 个产业示范村，130 个产业潜力村，每个村都有主导产业。

翻看柴生芳的工作日记，这不仅是柴生芳为民情怀的“民意书”，也是他务实工作的“作战图”，更是他理想追求的“言志录”……

“升官发财，请走他路，贪生怕死，莫入此门。”第 22 册工作日记的封皮页上，柴生芳这样写道。

“吃百姓之饭，穿百姓之衣，莫道百姓可欺，自己也是百姓；得一官不荣，失一官不辱，勿说一官无用，地方全靠一官。”第30册里，6月16日这天，他记下这副对联。

没有豪言壮语，没有华丽辞藻。在柴生芳的工作日记里，这样的话比比皆是。他是这样写的，更是这样做的。

“心里要有百姓，责任责任责任”，在工作日记中，柴生芳挥笔誓言，力透纸背。一个馍馍的早饭、数个小时的颠簸、马不停蹄的一线办公、延续到凌晨的讨论，构成了柴生芳在临洮每一天的工作内容。

让自己的腿脚粘上乡间的泥土，让自己的双手感受到百姓心窝的温度。面对信访群众，他不消极躲避、搪塞敷衍，而是让自己办公室的大门永远为他们敞开，将心比心，想他

们之所想，急他们之所急。

可是，自古忠孝难两全。我们看到，柴生芳好几本工作日记的扉页上都写有“父爱如山”，四个字格外粗、格外黑，看得出来，是柴生芳一遍又一遍描画的结果。四个字的背后，藏着柴生芳多少对年过八旬的老父不能尽孝的煎熬？含着多少对身为人父却远离幼女的歉意？

翻到柴生芳工作日记的最后一页：“下午 4 时 30 分，在县文化中心主持召开全县捐资助学表彰暨优秀贫困学生资助大会，会议有六项议程。潘晓文全县理科状元，考入北京大学……”

最后一刻，他的心里装的，仍是群众的点点滴滴。

本扬·沃拉吉写给十八洞村乡亲们的一封回信和银质芦笙

2019年6月3日，时任老挝人民革命党中央委员会总书记、国家主席本扬·沃拉吉写给花垣县双龙镇十八洞村村民的回信，辗转万里，送到十八洞村村民的手中。

一位外国元首为什么要给一群中国村民回信？他们之间有着怎样奇妙的缘分？

见证新时代

十八洞村的成功实践给老挝提供了十分宝贵的经验和精准扶贫的『脱贫密码』。

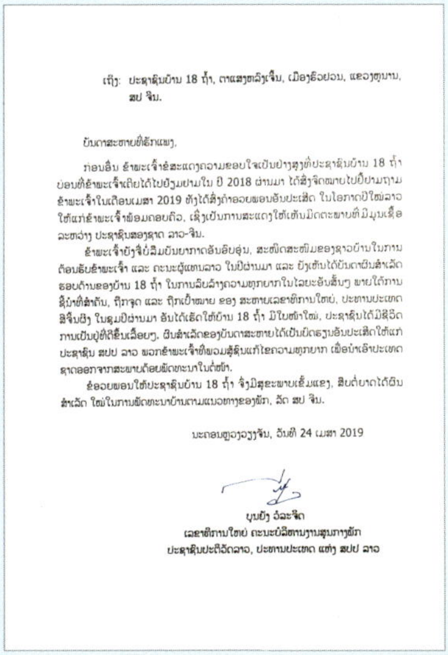

ເຖິງ: ປະຊາຊົນບ້ານ 18 ຖ້ຳ, ຕາແສງຫລົງເຈີນ, ເມືອງຮົວຢວນ, ແຂວງຫູນານ, ສປ ຈີນ.

ບັນດາສະຫາຍທີ່ຮັກແພງ,

ກ່ອນອື່ນ ຂ້າພະເຈົ້າຂໍສະແດງຄວາມຂອບໃຈເປັນຢ່າງສູງທີ່ປະຊາຊົນບ້ານ 18 ຖ້ຳ ບ່ອນທີ່ຂ້າພະເຈົ້າເຄີຍໄດ້ໄປຢ້ຽມຢາມໃນ ປີ 2018 ຜ່ານມາ ໄດ້ສົ່ງຈົດໝາຍໄປຢື້ຢາມຖາມຂ້າພະເຈົ້າໃນເດືອນເມສາ 2019 ທັງໄດ້ສົ່ງຄຳອວຍພອນອັນປະເສີດ ໃນໂອກາດປີໃໝ່ລາວໃຫ້ແກ່ຂ້າພະເຈົ້າພ້ອມຄອບຄົວ, ເຊິ່ງເປັນການສະແດງໃຫ້ເຫັນມິດຕະພາບທີ່ມີມູນເຊື້ອລະຫວ່າງ ປະຊາຊົນສອງຊາດ ລາວ-ຈີນ.

ຂ້າພະເຈົ້າຍັງຈື່ບໍ່ລືມບັນຍາກາດອັນອົບອຸ່ນ, ສະໜິດສະໜົມຂອງຊາວບ້ານໃນການຕ້ອນຮັບຂ້າພະເຈົ້າ ແລະ ຄະນະຜູ້ແທນລາວ ໃນປີຜ່ານມາ ແລະ ຍັງເຫັນໄດ້ບັນດາຜົນສຳເລັດຮອບດ້ານຂອງບ້ານ 18 ຖ້ຳ ໃນການລຶບລ້າງຄວາມທຸກຍາກໃນໄລຍະອັນສັ້ນໆ ພາຍໃຕ້ການຊີ້ນຳທີ່ສຳຄັນ, ຖືກຈຸດ ແລະ ຖືກເປົ້າໝາຍ ຂອງ ສະຫາຍເລຂາທິການໃຫຍ່, ປະທານປະເທດສີຈິ້ນຜິງ ໃນຊຸມປີຜ່ານມາ ອັນໄດ້ເຮັດໃຫ້ບ້ານ 18 ຖ້ຳ ມີໃບໜ້າໃໝ່, ປະຊາຊົນໄດ້ມີຊີວິດການເປັນຢູ່ທີ່ດີຂຶ້ນເລື້ອຍໆ. ຜົນສຳເລັດຂອງບັນດາສະຫາຍໄດ້ເປັນບົດຮຽນອັນປະເສີດໃຫ້ແກ່ປະຊາຊົນ ສປປ ລາວ ພວກຂ້າພະເຈົ້າທີ່ພວມສູ້ຊົນແກ້ໄຂຄວາມທຸກຍາກ ເພື່ອນຳເອົາປະເທດຊາດອອກຈາກສະພາບດ້ອຍພັດທະນາໃນຕໍ່ໜ້າ.

ຂໍອວຍພອນໃຫ້ປະຊາຊົນບ້ານ 18 ຖ້ຳ ຈົ່ງມີສຸຂະພາບເຂັ້ມແຂງ, ສືບຕໍ່ຍາດໄດ້ຜົນສຳເລັດ ໃໝ່ໃນການພັດທະນາບ້ານຕາມແນວທາງຂອງພັກ, ລັດ ສປ ຈີນ.

ນະຄອນຫຼວງວຽງຈັນ, ວັນທີ 24 ເມສາ 2019

ບຸນຍັງ ວໍລະຈິດ
ເລຂາທິການໃຫຍ່ ຄະນະບໍລິຫານງານສູນກາງພັກ
ປະຊາຊົນປະຕິວັດລາວ, ປະທານປະເທດ ແຫ່ງ ສປປ ລາວ

2019年4月，时任老挝人民革命党中央委员会总书记、国家主席本扬·沃拉吉写给十八洞村乡亲们的一封回信

银质芦笙

故事还得从 2018 年的夏天说起。

2018 年 6 月 2 日，应邀来华访问的老挝人民革命党中央总书记、国家主席本扬结束在北京的行程后，马不停蹄地赶赴花垣县十八洞村，实地探寻“精准扶贫”的中国经验。

沿着习近平总书记走过的路线，本扬边走边看、边看边问，探寻十八洞村的“脱贫密码”，并与十八洞村村民围坐在一起聊家常。本扬说，看到十八洞村践行习近平总书记提出的精准扶贫思想，短时间内面貌发生了翻天覆地的变化，实现了脱贫致富，我感到十分高兴，习近平总书记不仅胸怀天下，心系国家，而且关心少数民族的生产生活，对边远山村的基层民众嘘寒问暖，这都非常值得老挝人革党学习，你们的省市县乡村五级书记抓扶贫，层层抓落实的做法使我很受启发，老挝还有很多贫困人口和家庭，十八洞村的扶贫经验和做法值得老挝学习借鉴。在村民石拔专家走访时，本扬说，老中两国友谊源远流长，现在你的生活富裕起来了，也欢迎你到老挝走一走，看一看。

村主任施成富回忆当时本扬到访的情况时说，本扬很随和、很亲切。他详细询问我的家庭、收入情况。得知我家脱贫致富奔小康以后，他讲我国的精准扶贫政策真的很好，很适合。

2013 年 11 月 3 日下午，习近平总书记来到湘西土家族苗族自治州花垣县十八洞村考察。“实事求是、因地制宜、分类指导、精准扶贫”，在十八洞村，习近平总书记首次提出“精准扶贫”重要论述，“贫困地区要从实际出发，因地制宜，把种什么、养什么、从哪里增收想明白，帮助乡亲们寻找脱贫致富的好路子。”

几年来，牢记总书记的嘱托，十八洞村在各级党委、政府的正确领导下，把“种什么、养什么、从哪里增收”弄明白了，形成了种养、苗绣、劳务、旅游、山泉水五大产业体系，农民人均年纯收入由 2013 年的 1668 元增长至 2021 年的 2 万多元。特别是乡村旅游业更是成长迅速，2021 年接待游客 32.6 万人次。十八洞村先后荣获全国先进基层党组织、全国文明村、全国民族团结进步示范单位、全国第四批传统村落、全国旅游系统先进单位、全国少数民族特色村寨、全国乡村旅游示范村、第三批全国宜居镇村、全国青少年教育基地、国家 5A 级旅游景区、全国脱贫攻坚楷模等殊荣。

2018 年 12 月 20 日，第 73 届联合国大会通过了“77 国集团和中国”共同提交的“消除农村贫困，落实 2030 年可持续发展议程”决议。消除农村贫困联大决议明确写入习近平主席倡导的“精准扶贫”“合作共赢”“构建人类命运共同体”等理念，为国际农村减贫事业提供了中国方案，在人类战胜绝对贫困的征途上树起了一面光辉旗帜。

2019 年 4 月，老挝泼水节前夕，十八洞村村民觉得老挝这个节日和我们中国的春节一样，应该问候和祝贺本扬 · 沃拉吉及老挝人民，便集体给他写了信。

村民们在信中告诉本扬说，我们感觉到，自从您到访之后，十八洞走出了国门，走向了世界。现在，到我们村来参观旅游的人更多了，人气更旺了，乡村旅游开发正在深入推进，我们村的苗绣产品已经成了赠送外宾的最好纪念品，村民在信中介绍村子的变化之后，还深情地祝福老挝人民一定会在老挝人民革命党的坚强领导下，摆脱贫困，过上幸福美好的生活。

接到村民们的来信以后，本扬 · 沃拉吉高度重视，4 月

24 日再次访问中国前，便给十八洞村的村民回了信。

信的抬头，他称十八洞村村民为“亲爱的同志们”。他写道，老挝新年到来之际，“乡亲们给我送来了信函问候，向我及我家人表达了良好的祝愿，这充分体现了老中两国人民的亲密情谊”。

接下来，他回顾了一年前到十八洞村考察时的印象，称“十八洞村的成功实践给老挝提供了十分宝贵的经验”，并祝愿十八洞村村民“继续在中国党和政府路线的指引下把你们的村庄建设、发展得更加美好”。

本扬 · 沃拉吉和十八洞村村民之间的信件往来以及回赠十八洞村村民的芦笙，是中老两国人民兄弟般深厚情谊的象征，见证了一个时代的变迁，具有极其重要的纪念意义。

本扬 · 沃拉吉给十八洞村村民的回信原件现珍藏于湘西州档案馆，芦笙珍藏于花垣县档案馆。

国家认监委
关于发布有机产品认证扶贫信息的公告

市场监管总局（认监委）积极借鉴国际扶贫先进理念和经验，以有机产品认证为纽带，以有机产品认证标志为精准扶贫信息载体，整合政府、行业、金融、社会、商家及消费者的力量，串起生产、加工、流通、贸易、消费产品各个环节，重点扶持 32 个重点贫困地区创建有机产业园区，通过认证拓展农产品市场销路，探索了一条有机产品认证精准脱贫的新机制。

见证新时代

通过认证拓展农产品市场销路，探索了一条有机产品认证精准脱贫的新机制。

中国国家认证认可监督管理委员会公告

2017 年第 29 号

国家认监委关于发布
有机产品认证扶贫信息的公告

为充分发挥有机产品认证在服务脱贫攻坚中“传递信任”的作用，规范认证扶贫信息传递方式，现将有机产品认证扶贫信息传递要求公告如下：

一、有机产品认证扶贫信息传递要求

来自贫困地区的有机产品认证获证企业，经过确认符合有机产品认证扶贫技术要求（见附件）后，可以在其获证产品包装上加施有机产品认证扶贫信息，同时应按照《认证证书和认证标志管理办法》（质检总局令第 162 号）、《有机产品认证管理办法》（质检总局令第 155 号）和有机产品认证实施规则要求加施中国有机产品认证标志、有机码和认证机构名称。

二、有机产品认证扶贫信息传递方式

有机产品认证扶贫信息为中文“认证扶贫”字样。图案如下：

认证扶贫

C10 M100 Y100

字体：微软雅黑 Bold

“认证扶贫”字样使用时可以等比例放大或缩小，但不允许变形、变色。

特此公告。

附件：有机产品认证扶贫技术要求

2017 年 9 月 25 日

（此件公开发布）

— 2 —

国家认监委关于发布有机产品认证扶贫信息的公告

有机茶园

一、认证手段在建立稳定脱贫长效机制中的技术优势

有机产品认证作为一种国际通行的认证制度，是基于生产、加工、贮藏、运输、包装、标识、销售等过程中符合一系列的标准、规则、规范、程序要求的自愿性产品认证。有机产品认证作为有机产业的守门员，建立信任、传递信任，是连接政府、市场、社会的“传动轴”。我国有机产品市场及有机农业面积连续多年位居世界前列。有机产品认证在精准扶贫、稳定脱贫长效机制建立中还具备以下优势。

（一）认证手段传递信任。认证是全世界公认的、行之有效的证明方式。有机产品认证制度通过完整检查与认证以及相配套的监管和追溯制度，极大地减少市场中欺诈、假冒等机会主义行为，净化市场秩序。在消费者中建立信誉，向消费者提供有机产品质量信号，减少了消费者的信息搜寻成本。

（二）认证手段传递精准扶贫信息。在有机产品认证信息基础上附加生产企业属地来源信息，可使精准扶贫信息可追溯、可核查、可精准识别，使“看不见、摸不着”的精准扶贫信息“可视化”，打通扶贫与消费领域联通的“最后一公里”。

（三）认证手段传递可持续发展理念和产业信息。有机产品认证关注环境和自然资源的可持续发展理念，消费有机产品就是对生态文明建设事业作贡献。将有机产品认证运用在扶贫开发中，能够与生态保护相互促进协调发展，实现“绿水青山就是金山银山”的发展模式。我国很多贫困地区基本上无污染源头，具有发展有机农业的先天优势。发展有机产业，还能够激发、提升、培育内生动力，调动自我脱贫的积极性，使贫困地区的土地、劳动力、自然资源开发转化成效益，推动生态价值实现。

二、有机产品认证扶贫主要做法

市场监管总局（认监委）一直坚决贯彻落实习近平总书记关于“坚持精准扶贫、精准脱贫，重在提高脱贫攻坚成效”“激发内生动力，调动贫困地区和贫困人口积极性”“脱贫攻坚既要扶智也要扶志，既要输血更要造血，建立造血机制，增强致富内生动力，防止返贫”“调动各方力量，加快形成全社会参与的大扶贫格局”等重要指示精神，立足于市场监管职能开展扶贫工作。

（一）强调“精准”，推动贫困地区以有机产品认证为助手推动区域产业高质量发展。已有 129 个县（市 / 区）以有机产品认证为助手推动区域产业高质量发展，覆盖26个省（市/自治区），部分县市利用有机产业带动地方经济发展和扶贫开发已探索出一些成熟经验，取得明显成效，为我国精准扶贫提供可复制的发展模式。例如西藏日喀则市18个县区一起以有机产品认证为助手推动区域产业高质量发展，“有机之乡·生态家园”叫响全西藏，既保护了生态环境，又促进有机农牧业发展，实现农牧民增收。河北丰宁县通过运用有机产品认证推动区域产业高质量发展工作，打造了黄旗有机小米、缘天然有机乳制品等产业，获证企业的收入翻了番，同时带动大批贫困户，有机认证成为农民脱贫致富的“金手指”。

（二）立足“主体”，整合智力资源开展贫困地区有机培训帮扶。习近平总书记强调，贫困群众是扶贫攻坚的对象，更是脱贫致富的主体。要充分调动困难群众的积极性、主动性、创造性，杜绝“靠着墙根晒太阳、等着别人送小康”的等靠要思想，要“授人以渔”。市场监管总局（认监委）专门成立有机认证扶贫专家团队，对贫困地区开展有机技能培训和产业提升规划，编写培训教材，坚持“在山水上做文章”、坚持“发展生产脱贫一批”，通过培训指导和支持有劳动能力的人发展有机农业实现脱贫。通过培养“脱贫尖子”、探索建立贫困地区党员志愿服务队等，让“弱鸟学习先飞”“先进带动后进”，逐步实现整体脱贫。

（三）疏通“渠道”，建立政府推动、市场拉动的扶贫“推拉机制”。帮助贫困县搭建产、供、销平台，与中国连锁经营协会、中小企业外贸服务平台、电商销售平台等对接，推动有机认证扶贫，通过认证标志传递扶贫信息，建立信任。鼓励零售商销售、消费者购买来自贫困地区的有机产品，实现“环境可持续、质量有保证、产品有市场、销售有渠道、消费有群体”的可持续扶贫模式。

（四）突出“服务”，引导认证机构承担脱贫开发的社会责任。引导认证机构对贫困地区有机生产企业减免有机认证费用、有机认证标志使用费，提供有机认证技术服务。由地方认证监管部门、扶贫部门和认证机构合作，对来自建档立卡贫困户种植、养殖或参与生产加工的有机产品，在使用有机产品认证标志基础上附加“认证扶贫”字样，从而让消费者、零售商精准识别，精准购买，实现“精准扶贫”。

· 供稿 · 国家市场监督管理总局认证监管司

“走，咱们回家！”横幅

2020年初，面对前所未知、突如其来的新冠肺炎疫情，中国政府始终把每一位同胞的安危冷暖放在心头，将人民生命安全和身体健康放在第一位，与海外侨胞一同上演了“中国式”紧急转运救援。

1月20日，载着来自世界各地3700多名乘客及船员的外籍邮轮“钻石公主”号从日本横滨港出发。不久后，一名曾经在船上的中国香港游客在下船后确诊感染新冠肺炎，邮轮因疫情而被迫中断行程，于2月3日回到横滨港。日本政府部门宣布，2月5日起该船所有人员须在船上隔离14天。

见证新时代

无论我们的同胞走到哪里，背后都有强大祖国可以依靠，都有几千万海外侨胞可以相互扶持。

挂有『走，咱们回家！』横幅的大巴车

邮轮上共有300多名中国旅客，大部分来自中国香港，由于疫情不断蔓延，确诊感染者多达600余人，确诊者及密切接触者被送到日本陆上治疗检疫，滞留船上旅客陷入巨大的恐惧和不安中，他们备受煎熬的同时，其危险处境也牵动着祖国的心弦。

疫情发生后，祖国一直惦记着船上中国旅客的安危，党和政府始终坚持人民至上、生命至上，紧锣密鼓部署跨境救人的相关工作。外交部及外交部驻港公署第一时间派出工作组赴日，积极统筹协调我国同胞相关撤离工作，配合日方尽快完成受困旅客撤离手续，并派专机等待隔离期结束后保障邮轮上300多名中国旅客的安全撤离。

但撤离工作面临一个极为棘手的问题，就是如何把这些中国旅客从邮轮安全护送至机场。在异国他乡病毒肆虐之时，没有人敢冒风险承担接送任务。中国驻日本大使馆的工作人员四处寻找接运公司，但一直没有结果。就在这时，在日本经营旅游运输企业的福建籍旅日华侨刘丹蕻挺身而出，主动承担起这项重要的工作。刘丹蕻说："当时大使馆联系我，说船上的同胞回不去了，这句话触动了我。我是中国人，祖国和同胞需要我的时候，再大的危难都义不容辞！"

2月19日，日方安排船上各方滞留人员开始分批次撤离。一大早，刘丹蕻集合了13辆旅游大巴车组成的车队开往横滨港，等待接运同胞。多辆旅游大巴上贴有“香港入境处”的标识，其中一辆车头挂着的横幅上写着“走，咱们回家！”这条横幅是刘丹蕻接同胞时，希望能让他们感到回家的亲切和温暖，特意准备的。横幅是刘丹蕻用2017年参加中国侨联“远方的惦念——华侨华人春节晚会”赠送的围巾，紧急缝制而成的。刘丹蕻事后回忆，当时想制作一些鼓劲的话，思来想去，最终用了这句“走，咱们回家！”，经过了漫长的等待，19日晚10时许，首批获准撤离的中国同胞开始下船，统一搭乘刘丹蕻公司的旅游大巴抵达机场。

最终，在中国政府的统筹安排下，经中国驻日本大使馆、外交部驻香港公署、香港特别行政区政府有关部门多日紧密协调，北京时间20日凌晨3点45分，一架香港特区政府包机从东京羽田机场起飞。在此期间，中国驻日本大使馆收到一封来自邮轮上的14位港澳同胞的感谢信，他们在信中表示：“感谢你们为我们做出的一切努力！感谢伟大的祖国！我们为身为中国人而感到自豪，因为在国外遇到困难时有我们强大祖国的支持。”

在疫情来临之时，旅日侨胞刘丹蕻护送312名被困“钻石公主”号邮轮的中国同胞安全撤离，展现了广大海外侨胞与党和政府同心同向，用海内外中华儿女的中国心、同胞情筑起了温暖和奉献的港湾。一句“走，咱们回家！”为因疫情陷入困境之中的同胞送去了严寒中最温暖的希望。此生入华夏，无悔中国人。在我们的同胞被困“孤岛”之时，党和国家时刻关注中国同胞的安危，对其处境感同身受，积极运用各方力量予以援救。

2020 年 10 月，旅日侨胞刘丹蕻将此横幅捐赠给中国华侨历史博物馆，并在当年 12 月“亲情中华 · 战役有侨——海内外侨界凝心聚力抗击新冠肺炎疫情主题展”中展出。这件藏品再次见证了无论我们的同胞走到哪里，背后都有强大祖国可以依靠，都有几千万海外侨胞可以相互扶持；“中国脚步”走到哪里，“中国保护”就将跟到哪里，中国同胞的血脉亲情就延续到哪里！

· 供稿 · 中华全国归国华侨联合会中国华侨历史博物馆

复兴号系列动车组模型

这是一套20组复兴号系列动车组模型，涵盖了我国自主研发的复兴号系列动车组已经投用的全部车型，直观展示了中国高铁技术创新的发展历程和自主创新的丰硕成果。

“复兴号奔驰在祖国广袤的大地上。”“复兴号高速列车迈出从追赶到领跑的关键一步。”“高铁动车体现了中国装备制造业水平，是一张亮丽的名片。”“中国自主创新的一个成功范例就是高铁，从无到有，从引进、消化、吸收再创新到自主创新，现在已经领跑世界。”习近平总书记多次点赞复兴号，点赞中国铁路。

见证新时代

复兴号系列动车组彰显了中国铁路人努力实现高水平科技自立自强的决心和勇气，展示了中国高铁领跑世界的实力和力量。

复兴号系列动车组模型

党的十八大以来，中国国家铁路集团有限公司深入贯彻落实国家创新驱动发展战略，以实现中国高速铁路动车组自主化、标准化和系列化为目标，坚定不移推进铁路技术装备自主化、现代化建设，取得了一个又一个成果。

2012 年，我国全面启动中国标准动车组研制工作。

2015 年至 2016 年，中国标准动车组先后完成了型式试验、科学研究试验、运用考核。

2017 年 6 月 25 日，具有完全自主知识产权，达到世界先进水平的中国标准动车组被正式命名为复兴号，6 月 26 日在京沪高铁双向首发。

2017 年 9 月，复兴号动车组在京沪高铁实现时速 350 千米商业运行，为世界高速铁路树立了新标杆。

2019 年 12 月，智能型复兴号动车组在京张高铁实现世界上首次时速 350 千米自动驾驶功能，迈出了从追赶到领跑的关键一步，并为 2022 年北京冬奥会、冬残奥会提供了有力的服务保障。

2021 年 6 月，拉林铁路开通运营，复兴号高原内电双源动车组驶上高寒缺氧的世界屋脊青藏高原，复兴号动车组实现了对 31 个省（区、市）的全覆盖。

2022年4月21日，复兴号高速综合检测列车在济南至郑州高铁濮阳至郑州段成功实现明线上单列时速435千米、相对时速870千米交会，创造了运营高铁动车组列车明线和隧道交会速度世界纪录，标志着国家“十四五”规划中的“CR450科技创新工程”全面展开。

目前，复兴号系列动车组已经拥有20个车型，形成了涵盖8至18辆不同编组，时速160千米至时速350千米不同速度等级，动力集中、动力分散等不同类型，能够适应高原、高寒、风沙等各种运营环境的系列产品。

复兴号系列动车组关键系统软件均为我国自主研发，拥有完全自主知识产权。通过复兴号的研制，中国铁路系统掌握了车体、转向架、牵引、制动、网络等核心关键技术，构建了中国高速铁路装备成套试验验证体系，搭建了具有完全自主知识产权的中国高速动车组技术创新平台，实现了由中国制造到中国创造的巨大跨越。

复兴号系列动车组是铁路行业落实国家创新驱动发展战略的具体行动，是实现中华民族伟大复兴路上的一项重大科技成果，彰显了中国铁路人努力实现高水平科技自立自强的决心和勇气，展示了中国高铁领跑世界的实力和力量。

《航旅纵横》手机应用程序

《航旅纵横》是近年来国有企业打造的在战略新兴领域为数不多具有广泛影响力和市场竞争力的创新产品，被国务院国资委誉为改革开放40年中国有企业在互联网领域取得的重大突破。

见证新时代

『航旅纵横』不仅通过技术创新引领了行业发展的新方向，也为探索国有企业在信息技术浪潮下的改革发展道路提供了新思路、新方法。

电子登机牌正反面

航旅天眼

《航旅纵横》以服务民航、服务社会为己任，以探索数字时代民航最佳出行服务实践为切入点，积极推动行业信息和服务的在线化。率先推出信息找人的服务模式，创新性地打造出前序航班、航班预警等一系列行业首创功能，有效解决了出行信息不对称的旅客痛点问题。实现了手机值机、电子登机牌、电子证照等众多改变用户出行模式的功能，大幅度提升了旅客出行的效率，释放了行业的服务容量，让旅客享受到了科技给出行带来的红利。

与此同时，依托《航旅纵横》发展过程中自主研发所积累的技术能力，《航旅纵横》团队积极探索科技赋能行业，其基于互联网技术构建的民航移动出行智能服务平台成为支撑很多行业用户搭建移动互联网应用的基础技术底座；通过边缘计算等技术支撑研发的无纸化便捷通关系统成为支撑行业正常运行的数字化基础设施；通过实时计算和机器学习，实现了对航班高精度的预警预测等，填补了国际民航业基于实时计算技术进行航班精准预测的技术空白；基于计算机视觉技术打造的机场泛在感知系统在机场实施落地，大幅度提升了机场的数字化感知能力；自主研发民航出行服务链并得到认证，在行程单存证、航班数据共享等方面实现了区块链的有效应用；打造基于语义识别的智能客服系统，进一步提升了行业服务企业的服务效率；疫情期间，《航旅纵横》推出了“确诊患者同航班自动通知系统”“民航旅客健康申明填报系统”“城市健康码”“畅行码”“健康哨兵”等多个抗疫产品，创造了民航领域科技防疫的典型案例，彰显出中央企业的社会责任与担当；为民航局消费者事务中心打造的“中国民航服务评价系统”“12326 旅客投诉系统”切实提高了“互联网 + 政务服务”工作实效，成为推动民航业发展动能接续转换、焕发民航“真情服务”新活力的重要抓手。

作为国有科技型企业，中航信移动科技有限公司不仅通过技术创新引领了行业发展的新方向，也为探索国有企业在信息技术浪潮下的改革发展道路提供了新思路、新方法。2017 年 4 月中航信移动科技有限公司入选国家发改委第二批混合所有制改革试点企业，通过近 2 年的积极探索，成果显著，目前《航旅纵横》团队拥有近 70 项国家发明专利，荣获“全国工人先锋号”“全国交通运输系统抗击新冠肺炎疫情先进集体”“全国向上向善好青年群体”“民航青年五四奖章集体”“中国交通运输协会科技进步一等奖”等奖项，展现出敢为人先的创新精神和稳扎稳打的创新能力，彰显了新时代国有企业的时代担当，有效助力民航业整体服务水平取得更大提升，为中国社会的进步与发展贡献自己的力量。

· 供稿 · 中国民用航空局中国民航信息集团有限公司

两岸婚姻家庭子女交流活动签名T恤

自1987年以来，两岸民间交流逐渐深入，两岸之间的通婚成为常态。截至2021年底，已有40万对两岸有情人步入婚姻殿堂。两岸婚姻将众多两岸同胞用爱情、亲情、血缘牢牢联系在一起，生动诠释着“两岸一家亲”的深刻内涵，是“两岸一家亲”最自然、最贴切、最生动的体现。

见证新时代

两岸婚姻生动诠释着『两岸一家亲』的深刻内涵，是『两岸一家亲』最自然、最贴切、最生动的体现。

签名T恤

为推动两岸婚姻家庭领域交流，促进两岸同胞心灵契合，海峡两岸婚姻家庭服务中心针对青少年喜欢探索、乐于求知的特点，精心设计了众多极具特色的两岸“新二代”青少年交流活动，其中就包括第四届海峡两岸婚姻家庭子女夏令营。

第四届海峡两岸婚姻家庭子女夏令营以“穿越丝路 你我同行”为主题，于 2016 年 7 月 19—24 日在新疆伊犁举行。在为期一周的活动中，来自台湾和大陆的孩子们“一对一”结伴参营，他们一起游览那拉提草原，制作草原特色午餐，到维吾尔族家庭做客，体验新疆草原的民俗文化。通过这些体验式交流，来自海峡两岸的孩子们加深了彼此的了解，收获了深厚的友谊，增进了对民族文化的认同，感受到了“丝绸之路”的独特风情。

见证这一切的，除了新疆的草原和阳光之外，还有这件写满营员名字的营服。这件营服是一件黄色T恤，胸口处印有主办方标志，上面写满了一个个名字。活动中，来自台湾和大陆的孩子们同吃同住同游，爱上了新疆美丽的草原，也把主办方的工作人员当成了亲人。在追跑嬉闹中，孩子们“捉住”一位年青的工作人员，在他的营服上留下了33个名字，留下了那个夏天最珍贵的记忆，也留下了“新疆等你”的美好约定。

蓝盾志愿服务队标志

江苏地处中国东部沿海，是典型的开放型省份，也是常住外国人口较多的省份之一。目前全省常住外国人逾6万人。外国人多了，由于语言障碍、文化差异、生活习惯等因素，给针对外国人的管理和服务造成一定困难。为了化解工作中民警与外国人之间的语言、文化等诸多障碍困难，早在2014年，出入境管理部门就在涉外企业中招募热爱中国文化、热心公益事业的外籍人员，组建“洋义警志愿服务队”，在全国范围率先开展外国人义警队伍建设，协助公安机关做好涉外管理服务工作。随着江苏国际化进程的不断推进和移民管

见证新时代

外国人蓝盾志愿服务队成了当地管理服务外籍人员的『黏合剂』和『传输带』，不仅是提升移民管理服务能力水平的有效探索，也是促进外国人融入中国社会、参与中国发展的生动实践。

蓝盾志愿服务队标志

蓝盾志愿服务队马甲

理改革的逐步深入，为有效改进和持续加强高质量移民管理服务，2020年初，出入境管理部门进一步把外籍人员纳入实有人口管理，把“矛盾不上交、平安不出事、服务不缺位”的“枫桥经验”运用到外籍人员服务管理中，通过前期实践探索和完善制度建设，将原有的“洋义警志愿服务队”统一纳入蓝盾志愿者管理，并更名为“外国人蓝盾志愿服务队”，进一步明确了纠纷调解、沟通联络、信息采集、法律宣传、资讯提醒等“五位一体”的服务职责，并通过荣誉激励、身份认同等方式，积极鼓励辖区更多外国人一起参与到社区活动中来，使志愿服务队的管理更为规范、服务更为高效、作用更为明显。八年来，越来越多的外籍友人加入这支队伍，成员也从成立之初的外企管理人员逐步向更多生活、工作在高新区的外籍友人拓展。他们中，有的是企业高管、有的是国际学校老师、有的是随迁的家庭主妇、有的是退休人员……蓝盾志愿服务队标志以公安蓝为底色，意为在公安机关的引导和支持下集结队伍、开展志愿服务，在公安蓝上增色添彩，共绘城市文明画卷。庄严的公安蓝，传递着沉稳冷静的内涵、宽广博大的胸怀，为人民群众内心注入了无穷的安全感。金黄的麦穗象征光明的希冀和奉献的热情。水城门象征历史文化名城苏州，位居墙垛图案的盾牌之中，寓意安如磐石、固若金汤。创造和守护平安和谐，正是蓝盾志愿者们不变的初心和不懈的追求。水城门之上，温暖的双手托举金色五星，象征着在苏州这座城市，蓝盾志愿者们大力弘扬“奉献、友爱、互助、进步”的志愿者精神，共同托举光辉灿烂的中国梦。标志整体以圆收尾，充满了无限的团结与和谐。来自六大洲四大洋的新苏州人，不分国籍、肤色、语言、年龄、性别、职业，怀揣着对这座城市共同的热爱，受蓝盾志愿服务队标志的感召，凝聚成一支有温度的爱心服务团队，拥有了一个共同的名字——外国人蓝盾志愿者。

外国人蓝盾志愿服务队在协同配合政府相关部门管理服务中发挥了积极作用，仅 2022 年就开展语言翻译、法规宣传、公益活动等专项志愿服务 60 余场，不仅宣介了法律、凝聚了友谊、加强了融入、传播了友爱，有效提升了在华外国人获得感、幸福感、安全感和荣誉感，更是开创了“以外调外、以外助外、以外安外”新局面，让“洋苏州”以“主人翁”姿态助力平安建设。

“家家幸福安康工程”知识书包

党的十八大以来，习近平总书记站在实现中华民族伟大复兴的战略高度，明确提出注重家庭、注重家教、注重家风，就家庭家教家风建设作出一系列重要指示。2018 年 11 月 2 日，习近平总书记在同全国妇联新一届领导班子成员集体谈话时指出：做好家庭工作，发挥妇女在社会生活和家庭生活中的独特作用，发挥妇女在弘扬中华民族家庭美德、树立良

『努力使千千万万个家庭成为国家发展、民族进步、社会和谐的重要基点，成为人们梦想启航的地方。』

『家家幸福安康工程』知识书包

好家风方面的独特作用，以小家庭的和谐共建大社会的和谐，形成家家幸福安康的生动局面，是党中央交给妇联组织的重要任务。为深入贯彻习近平总书记的重要指示精神，全国妇联启动了“家家幸福安康工程”，组织编写了系列图书组成“家家幸福安康工程”知识书包，并开展系列活动，“努力使千千万万个家庭成为国家发展、民族进步、社会和谐的重要基点，成为人们梦想启航的地方”。

“家家幸福安康工程”知识书包共包括10项精神文化产品：有指导家长根据3—6岁、6—9岁、9—12岁儿童年龄特点和成长发展规律，在家庭生活中对孩子进行思想品德教育的《儿童家庭德育指导手册》；有弘扬中华优秀传统家风、传承中华优秀家庭美德的《中华经典家书家训》《中华经典教子故事》；有倡导广大家庭在日常生活中贯彻绿色环保理念、践行健康生活方式的《绿色家庭环保手册》；有向妇女儿童普及健康知识、增强健康意识、加强心理关爱的《儿童安全防护手册》《家庭健康知识手册》《家庭心理健康手册》；还有提纲挈领指导和规范家长自身行为的《家长教育行为规范（台历）》。

这套知识书包内容丰富，特别适合家庭阅读，旨在以优秀的家庭精神文化产品促进家庭教育立德树人，弘扬新时代家庭文明新风尚，推动社会主义核心价值观在家庭落地生根，培养担当民族复兴大任的时代新人。

2020 年，5 万套书包（共计 50 万册图书）发送到全国各地。通过各地妇联“寒假关爱行动”“把爱带回家”等多种活动，经由学校、社区、入户等形式，知识书包顺利发放到全国各地 5 万个目标家庭，顺利完成辐射 15—20 万人次绩效目标。从第三方发布的对知识书包使用效果的调研评估来看，总好评率在 98% 以上，取得了非常好的效果。

2021 年，书包项目围绕新时代婚姻家庭观、心理健康、隔代养育、家园共育、性教育、青春期亲子关系、家庭性别平等教育、多子女养育、红色家风传承、科学思维培养、家庭教育促进法解读等方面录制 48 节专家视频课，制作 38 个品种 150 小时有声内容进行发放，为更多家庭提供更多形式的知识服务。

知识书包的发放，得到了新闻媒体广泛的报道，使全国妇联落实“家家幸福安康工程”的重要举措和书包项目的重要意义得到充分展现，知识书包也成为各地妇联开展家庭建设活动的有力抓手。各地妇联也纷纷反馈，知识书包深受家长和孩子的欢迎，得到学校教师、家庭教育工作者的一致好评。

2022 年，书包项目将进一步了解群众需求，调整丰富知识书包形式，增加红色家风、家教促进法学习以及有声书和电子书等内容，计划印制并发放 2 万套，并向中西部及边远地区倾斜；同时继续邀请相关专家开展线下专家讲座、线上直播，扩大“家家幸福安康工程”的影响力。

· 供稿 · 中华全国妇女联合会中国妇女出版社

火神山医院
部分区域手绘图

2020年的春节，一场突如其来的新冠肺炎疫情在武汉爆发，迅速席卷全国，面对突然袭来的公共卫生危机，武汉经历了一场前所未有的生死考验。为遏制疫情蔓延，1月23日在除夕来临之际武汉宣布封城，全城进入战时状态。疫情初期，随着感染人数的不断增加，武汉市面临患者数量激增与床位资源严重不足的突出矛盾，建设专门医院收治患者迫在眉睫。1月23日下午，武汉市政府决定按北京“小汤山”医院模式，在蔡甸区武汉职工疗养院附近建设新型冠状病毒肺炎集中隔离治疗点——武汉蔡甸火神山医院，集中收治新型冠状病毒肺炎患者，要求编设床位1000张。中信建筑设计研究总院（简称“中信设计”）临危受命，承担火神山医院设计任务。

由于环境的不同、技术的发展、标准的更迭，设计不可能原样照搬小汤山医院图纸。春节与疫情的影响，生产复工火神山医院的建成，向世界展示了『中国奇迹』、彰显了『中国速度』，更向世界展现了中华民族同心勠力的强大力量。

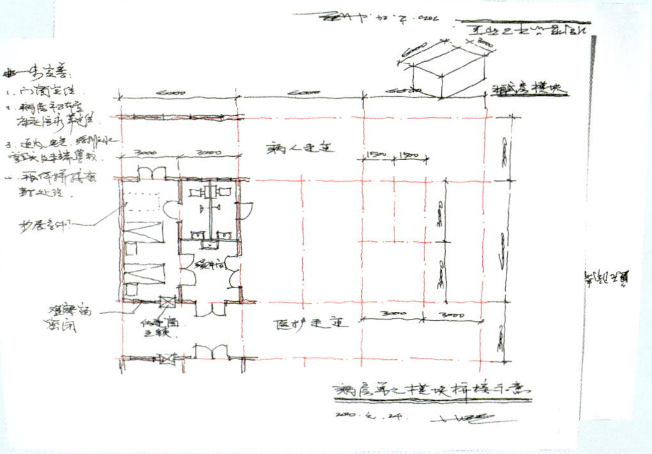

火神山医院病房模块单位拼接示意图

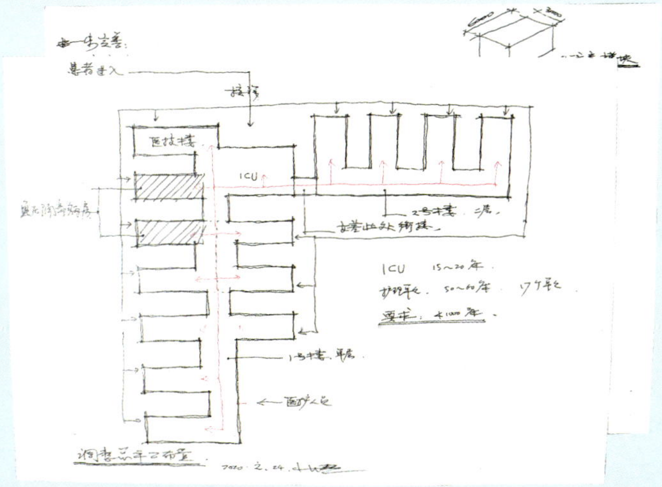

火神山医院调整总平面布置图

不足，加之选址是一块荒地，短时间内建成一座1000张床位的传染病医院，对设计师而言几乎是不可能完成的任务。按照常规，这样规模的医院，项目设计需要几个月，施工需要一两年。中信设计副总建筑师、火神山医院设计总负责人，也是武汉市金银潭医院总设计师汤群说：“这是我职业生涯中最复杂、面最广的一场考试。既然接手这个任务，就要圆满交付设计成果。我们必须一鼓作气、坚持到底，让火神山医院快一点、再快一点建成，才对得起国家和人民的信任。”

2020年1月23日下午，一支60余人的设计师队伍在一个小时内于中信设计办公大楼集结完毕。作为总设计师的汤群坐在会议室，如同稳坐“中军帐”，“不动如山”地向一拨拨赶来的设计师们分派任务。大家分工明确、各司其职，开始了不分昼夜、持续高强度工作，加班赶图期间，他们饿了，就吃碗泡面打发；累了，就捶捶肩膀坚持；困了，就洗把脸继续……5小时完成场地平整设计图，为连夜开工争取到了宝贵的时间；24小时完成方案设计图，获武汉市政府认可；火神山医院项目技术总负责人汤群，在2天时间内手绘了《调整总平面布置图》《基地竖向剖面示意图》《病房单元模块拼接示意图》《垂直管线穿模构造图》和《地面雨水口做法示意图》等多张设计图纸；60小时交付全部施工图，使项目方案设计到建成交付仅用10天的“中国速度”成为可能。

本作品为1月24日，汤群手绘的《调整总平面布置图》

和《病房单元模块拼接示意图》手稿实物原件。汤群手绘的单张设计手稿约A4纸大小，由于时间紧急，部分图样还是在废纸空白页上绘制的。手稿上勾画的各式线条和标注，承载着那段和疫魔生死竞速的记忆。汤群结合武汉本地当前气候条件，采用更加先进的技术和高于现有传染病医院的防护隔离标准，力求在最短的时间内为患者和医护人员提供更加安全可靠的诊疗环境。火神山医院建成后稳定运行73个日夜，医护人员零感染、医院运行零事故、医疗废弃物零污染，累计收治病人3059人，治愈出院2961人，收治和治愈数量均为武汉市第一。

火神山，没有山，没有神。10天建成的火神山可谓是奇迹，来自天南地北、全国各地的“逆行者们”火速驰援武汉，见山穿山，遇河搭桥，共同创造了这个“奇迹”。火神山医院，不仅凝结着广大建设者的心血与汗水，彰显了生命至上的价值理念，更是用“火神山精神”给全国人民吃下了一颗定心丸，抗击疫情，我们一定会胜利。

火神山医院的建成，向世界展示了“中国奇迹”、彰显了“中国速度”，更向世界展现了中华民族同心勠力的强大力量。以“火神山精神”为代表的中国精神将全国人民紧紧拧成股绳，形成了战胜一切困难挑战的磅礴力量，这种浓郁深沉的家国情怀与无坚不摧的精神斗志，成为我们一次次直面磨难时顽强不屈、奋不顾身的价值坐标和精神脊梁。

应急救护一体机

据统计，我国每年发生心源性猝死超50万例，大多数的心源性猝死发生在医院外，抢救成功率不到1%。如果在心脏骤停抢救“黄金4分钟”内进行心肺复苏，存活率能达60%，如果搭配AED（自动体外除颤器）进行早期除颤，急救存活率可大大提升。

见证新时代

中国红十字基金会积极推动应急救护一体机进校园、进地铁、进机关、进街道社区等，呼吁社会各界关注支持应急救护和生命教育。

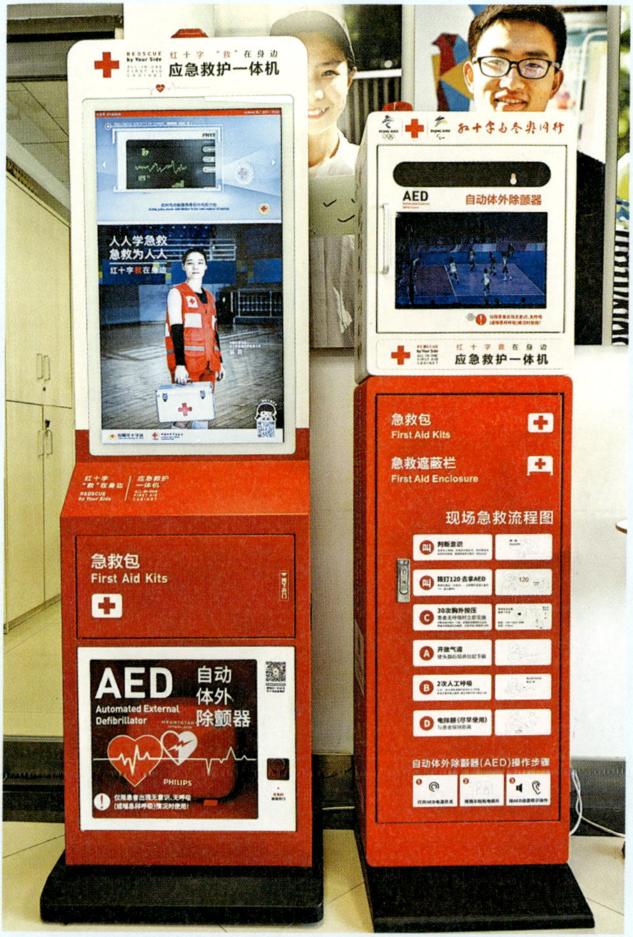

布设在中国红十字基金会办公区的应急救护一体机和冬奥版应急救护一体机样品

为进一步增强全社会的生命保护意识，助力健康中国建设，中国红十字基金会研发出集合 AED、急救包、交互大屏于一体的应急救护设备应急救护一体机，可分析和确定发病者是否需要予以电除颤，并有语音提示功能使操作更为简便易行。2021 年，在中国红十字会“应急救护推进年”部署下，中国红十字基金会积极推动应急救护一体机进校园、进地铁、进机关、进街道社区等，促进数字化应急救护体系建设，呼吁社会各界关注支持应急救护和生命教育。

应急救护一体机进校园，守护“安心校园”。2021 年 6 月，中国红十字基金会向南京大学捐赠 150 台 AED，校内 AED 覆盖率达到 2 台 / 千人的国际标准，打造了全国首个高校场景的应急系统。2021 年 9 月至 2022 年 7 月，中国红十字基金会为北京市 1340 所中小学、23 所中专、83 所高校配装应急救护一体机，并将逐步实现在北京市中小学、中专及普高全覆盖，助力北京校园逐步搭建起数字化应急救护网络。

应急救护一体机进地铁，助力数字应急救护体系建设。2021 年郑州“7 · 20”特大暴雨灾害后，中国红十字基金会向郑州地铁全网络捐赠配置454套应急救护一体机，实现郑州地铁AED全覆盖，同时为郑州地铁5500余名员工开展了应急救护知识和技能培训，帮助地铁工作人员掌握急救技能，保护乘客生命与健康。

依托应急救护一体机建设“安心街区”。2021年9月10日，首个“安心街区”落地北京东城区建国门街道。通过在街道社区广泛布设含AED的应急救护一体机、开展应急救护培训等，建立区域急救响应机制，保障街区群众的生命健康安全。2021年7月15日，应急救护一体机在宁夏回族自治区石嘴山市红十字应急救护培训基地正式亮相。2022年中国红十字基金会支持宁夏回族自治区5个地市州60套应急救护一体机，助力建设宁夏数字应急救护体系。

中国红十字会、中国红十字基金会携手社会各界爱心力量推广应急救护一体机，通过完善AED等应急救护类公共设施硬件建设、开展应急救护知识普及和技能培训，倡导社会公众学急救、会急救、敢急救，进一步增强社会自救互救能力，深入践行“人民至上、生命至上”，共同守护人民群众生命健康安全。

首批援鄂国家中医医疗队广安门医院队员签字队旗、防护服

“中医首次整建制接管一个独立的病区，成功开辟了中医药防控新冠肺炎的战场。中医与西医协力合作，共同防控疫情。”国家中医药管理局防治新冠肺炎专家指导组组长、中国工程院院士黄璐琦如是说。

见证新时代

两个多月的抗疫奋战，首批国家中医医疗队用仁心仁术承载起百姓的生命之托，交出了一份令人满意的答卷。

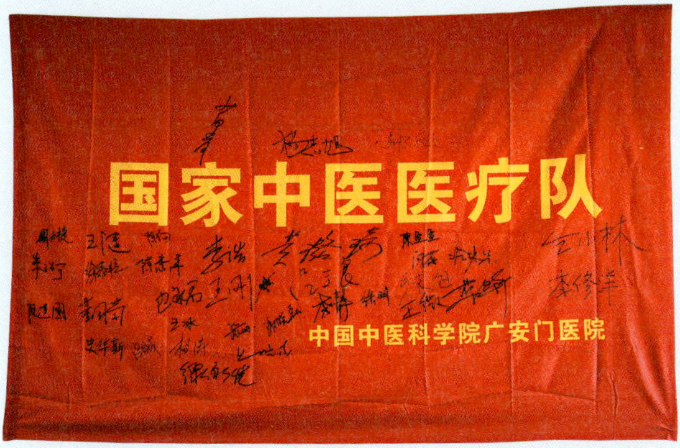

签字队旗

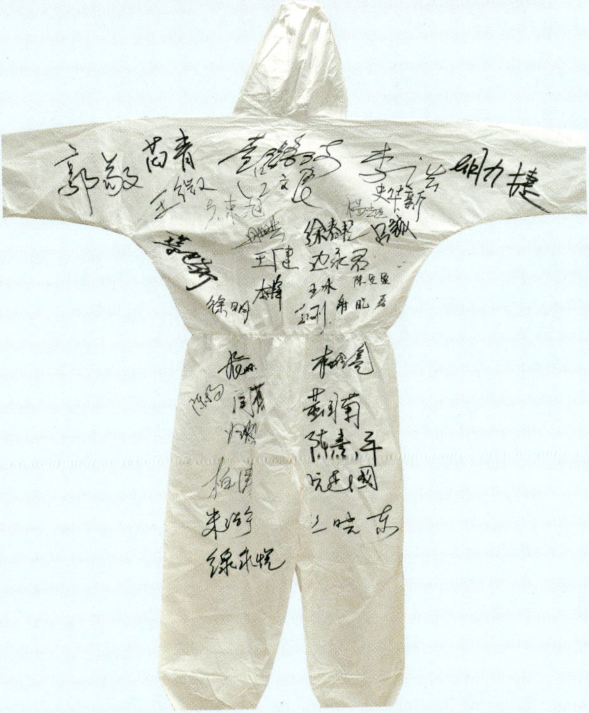

签字防护服

2020年大年初一，在国家中医药管理局、中国中医科学院的统筹安排下，广安门医院精心遴选医疗、护理骨干，加入首批国家中医医疗队驰援武汉。戴着手套切脉，戴着护目镜看舌象，疫情挡不住中医人“望闻问切”。医疗队队员全面深度介入诊疗全过程，全力以赴救治患者，打出中西医结合救治“组合拳”，彰显了中医药行业国家队的担当。

中国科学院院士仝小林临危受命，担任中央指导组专家、国家中医药管理局医疗救治专家组共同组长，于除夕夜赶赴武汉。他在深入一线时提出，面对大量患者，不能仅靠医生一个个诊脉开方。仝小林院士与当地专家团队联合研究出了通治方——寒湿疫方（武汉抗疫1号方），由武昌区率先在社区大面积发放中药，探索并形成了以“中药通治方+社区+互联网”为核心的“武昌模式”，即中医药从预防、治疗到康复全链条干预，筑起防控疫情的“防火墙”。

广安门医院急诊科主任齐文升1月21日紧急飞赴武汉，连夜参与了《国家诊疗方案》中医部分的拟定；大年初一，回京不到2天的齐文升再次披挂出征武汉。在接管病房他根据中医诊疗方案的四证四方，给每位病人细致辨证、制定治疗方案。他说：“每天从医院回到驻地，团队马上着手整理一天的病案。”及时获取医学观察期人群中医诊疗第一手病例相关信息，为后方开展科研工作提供了重要保障。

经过两个多月的抗疫奋战，首批国家中医医疗队用仁心仁术承载起百姓的生命之托，交出了一份令人满意的答卷：整建制接管金银潭医院南一病区42张病床，累计收治重症、危重症患者158名，新冠肺炎治愈出院140名患者，其中纯中药治疗88例，开辟中医抗疫示范田；先后进入东西湖方舱医院、马池墩社区、将军街卫生院等地区开展中西医结合救治工作，取得满意效果，得到当地医务工作者的肯定与患者的赞誉。涌现出以仝小林院士、齐文升为代表的一批抗疫模范。2021年，医院被授予“全国抗击新冠肺炎疫情先进集体”。

实践证明：只要有阵地，中医就能有作为。面对突如其来的疫情，广安门医院专家和医疗队员们展现出“舍小家、为大家”，听党指挥、无私奉献的使命感，快速响应、勇于担当的责任感以及传承精华、守正创新的中医药精神；面对严峻的战疫斗争，全国中医界同舟共济，尽锐出击，交出一份漂亮的“中医答卷”。这让我们更加坚定信心，只要遵循中医药发展规律，传承精华、守正创新，历久弥新的中医药一定能更好地惠及世界。

一线公安民警“特殊”抗疫防护服

新冠肺炎疫情发生以来，全国公安民警将打赢疫情防控的人民战争、总体战、阻击战作为最重要的政治任务，迅速启动战时工作机制，在防风险、护安全、战疫情、保稳定各项工作中作出了突出贡献。

见证新时代

『逆行者』冲在全民战役的第一线，在平凡的岗位上做着不平凡的事。

防护服正面

2020年2月，湖北省荆州市沙市区工农社区的红景嘉园小区接连有多名业主被确诊为新冠病毒感染者。沙市区公安分局胜利街派出所临危受命，火速组建成立由所长代睿带领的“战疫冲锋队”，全面接管该小区感染人数最多、疫情最为严重的楼栋，保障97户201人的日常生活。身着全封闭、无口袋的防护服，护目镜起雾导致视线模糊，拿本子占手又不方便，代睿和队员们想了个办法，用红色签字笔把群众急需的药品和生活用品写在防护服最醒目的位置，互相提醒居民的需求。于是，一件件白色防护服的肩上、腿上、袖子上便写满了“1901张师傅的酒精、降压药奥美沙”“1501刘姐的电池、奶粉”“2204周师傅的甲硝唑”等字样，成了群众的“记事本”。为满足居民日常生活所需，代睿和队员们每天骑着三轮车，按照物资清单和防护服上的记录，一样一样采购，分类、打包、标注，再分工配送。防护服上的每一个字，都是对老百姓的承诺，都是对自己誓言的践行，都是写在身上的担当。这是全国公安民警战疫情的一个缩影，也是最真实的写照。

在这场全民战役中，许多和代睿一样的“逆行者”冲在了第一线，在平凡的岗位上做着不平凡的事。虽然我们看不见他们的脸，但是会永远记住他们的样子，是他们用行动带给大家希望。他们是平凡岗位上的英雄，正是他们的默默付出，保障了更多人安定的生活。

运-20飞机抗疫暖心机票

2020年新年即将来临之际，一场突如其来的新冠肺炎疫情打乱了团圆的家庭，中断了美好的旅行，给喧嚣的城市洒下了寂静。1月23日10时，被誉为“九省通衢”的武汉按下了暂停键，一座千万人口的城市，头一回不见车水马龙、熙攘人群，只有空荡荡的街巷、呼啸而过的风声。然而疫情来势汹汹，难关接踵升级。患者人数激增，医疗资源极度短缺，全国人民都为之揪心。在武汉的主战场上，一天所需防护服的“底线”是1.25万套，最紧缺时全国所有的储备都不能满足武汉一天的需求……疫情，仍在不断肆虐蔓延。

解放军医疗队会用忠诚、无畏和担当，让八一军旗在疫情防控斗争一线高高飘扬。

暖心机票与运-20飞机合影

医疗队官兵手持暖心机票

没有一个冬天不可逾越，没有一个春天不会来临。众志成城，同心抗“疫”，这是一场没有旁观者的全民行动，这是一场齐心协力的人民战争，号令出，风雷动，旌旗展，勇士奔。自除夕夜开始，人民解放军闻令而动，包括运-20在内的军队大中型运输机深夜紧急拉动升空、通宵辗转各地装载，先后运送4000多名军队医护人员和大量医疗物资驰援武汉，奔赴抗疫第一线，成为守护人民的钢铁长城。

为了更好地鼓舞军民抗疫必胜的信心决心，向逆行出征的白衣战士致以崇高敬意，运-20机组所在的团站精心设计制作了运-20飞机抗疫“暖心机票”，发放给乘机的医疗勇士。按照上级指令，这趟航程的170名乘客登机时并不需要机票，但该部官兵还是想把对疫情胜利的期盼、必胜的信心还有对医疗队员的敬意和祝福真诚地表达出来，于是，在团站机关的共同努力下，一张张量身定做的“暖心机票”应运而生。

从起飞日期、VIP乘客、航程等基本要素到蕴含深意的二维码，再到“今日我们护送您出征，胜利时我们接您回家”

的祝福语，这张细节满满的机票，给了即将奔赴抗疫战场的白衣勇士们莫大的鼓舞。他们纷纷表示：“感谢空军兄弟带来的惊喜和感动，人民所需，全力以赴，责无旁贷，誓死不退。解放军医疗队会用忠诚、无畏和担当，让八一军旗在疫情防控斗争一线高高飘扬。”

2020年2月17日上午，当运-20机队降落武汉天河机场，白衣勇士们手持“暖心机票”在武汉天河整齐列队、奔赴一线，立即引起广大网友的关注和祝福，“暖心机票”随之被各大媒体转载，网友们也纷纷转发并留言，称之为“史上最硬核机票”。不少网友根据网上看到的照片，对特殊的运-20机票这样解读：“蓝色背景意味着空军翱翔蓝天，白色文字象征着最美的白衣战袍。”简单明了的色彩交织让这样一张机票既有温度又意义非凡，当之无愧地成了此次军队千里驰援武汉抗疫行动的一个重要标识，同时也被中国人民革命军事博物馆收藏。

回望从运-20走向抗疫前线的一个个身影，他们平凡而又神圣，而这张特殊机票就是最好的凭证。

· 供稿 · 中国人民解放军95006部队

“爱心向黔进”活动实物

“爱心向黔进”团队是陆军工程大学野战工程学院扶贫帮困的助学品牌。为表彰他们在促进民族团结进步和爱心助学扶贫帮困工作中的突出业绩，2019 年、2021 年，国务院和民政部分别给这个团队所在单位颁发“全国民族团结进步模范集体”奖牌和“中华慈善奖 · 慈善楷模”奖杯。10 多年来，他们坚持定向帮扶贵州省纳雍县化作苗族彝族自治乡野鸡落村黑塘小学的贫困学生，累计捐助 50 余万元，帮助 400 余名孩子完成学业，100 余人考上大学、走出大山。在相距近 1800 千米的贵州纳雍与江苏南京之间架起了一座“爱心之桥”。

2009 年，一封呼吁帮助孩子们的网络求援信，引起了军官兵们用爱心与奉献收获成长和希望，用接力与坚守承载使命和责任，这也必将激励着官兵们在强军征程上奋勇前进。

『中华慈善奖』奖杯

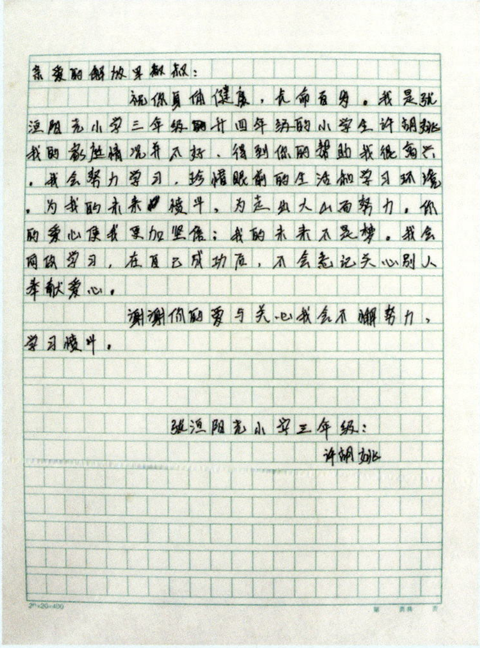

亲爱的解放军叔叔：

祝你身体健康，长命百岁。我是张洹阳光小学三年级的升四年级的小学生许胡姚。我的家庭情况并不好，得到你们帮助我很高兴。我会努力学习，珍惜眼前的生活和学习环境。为我的未来而奋斗，为走出大山而努力。你的爱心使我更加坚信：我的未来不是梦。我会用功学习，在自己成功后，不会忘记关心别人奉献爱心。

谢谢你们的爱与关心我会不懈努力，学习奋斗。

张洹阳光小学三年级：
许胡姚

张洹阳光小学学生寄给江苏省南京市原解放军理工大学野战工程学院学员大队三队官兵的感谢信

校学员谢开武和袁道银的注意。那年暑假，他们毅然奔赴贵州纳雍山区现地察看，被眼前穷困落后的景象深深触动：“一定要帮帮这些孩子！”返校后，他们主动介绍山区所见所闻，引发官兵强烈共鸣。学员队党支部当即决定，以自愿为主，通过扶贫助学方式帮助这所小学的贫困孩子。于是，一场延续 13 年的爱心接力便拉开序幕。

从“爱心向黔进”活动开始，在学员宿舍楼的门厅中就一直摆放着一个捐款箱，新生入队后会在捐款箱前主动挂钩帮扶，在校生毕业离队前会再为山区的孩子献一次爱心，这个捐款箱见证了“人民军队为人民”的真挚之情。团队为山区孩子设立“爱心基金”并与贫困生签订一对一帮扶协议，定期发放助学金、奖学金，派出代表到贫困学生家庭走访慰问，实施精准帮扶，解决了贫困学生上学难的问题。他们还邀请这个小学师生代表到南京参加“军事夏令营”、开展交流访学，组织国防教育，拓宽知识视野，在孩子们心中种下“读书改变命运”的种子。

这些年，这所军校历经多次调整改革，但“爱心向黔进”活动得到了党委机关的持续关注指导。学院组织指导学员大队和学员队利用多种时机开展“爱心向黔进”宣传展示活动，吸引了江苏省中西医结合医院、天安人寿保险公司等单位和越来越多的人参与活动，“爱心向黔进”不断迸发出新的生机活力。

前不久，一封来自许胡姚小朋友的书信跨越千里送到学员们手中，信中这样写道：“亲爱的解放军叔叔，我的家庭情况并不好，得到你们的帮助我很高兴，我会努力学习……”一封封深山里的来信，也是一个个被托举起的希望。这些感谢信、策划书、捐款箱、奖牌证书从时间的长河中走来，见证着爱的真情、见证着人民子弟兵本色，见证着他们投入乡村振兴的实际行动。在这种默契传承下，山区破败的教学楼，简陋的环境，大为改观、充满生机。

新时代新使命，新征程新动力。官兵们在党的创新理论引领下，用爱心与奉献收获成长和希望，用接力与坚守承载使命和责任，这也必将激励着官兵们在强军征程上奋勇前进。

· 供稿 · 中国人民解放军陆军工程大学野战工程学院

“援鄂抗疫”高铁纪念卡

这是一张武汉新冠肺炎疫情防控取得阶段性胜利后，铁路干部职工赠送给乘坐高铁凯旋的各地医护人员的“援鄂抗疫”高铁纪念卡。一张小小的卡片，表达了铁路人和武汉人民对援鄂医护人员的深切感激，记录了武汉战“疫”背后的感人故事，见证了众志成城抗疫的动人篇章。

见证新时代

一张小小的卡片，表达了铁路人和武汉人民对援鄂医护人员的深切感激，记录了武汉战『疫』背后的感人故事，见证了众志成城抗疫的动人篇章。

『援鄂抗疫』高铁纪念卡

援鄂抗疫高铁纪念卡尺寸与真实高铁票大小一致，正面模拟列车始发站和终到站标记，印制了“武汉站—美丽家乡站”，车次位置印制了“凯旋号”，开车日期则象征性地标记为“抗疫胜利日”。

小小卡片的背后，发生了许多可歌可泣的团结抗疫故事。

2020 年初，新冠肺炎病毒肆虐武汉。在党中央的号召和统一指挥下，全国各地先后有 200 多批 11765 名医护人员白衣执甲、逆行出征，冒着生命危险来到湖北、来到武汉，冲上疫情防控第一线。

中国铁路武汉局集团有限公司克服困难，积极行动，迅速组织人员，准备场地，设立“最美逆行者服务站”，全力做好援鄂医护人员后勤服务工作，用细致真情的服务为援鄂医护人员打造了一个温馨的港湾。同时，他们不等不靠，组

织党团员突击队、青年志愿者上岗上线，确保钢铁大动脉成为快速反应的绿色生命通道。在此期间，他们接卸救援物资2127车、7.1万吨，快运8359批次、25.1万件，为打赢疫情防控攻坚战提供了坚实的保障，涌现了“头雁突击队”等一大批抗疫先锋。

2020年3月20日起，援鄂医护人员陆续离汉，武汉局集团公司主动热情对接，精心制定方案，以最好最优的服务、最高的礼仪欢送白衣天使。为表达敬意和感谢，武汉车站在当地印刷厂还不具备复工条件的情况下，积极联系异地印刷厂家，赶制了这批车票样式的援鄂抗疫高铁纪念卡，将这份特殊的“礼物”赠送给援鄂医疗团队的每一名白衣战士。

这张纪念卡诞生于特殊的时期，承载着难忘的回忆，蕴含着伟大的精神，值得珍藏。

· 供稿 · 中国国家铁路集团武汉局集团有限公司

科技防疫产品

2020年初，突如其来的新冠肺炎疫情来势汹汹，公共场所、人员聚集地方、封闭空间等都成为传播疫情的高危地带。开航不足半年的大兴机场也受到了巨大冲击，被称为“世界新七大奇迹”之首的大兴机场航站楼从游客打卡网红热门景点迅速降温，人流骤减，旅客们步履匆匆、不敢久留。这是一场没有炮火硝烟的“战疫”，我们看不见“敌人”，但病毒很可能就悬浮在旅客身边，附着在航站楼的某个角落，每一次旅客与服务人员的交谈、每一次旅客与服务设施的接触，都有可能造成疫情扩散。

科技防疫产品的率先推出，既为首都机场、大兴机场赢得了各项声誉，也引领未来民航机场防疫的发展趋势，提供首维人的科技智慧。

安检仪消毒柜

首都机场集团设备运维管理有限公司充分发挥自身保障经验及运维优势，结合机场运行流程特点，针对电梯全方位消毒、旅客出行防疫、行李货物消毒、员工防疫保障 4 个应用场景，着手研发系列防疫产品，力争以科技手段最大限度地保护旅客出行安全。

后续，公司又加大投入，研发了大巴车消毒装置、行李转盘自动消毒机等 21 种实用的防疫产品，运用到机场运行流程中，筑牢机场防疫坚强堡垒。

冬奥会是全世界关注的国际盛事，首维公司将科技创新成果，从民航机场延伸到冬奥场馆。为兑现“两个奥运，同样精彩”的中国承诺，抓紧抓实抓细“外防输入、内防反弹”工作，首维公司为冬奥场馆量身定制了一系列科技防疫产品。

安检仪消毒柜等 7 类科技防疫产品运用在国家体育馆、北京颁奖广场等冬奥场馆内，创造了“科技防疫零感染”的成果，过硬的产品质量和卓越的服务获得各界的高度认可，公司冬奥场馆保障团队收到北京冬奥组委感谢信，表扬公司提供给奥运场馆消毒设备的优良性能及完美的运维支持和保障，助力冬奥会及冬残奥会防疫安全实现零感染，贡献了科技助力冬奥的民航力量。

首维研发的防疫产品投入运用以来，CCTV、新华社、《北京日报》等主流媒体和《中国民航报》《今日头条》等行业媒体多次报道。各民航单位互相借鉴经验，提升防疫水平，同时也惠及众多公共场所。新华社海外版报道后，更是让世界了解中国细致入微的人文关怀及严谨有力的科技防疫保障。北京两场作为国内最大的机场示范效应显著，科技防疫产品的率先推出，既为首都机场、大兴机场赢得了各项声誉，也引领未来民航机场防疫的发展趋势，提供首维人的科技智慧。

· 供稿 · 中国民用航空局首都机场集团有限公司

“风雪中的逆行者”面塑

“风雪中的逆行者”面塑，长 124 厘米，宽 25 厘米，高 45 厘米，由大连市第八批市级非物质文化遗产“辽南刘氏面塑”传承人创作。面塑内容丰富，制作精准，人物形象鲜明，意蕴深厚，2021 年 8 月被大连博物馆征集入馆。

见证新时代

大连海洋大学青年抗疫突击队 17 名青年为坚决遏制疫情扩散贡献青春力量，让青春在党和人民最需要的地方绽放绚丽之花。

『风雪中的逆行者』面塑

2020年12月21日，在抗击校园疫情期间，大连海洋大学17名航海与船舶工程学院的大学生组成了“青年抗疫突击队”，他们不怕苦、不畏难、勇挑重担，挺起年轻的“脊梁”，冲锋在抗“疫”一线，辅助老师分发餐食和生活物资。他们的平均年龄只有19岁；他们每天为隔离在学校公寓的5109名师生配送12219份餐食；他们每天早晨5点半准时起床，每天微信运动2万余步，10余天来累计卸运、搬送防疫和生活物资10余吨。他们用行动证明: 不惧，本是青春模样; 不退，彰显青年担当。

1月6日，大连突降大雪，地面湿滑，他们的工作难度加大，突击队队员们推着三轮车将防疫物资推上坡，在艰难的爬坡前行中，不断有人跌倒了，不断有人爬起来，弓着身子，继续前行……这一场景被大连海洋大学航海与船舶工程学院副书记和另一位同学抓拍了下来，发到社交媒体上后随之刷屏全网。

1月7日，人民日报、新华社、央视新闻等微博账号纷纷转发，随后这一新闻事件被中央电视台《新闻联播》《晚间新闻》《朝闻天下》《新闻30分》《东方时空》栏目以及众多媒体和栏目追踪报道。

在全国上下众志成城抗击疫情的过程中，各条战线的工作者们都在为抗疫做出自己的努力和贡献。大连市非物质文化遗产传承人刘吉程看到新闻后有感而发，以大连海洋大学

“青年抗疫突击队”在暴风雪中逆行，为封闭在校园的师生配送餐食的背影照片为原形，创作了这件满怀深情的面塑作品，致敬奋战在第一线的最美逆行者们。

2021 年 6 月，由大连市委宣传部主办的“不忘初心百年路 砥砺奋进两先区——大连市庆祝中国共产党成立 100 周年主题展”在大连博物馆开幕。该展入选“中宣部 国家文物局联合推介庆祝中国共产党成立 100 周年精品展览”。展览通过 4 个部分、1200 余件展品、600 余幅照片及场景，集中展现了中国共产党百年征程、波澜壮阔，百年初心、历久弥坚的辉煌历史，生动再现了中共大连地方党组织成立后领导大连人民进行革命斗争、解放战争时期积极支援全国解放、改革开放大潮中勇于改革实践和开放创新的奋斗历程，突出展现党的十八大以来，大连坚定不移沿着习近平总书记指引的方向奋勇前进，全力推进“两先区”高质量发展取得的新进展新成就。2021 年 6 月开展至今已接待党组织团体 449 个，党员 17338 人。

展览第四部分“奋进新时代 建设两先区”中对大连抗击新冠肺炎疫情的情况进行了展示，面塑作品“风雪中的逆行者”在该部分展出，生动诠释了大连海洋大学青年抗疫突击队 17 名青年为坚决遏制疫情扩散、取得校园疫情防控阻击战的胜利贡献青春力量，让青春在党和人民最需要的地方绽放绚丽之花。

温暖的需求卡

这张图卡叫作“重症患者护理需求卡”。在这张图卡上用红笔画着许多简洁生动的图案，每个图案旁又用黑笔标注了含义。图文结合，直观生动。这张需求卡最早出现在 2020 年的武汉第五医院重症病房，由江西援鄂医疗队护士陈钰浠绘制。在那段艰难的日子里，这张需求卡曾给重症病患带来温暖。

见证新时代

重症患者护理需求卡是江西医护人员与全国人民万众一心、同舟共济抗击疫情的见证物。

重症患者护理需求卡

2020 年 1 月，新冠肺炎疫情在武汉大规模暴发，感染者数以万计，医院病床满员，医疗资源短缺，医护人员超负荷工作。武汉疫情牵动着全国人民的心。1 月 27 日，江西首批援鄂医疗队火速奔赴武汉。抵达武汉后，首批援鄂医疗队员多数入驻武汉市第五医院重症病房，为重症患者提供医疗护理服务。

经过一段时间的工作，援鄂医疗队员发现自己看护的重症患者，大多依靠插管治疗，几乎不能说话，少数能够开口说话的病患，说得也是方言土语，听得他们“云里雾里”。病房里每天都是医患一边打着手势比画，一边反复询问。既耽误时间，又不准确。

为解决沟通困难的问题，援鄂医疗队员们想了很多的办法，但都没能有效解决问题。江西医疗队护士陈钰浠擅长画画，就想到为什么不用“眼睛”代替“耳朵”，用“手指”代替“嘴巴”呢？如果能像菜单一样，有图有文，病人用手一指，就知道他们需要什么了。

当时的武汉物资缺乏，陈钰浠又身处医院，与外界隔离，难以获得制作需求卡的材料。但日日见到重症病房中的医患沟通不畅问题，陈钰浠心里十分着急。随着外地援鄂医护人员陆续进入病房工作，类似的沟通问题更加普遍。

陈钰浠开始寻找身边各种资源，用来制作需求卡。她找来一块硬纸板，休息时间，她就坐在休息区的角落里，用纸箱子、塑料筐子当作桌子，将总结出的最常见的护理需求，如喝水、翻身、吐痰、吃饭等，用简笔画画成图案，还配上解读文字，制作成这张需求卡。轮到她值班的时候，她就试着带着需求卡来到病房中，让无法说话的重症患者试着指一指图案，告诉她想要做什么。需求卡很快得到了医患双方的认可，陈钰浠休息时，她的同事都争着借用需求卡。

重症患者护理需求卡很快就在援鄂医疗队伍中“走红”，很多医护人员也动手制作需求卡，并把它称作“智能翻译官”。有了它，医患之间的沟通障碍就被打破了！

2020 年 1 月 29 日至 2 月 29 日期间，江西陆续派出 10 批援鄂医疗队，共计 1271 名白衣战士驰援湖北，累计管理住院患者数 2381 人。2 月 6 日，江西再度组织起一支 135 人的援鄂医疗队，在不到 8 个小时的时间内，来自全省的医护人员在南昌集合，星夜驰援随州。一些医护人员为了方便穿脱防护服，剪去蓄了多年的长发，千里逆行，白衣执甲，投入到这场没有硝烟的抗疫战斗之中。

他们在防护服上写上加油鼓劲的话语，写下对同事、病患的真诚祝福，写下对抗疫成功后美好生活的憧憬。一声声加油，增强了医护人员取得抗疫胜利的决心；一句句祝福，表达了医护人员对彼此、对患者的关心；一条条憧憬，激励着医护和病患为迎接美好未来，共同努力。他们与来自全国各地的医护人员并肩作战，发挥自己的聪明才智，利用身边的一切资源，为病患提供更加暖心的服务。

创制于江西医疗队援鄂期间的重症患者护理需求卡，是江西援鄂医疗队员工作经验与个人智慧的结晶，也是江西医护人员与全国人民万众一心、同舟共济抗击疫情的见证物。江西援鄂医护人员秉持着生命至上的原则，把人民群众生命安全和身体健康放在第一位，尽力为重症患者提供细致的服务和暖心的关怀。

2020 年 8 月，江西省博物馆开设“同心 · 你我——江西省博物馆征集抗疫见证物特展”。重症患者护理需求卡从 3000 余件抗疫见证物中脱颖而出，入选特展。在展览中，“重症患者护理需求卡”被安放在中心展台上，向万千观众展示江西援鄂医疗队的感人故事和抗疫精神。

这张简单的重症患者护理需求卡没有华丽的装饰，也没有高科技的支撑，卡上质朴的笔触，向大家展示着中国人民战胜疫情的智慧和信心。抗击新冠疫情是一场惊心动魄的战役，中国人民团结一心、同舟共济、舍生忘死、命运与共。正如习近平总书记所说：“中国的抗疫斗争，充分展现了中国精神、中国力量、中国担当。”中国的抗疫斗争有力地证明了：在中国共产党的坚强领导下，无论灾难来势有多么汹涌，都压不垮英勇团结的中国人民！

· 供稿 · 江西省博物馆

“合作查验、一次放行”出入境旅客快捷查验通道

在广州、深圳、珠海等大型城市，每天有近百万旅客经口岸出入境，2005 年，由深圳边检总站自主研发设计的旅客自助查验通道率先在深圳、珠海边检总站启用，引领出入境边防检查工作进入新局面，迈进新时代。但由于内陆与港澳两地的制度差异，旅客需要在出境地完成一次出境自助查验，再前往入境地完成入境自助查验，才能完成一次完整的出入境查验流程。

『合作查验、一次放行』新型旅客自助查验通道对于维护港澳长期繁荣稳定，促进内地与港澳之间的互利合作，推动粤港澳大湾区建设有重要政治意义。

快捷查验通道

为了全面响应国家粤港澳大湾区战略，进一步促进粤港澳大湾区经济一体化的发展，2018 年，根据国家移民管理局工作部署，深圳边检总站开拓思路，创新方法，突破制度与技术双重壁垒，在确保个人信息安全、数据传输安全的基础上，通过两个地区之间合作执法，创新查验模式，设计研发了“合作查验、一次放行”旅客自助出入境查验系统。

“合作查验、一次放行”旅客自助查验系统是用于对旅客实施自助边检查验的集成化、智能化系统，系统集成了计算机、网络、数据库、生物特征识别、视频检测、自动控制等技术，由旅客自助完成出、入境证件资料和生物特征采集，计算机系统自动进行旅客和证件资料的比对识别，一次性办理两地的出入境手续。

“合作查验、一次放行”自助通道系统的查验模式是内地与香港、澳门之间“一道同检”，该查验模式的总体设计思路是“硬件集中，查验分开，旅客一次操作办理双方查验手续”。硬件集中是指珠、澳两地的自助查验通道在外观形式上由一条通道构成，出入境人员在过关时感觉只经过了一次查验。查验分开是指虽然珠、澳两地的自助查验通道在外观形式上只有一条通道，但查验工作是分别独立完成的。即珠方由内地边检查验子系统完成出入境手续查验工作，澳方由澳门查验子系统完成出入境手续查验工作。

在创新研发过程中，深圳边检总站充分发挥自身优势，

积极探索，开拓思维，创新思路，基于生物特征识别、物联网与机电自动控制等技术，研究解决了出入境数据安全交换、联合查验和通关控制等关键技术，创新提出了基于路由接入、边界保护、应用服务、安全隔离、安全监测与管理等5个方面的数据安全交互体系，有效解决了数据跨境实时交换和安全控制。首创了“合作查验，一次放行”新型一体化出入境查验模式，实现了出入境查验数据一次采集、两地共享，显著提高了通关效率。

2018年10月23日，港珠澳大桥口岸正式开通，“合作查验、一次放行”新型旅客自助出入境查验系统在该口岸投入使用，有效缩短了旅客通关时间，提升了口岸整体通关效率。原来旅客从珠海到澳门完成两地所有通关手续，平均时间约40分钟到1个小时，在新的查验模式下，每一名旅客的平均查验时间只有20秒到30秒，加上候检排队时间，总通关时间只需要约20分钟，相比以往至少节省一半时间，大大减少了旅客通关时间。

截至2022年7月30日，“合作查验、一次放行”新型旅客自助查验通道已在珠海港珠澳大桥、青茂、横琴等口岸平稳、高效、便利地为近500万旅客办理了出入境查验手续，取得了显著的社会效益，对于维护港澳长期繁荣稳定，促进内地与港澳之间的互利合作，推动粤港澳大湾区建设有重要政治意义。

· 供稿 · 深圳出入境边防检查总站

“多彩川藏线”邮票组

四川集邮爱好者潘利康用上百枚邮票，讲述了“多彩川藏线”。

川藏公路，行走在世界屋脊，贯穿于崇山峻岭，跨越了险江激流，1950 年 3 月，10 多万军民在极其艰苦的条件下进军西藏，筑路大军历时 4 年多，以每公里牺牲一人的巨大代价，于 1954 年 12 月 25 日打通了这条连接汉藏民族的天路，结束了西藏没有现代公路的历史。在建设和养护公路的过程中，形成和发扬了一不怕苦、二不怕死，顽强拼搏、甘当路石，军民一家、民族团结的“两路”精神。

见证新时代

从200年前的铁索桥到1951年架起的大渡河钢索吊桥再到2018年竣工的泸定大渡河特大桥，这是『两路』精神的传承弘扬，更是新时代交通精神的最好体现。

川藏线上的泸定大渡河特大桥

『多彩川藏线』邮票组

“多彩川藏线”邮票组以川藏公路为主线，通过大量的邮票、邮戳、明信片等，展现川藏线上的美景和70年来的巨变：有川藏线上最高山峰雀儿山的壮丽风光、藏族独特的民俗文化、公路桥梁的沧桑巨变等。在众多邮票中，有3枚格外吸引眼球，带我们串联起了中华民族发展的脉络。第一枚邮票上的是横跨于泸定大渡河的铁索桥，它修建于康熙年间，成名于红军长征途中勇夺泸定桥。在当时的建筑工艺水平下，只能用铁索横江的方式来维持简易的交通，这座桥凝聚了古代工匠的智慧。就是这座铁索桥，为以后数百年的汉藏交通作出了卓越贡献，造福了一代代两地人民。第二枚是20世纪50年代初中国人民解放军在大渡河上建起的大渡河钢索吊桥邮票，这座桥也是新中国成立之初在修建川藏线时架起的第二座桥，在激流天堑的大渡河上架设大跨径的吊桥，就当时而言技术难度非常巨大，为了不影响筑路工程，解放军战士们苦干加巧干，历时6个月，大桥在1951年6月4日竣工通车，朱德总司令为大桥题联：“万里长征犹忆泸关险，三军远戍严防帝国侵。”第三枚是于 2019 年 8 月 10 日发行的《川藏青藏公路建成通车六十五周年》纪念邮票，这枚邮票上的图案是川藏线上的泸定大渡河特大桥，于 2014 年 9 月 1 日动工建设，历时 4 年，于 2018 年 12 月 31 日竣工通车。泸定大渡河特大桥被誉为“川藏第一桥”，该桥所使用的锚定技术更是获得了具有桥梁界诺贝尔奖之称的“古斯塔夫 · 林登少”金奖，该桥的建成不仅弘扬了“两路”精神，更实现了古老大渡河上史无前例的一千米桥梁的跨越。

从 200 年前的铁索桥到 1951 年架起的大渡河钢索吊桥再到 2018 年竣工的泸定大渡河特大桥，300 年的历史变迁印证了时代的发展，更展现出了川藏线上的沧桑巨变，这是“两路”精神的传承弘扬，更是新时代交通精神的最好体现。今天的川藏公路已然成为“中国人的景观大道”，并且在改善沿线民生，实现乡村振兴，推动产业升级和高质量发展等方面发挥着重要作用，也进一步向世人展现了中国共产党引领中国人民开创的中国特色社会主义道路越走越宽广、越走越畅通。

中国联合航空
限量版
大兴机场首飞纪念册

中国联合航空限量版大兴机场首飞纪念册，由中国联合航空与中国邮政联合发行，包含中国联合航空纪念版南苑登机牌、纪念版大兴登机牌和限量版纪念邮册套装，寓意“大兴中国，腾飞联航”。

2019 年 9 月 25 日，习近平总书记出席北京大兴国际机场投运仪式并宣布机场正式投运。9 月 25 日，中国联合航空在

见证新时代

百年岁月，百年守护。百年韶华，百年情深。百年南苑，挥手再见。你好大兴，载梦起航！

中国联合航空限量版大兴机场首飞纪念册

完成调机、首航任务后，整建制搬迁至北京大兴国际机场，实现“一夜转场，无缝衔接”。在9月26日至10月26日北京大兴国际机场的独家运营期间，实现安全平稳的高质量运行，以4个关键指标均达到100%为新中国成立70周年献礼，圆满完成了党中央、民航局、中国东航党组赋予的光荣任务，开启了在北京大兴国际机场发展运营的新篇章。

2019年9月25日22时10分，北京南苑机场迎来最后一架进港航班——中国联合航空KN5830。这意味着，南苑机场的民航客运历史正式落幕。

北京南苑机场曾拥有许多个辉煌的“第一次”。它是中国第一座机场，第一支阅兵机队从这里起飞，中国军办航空企业第一次转型民航也在这里完成。

百年岁月，百年守护。百年韶华，百年情深。北京南苑机场为几代人创造了最珍贵的回忆。1910年到2019年，北京南苑机场走过了109年的风风雨雨，这座运行了一百多年的老机场，像年过百岁的世纪老人，见证了近代中国的变迁史，见证了中国民航辉煌的发展史，也见证了中国联合航空的成长史。

百年南苑，挥手再见。你好大兴，载梦起航！

2019年9月25日，北京大兴国际机场正式投运，中国联合航空在北京大兴国际机场的首飞航班KN5631大兴—延安顺利起飞，并于17 ： 49在延安安全落地，这标志着联航人不负期望，圆满完成了首航任务。2019 年 9 月 26 日，中国联合航空 KN5302 航班从鄂尔多斯机场起飞，经过 1 小时 12 分钟的飞行，平稳降落在北京大兴国际机场，标志着北京大兴国际机场正式开启商业运营。

2019 年 10 月 1 日，中国联合航空作为初期唯一在北京大兴国际机场运营的基地航空公司，首次实现了“始发正常率、放行正常率、到港正常率、靠桥率”4 个指标 100%，为祖国 70 周年国庆献礼。

中国联合航空的转场投运工作得到了民航局和上级领导的充分肯定和高度赞扬，2019 年 12 月 31 日，时任民航局局长冯正霖在迎接中国联合航空航班机组平安归来时讲到，“中国联合航空是 2019—2020 冬春航季前唯一在大兴机场运行的航空公司。一次性整体搬迁，时间紧、难度大。在搬迁过程中，中国联合航空克服了很多困难，积累了很多有益的实际运行经验。可以说，大兴机场能有今天的良好开局，中国联合航空功不可没。”

成绩属于过去，奋斗赢得未来，我们的事业永远在路上。中国联合航空将继续努力奋斗，更加振奋精神、更加凝心聚力、更加锐意进取，实现中国联合航空高质量发展，助力中国东航打造“北京枢纽”，助力北京大兴国际机场成为国际航空枢纽，建设运营新标杆、世界一流便捷高效新国门、京津冀协同发展新引擎，为建设民航强国贡献联航力量！

· 供稿 · 中国民用航空局中国联合航空有限公司

《中华民族一家亲同心共筑中国梦》大型银雕屏风

在距今 1000 多年的唐南诏时期，云南省大理白族自治州鹤庆县草海镇新华村的先人们便开始了银器的手工制作，这里出品的手工艺品独具特色，精美绝伦，沿着茶马古道进入西藏、甘肃，远销印度，尼泊尔等地。鹤庆银匠的精湛技艺以白族文化为代表，融合多民族文化，兼容并蓄、名扬四方，新华村则成为中国民间艺术之乡，中国银器第一村，这里的鹤庆银器制作工艺是国家级非物质文化遗产。如今的新华村，续写着当年“小炉匠”“走夷方”的传奇。

见证新时代

屏风图案设计以中华民族大团结为主题，塑造了我国56个民族共112名中华儿女欢聚天安门的大型场景，展现出中华民族大团结的壮美景象。

《中华民族一家亲 同心共筑中国梦》大型银雕屏风

在云南民族博物馆，走进博物馆的大厅，就能看到该馆门面担当：这块《中华民族一家亲 同心共筑中国梦》大型银雕屏风！我们来讲讲关于它的故事。

2017 年，党的十九大召开前夕，作为北京展览馆“砥砺奋进的五年”大型成就展的重量级展出作品，这面屏风获得了党和国家领导人及社会各界高度赞誉，原品在国家民族文化宫永久收藏，同模复刻品落户在云南民族博物馆。

这块银屏风宽 6.6 米，高 3.5 米，屏风设计为单扇插屏，屏风外框和基座采用优质红木雕刻而成。插屏通体为银质，纯银用料 580 多千克，上面汇集了微雕、镂雕、浮雕、圆雕等多种传统民间银雕艺术。图案设计以中华民族大团结为主题，塑造了我国 56 个民族，各族一男一女，共 112 名中华儿

女欢聚天安门的大型场景，他们在天安门前手挽手、肩并肩，四周是巍峨耸立的珠峰昆仑、云蒸霞蔚的三山五岳、绵延起伏的万里长城、奔流不息的长江黄河，展现出中华民族大团结的壮美景象。屏风以中国代表性的壮美山川和人文景观为背景，具有浓郁的民族风情。

这么大体量又精美绝伦的工艺品是国家级“非遗”代表性传承人、中国工艺美术大师寸发标带领团队，发扬匠人精神，历时 4 年多才完成的，打造出了当今传统手工制作银器中的世界之最。如今的新华村，成了东南亚最大的手工银器集散地，银产年产值超过 26 亿元的著名银器加工之乡，成为全世界手工艺文化遗产的传承故园，也成了世界闻名遐迩的银器之都。

《中国藏族文化艺术彩绘大观》唐卡长卷

“唐卡”是藏语的音译，其艺术源自古老的岩画。藏民族逐水草而居的生活习俗决定了他们需要一种具有流动性，可以随时供奉、赞颂佛陀的表征，正如藏区存在的寺院一样，唐卡自然也就成为了最理想的载体。

《中国藏族文化艺术彩绘大观》（以下简称《彩绘大观》），这幅唐卡长卷分为上下两部，由中国工艺美术大师宗者拉杰先生创作，全长1000米、宽2.5米，总面积2500平方米，重达2吨，用8000多幅不同的藏式图案缀饰，创作过程耗时长达40年。这幅千米唐卡通过特有的藏画艺术，把藏民族的历史源流、宗教信仰、文化艺术、医药卫生、天文地理、神话传说、民族习俗及各民族团结繁荣等内容整体系统、生动形象地展现在了一幅画卷上，形成巨幅长卷，可称为藏民族文化艺术的“百科全图”。它在画长、画工、画风、内容方面做了前所未有的这幅千米唐卡通过特有的藏画艺术，把藏民族的历史源流、民族习俗及各民族团结繁荣等内容生动形象地展现在了一幅画卷上，可称为藏民族文化艺术的『百科全图』。

文成公主传入刺绣等神奇故事

茶马古道上的贸易景象

调整和突破，由于其画幅巨长、内容浩繁、艺术独特、工程浩大，在 1999 年 12 月入选“大世界基尼斯之最”。

《彩绘大观》是一项浩大的工程，自 20 世纪 80 年代启动，至 2020 年初全部完工，期间经历规划设计、搜集资料、绘制草图、画面上稿、勾线上色、整体调整、装裱加边、组织验收、巡回展出等过程，经过 40 个年头的艰难曲折之路，终成千米唐卡。上部《彩绘大观》618 米已由青海省政府收藏，在青海藏文化博物院常年展出，现已成为展示大美青海的名片。

《彩绘大观》下部的创作，起自 2005 年，在《彩绘大观》上部目录的基础上，广泛搜集资料、精心设计方案、缜密构思草图，聘请 48 位著名绘画艺人辅佐，历经 15 余年的努力，至 2020 年，圆满完成绘制工作。

《彩绘大观》下部全长 410 米，整幅画卷分为 25 大模块，由约 210 个部分构成。其所反映的内容以藏族民俗文化为主线，包括藏族历史名人、英雄事迹、茶马古道、唐蕃古道、丝绸之路，以及沿线的民俗文化等共计 23 部分，涵盖了藏族民俗文化的精粹，从内容上来说是对《彩绘大观》上部的完美补充。整幅画卷笔法细腻，构图饱满，画技独特，画面人物形象生动，活泼传神，栩栩如生。在风格、技艺诸方面与上部相比有了新的突破。

整幅唐卡中间以彩绘的形式，上下两边以堆绣的形式构成。颜料全部采用金、银、珍珠、玛瑙、珊瑚、绿松石等珍贵的矿物颜料和藏红花、大黄等各种名贵的植物颜料，使其颜色更加鲜艳美丽。

《彩绘大观》下部在花边装潢上与上部保持一致，画面净高 1 米，上下花边装饰 1.5 米，总宽 2.5 米。亮点在画卷的结尾部分，用堆绣的手法打造藏族精美的装饰图案，全部图案由 160 个版面组成，每个版面由 10 厘米见方大小的 80 块团花拼接而成，共展示了 1 万多幅不同类型的图案：从色彩上看，用 28 种颜色来渲染，形成绚丽多彩，五彩缤纷的效果；从图案构成上看，集生产、生活、民俗、宗教诸方面的元素，组合成吉祥、和谐而千变万化的奇妙图案；从制作手法上看，用各色绸缎精心剪裁，巧妙拼接，用堆绣技法打造而成，彰显了传统技艺的塑造能力和表现能力，形成了藏族堆绣图案艺术集锦。

中国各族人民在长期社会生活实践中共同创造的优秀艺术，蕴含着中华民族的文化价值观念、思想智慧和实践经验，也是非物质文化遗产的重要组成部分。保护和振兴民族文化，有助于传承与发展中华优秀传统文化，涵养文化生态，丰富文化资源，增强文化自信。

看过《彩绘大观》，你一定会深深地陶醉其中，也一定会深刻地感受到所谓赏心悦目、叹为观止的艺术魅力，将之比作百科全图，实不为过。其画面绚丽多彩，纤毫毕现，富丽堂皇，气势恢宏，正如全国人大常委会原副委员长阿沛 · 阿旺晋美题词，它不仅继承和弘扬了藏族人民特有的绘画艺术，更是中华民族文化宝库中的瑰宝。

“地球卫士奖”奖杯

塞罕坝林场位于河北省的最北部，总面积933平方千米，被誉为“河的源头、云的故乡、花的世界、林的海洋”。历史上的塞罕坝水草丰美、森林茂密，有“千里松林”之称。自清朝末年起，因为过度开围放垦和不间断的匪患火灾，到新中国成立时，曾经山川秀美的塞罕坝退化成了茫茫荒原。

见证新时代

塞罕坝林场的三代建设者伏冰卧雪、扎根林场，创造了昔日茫茫荒原、今日万顷绿洲的人间奇迹，成为全球环境治理的『中国榜样』。

『地球卫士奖』奖杯

20世纪50年代，沙尘暴频袭北京，引起了林业部的高度重视。为保持水土、涵养京津地区水源，国家决定在河北北部建立大型国有林场。1962年2月，林业部发出《关于在河北省承德专区围场县建立林业部直属机械林场的通知》，明确提出：正式成立“塞罕坝机械林场”。这张批文，拉开了塞罕坝林场建设的序幕。

来自全国18个省、直辖市的127名农林专业的毕业生，与原有3个小林场的林业工人组成了369人的建设队伍，这些平均年龄不足24岁的青年，听从党的召唤，响应国家号召，怀揣绿色梦想，来到荒无人烟的塞罕坝，投入到植树造林、绿化荒原的战斗中。

建场初期，由于国内缺乏高原造林的成功经验，1962年、1963年连续两年造林成活率不足8%。在极其困难的条件下，第一代建设者攻坚克难，不断改进创新，反复探索研究，开创了在国内使用机械成功栽植针叶树的先河。

到1982年，塞罕坝林场的建设者超额完成了建场之初制定的造林任务，造林96万亩（约640平方千米），共3.2

亿余株，成活率达到90%，保存率70.7%，创下了当时全国同类地区造林的保存率之最。

进入21世纪后，塞罕坝人开始对坡度特别陡的石质山地、多次造林难成活的贫瘠山地，实施攻坚造林工程。通过不断总结改进造林技术，使攻坚造林的成活率达到98.9%，保存率达到92.2%，创下了历史最高值。

如今，塞罕坝的森林覆盖率由建场初期的11.4%增长到82%，林木总蓄积由24万立方米增长到1036万立方米。塞罕坝的森林每年可涵养水源、净化水质2.84亿立方米，吸收二氧化碳86万吨，释放氧气59.8万吨。据中国林业科学研究院评估显示，塞罕坝现有资产总值达到了231亿元。

60年来，塞罕坝林场的三代建设者伏冰卧雪、扎根林场，创造了昔日茫茫荒原、今日万顷绿洲的人间奇迹。

2017年12月，塞罕坝机械林场三代建设者登上了联合国的领奖台，捧回了联合国环保最高荣誉——“地球卫士奖”，从此，塞罕坝成为全球环境治理的“中国榜样”。

2020 年联合国
生物多样性大会会标

2020 年联合国生物多样性大会包括《生物多样性公约》缔约方大会第十五次会议（COP15）、《卡塔赫纳生物安全议定书》缔约方第十次会议（CP/MOP10）、《关于获取遗传资源和公正公平分享其利用所产生惠益的名古屋议定书》缔约方第四次会议（NP/MOP4）。

大会会标是经中华人民共和国生态环境部确认、发布，以甲骨文为背景，以印章为构架，由熊猫、孔雀、身着民族服饰的小女孩、浪花等组成的中国剪纸图案，反映了生物多样性和文化多样性，包含大会主题——“生态文明：共建地球生命共同体”，旨在倡导全球生物多样性保护，表达人与自然和谐共生的生态文明美好愿景。

见证新时代

『生态文明：共建地球生命共同体』，旨在倡导全球生物多样性保护，表达人与自然和谐共生的生态文明美好愿景。

2020年联合国生物多样性大会
COP 15 - CP/MOP10-NP/MOP4
生态文明：共建地球生命共同体
中国 · 昆明

2020 UN BIODIVERSITY CONFERENCE
COP 15 - CP/MOP10-NP/MOP4
Ecological Civilization-Building a Shared Future for All Life on Earth
KUNMING · CHINA

2020 年联合国生物多样性大会会标

· 供稿 · 生态环境部办公厅

“水俣公约”添汞产品替代品

《关于汞的水俣公约》于2017年8月16日对我国生效。为切实履行公约义务，我国已于2017年8月15日发布公约生效公告，明确2021年1月1日起禁止公约管控的含汞电池、荧光灯等9类添汞产品的生产和进出口（含汞体温计、血压计生产除外）。根据申请豁免情况，我国将于2026年1月1日起禁止含汞体温计、血压计的生产。下文将介绍部分常见的公约管控产品的无汞替代品，包括无汞电池、LED灯、无汞气压计、无汞湿度计和温度计、无汞压力表、无汞体温计和血压计等。

见证新时代

《关于汞的水俣公约》于 2017 年 8 月 16 日对我国生效，明确 2021 年 1 月 1 日起禁止公约管控的含汞产品的生产和进出口。

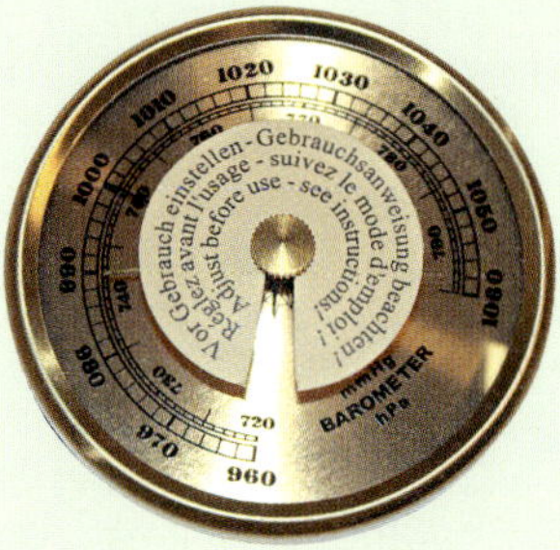

无汞气压计

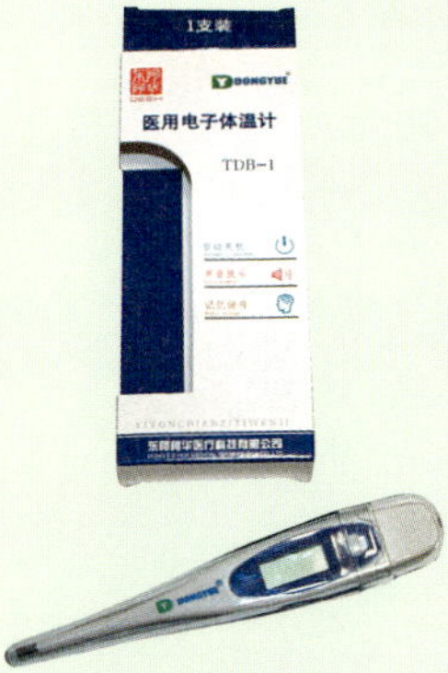

无汞电子体温计

无汞照明电器

无汞电池

电池：过去的扣式电池和部分锌锰电池以汞或氯化汞作为缓蚀剂，防止电池自放电，以保证电池储存性能。我国《产业结构调整指导目录》（2019 年版）将公约管控的含汞电池纳入淘汰类，2021 年我国发布《锌负极原电池汞镉铅含量的限制要求（GB 24427-2021）》，明确电池中汞含量限值为百万分之五。目前我国电池已全部实现无汞化。

照明电器：主要的含汞电光源产品是气体放电光源，由于其显著的节电效果一直以来受到市场的青睐。但随着人们环保意识的不断提高，荧光灯的含汞问题越来越得到人们的重视。我国《产业结构调整指导目录》（2019 年版）已将公约管控的含汞荧光灯纳入淘汰类，目前此类荧光灯已被更为高效、节能、环保，使用寿命长的 LED 灯替代。

气压计、湿度计和温度计：汞曾用于气压计、温度计、湿度计等非电子测量仪中。我国《产业结构调整指导目录》（2019年版）已将公约管控的上述产品纳入淘汰类。目前上述产品的无汞替代产品技术成熟，已完全替代含汞产品。

体温计：含汞体温计过去一直作为体温测量的“金标准”，但其易破碎并导致汞泄漏，易对人体健康和环境产生危害。目前我国市面的水银体温计已开始逐步被各类无汞体温计所取代，包括电子体温计、镓铟锡玻璃体温计等，使用无汞体温计更安全环保。

血压计：水银血压计是过去常见的医疗器械，在测量血压，确保人体健康方面起着非常重要的作用。但水银血压计破损会导致汞泄露，易对人体和环境造成危害。目前，无汞血压计已开始逐步替代水银血压计，包括电子血压计、机械血压表等。

“南水” “北壶”
——南水北调工程的见证物

在中国水利博物馆展厅里，一瓶清澈的水样和一把老式水壶“站”在一起，讲述着一件旷世工程——南水北调工程带给人民的满满幸福感。

我国人多水少，水资源时空分布严重不均，尤其是黄、淮、海地区，水资源短缺问题十分突出。1952 年，毛泽东主席来到黄河岸边，在河南省邙山高瞻远瞩地提出“南方水多、北方水少，借点儿水来也是可以”的宏伟构想，拉开了南水北调工程的序幕。

见证新时代

我们一起见证着『南水』穿越一道道天堑改变『北壶』的命运，见证着从长江向黄河、海河、淮河大调水梦想的一步步实现。

取水器和水样

老水壶

1952—2002 年，中国水利工程技术人员经过半个世纪的勘测、规划和研究，在分析比较 50 多种规划方案的基础上，分别在长江下游、中游、上游规划了 3 个调水区，形成了南水北调工程东线、中线、西线 3 条调水线路。根据 2002 年国务院批复的《南水北调工程总体规划》，通过东中西 3 条调水线路，与长江、淮河、黄河和海河相互连接，构成我国中部地区水资源“四横三纵、南北调配、东西互济”的总体格局，以缓解北方水资源短缺的严峻形势。

2013—2014 年，南水北调东线、中线一期工程先后通水。在这场跨越千里的调水工程中，十几万建设大军一路披荆斩棘：在东线，建设了世界上规模最大的泵站群——东线泵站群工程；在中线，穿黄隧洞被誉为“万里黄河第一隧洞”，“沙河渡槽”是目前世界上综合规模最大的渡槽工程……通水至今，南水已成为京津等40多座大中城市280多个县市区超过1.4亿人的主力水源。

2018 年 5 月，中国南水北调集团中线公司河北分公司唐县管理处在一次入村做安全水质宣传时，村民拿出家里以前烧水用的一把“老壶”和南水北调通水后用的“新壶”：老壶一烧水，就漂浮一层“灰”，壶底结满水垢，极难去除，甚至需要换掉壶底；新壶烧上几个月，壶底还是铮明瓦亮，根本不用除垢。这把布满水垢的老式烧水壶成了南水北调工程作为惠民工程的见证物。

2021 年 5 月 13 日，习近平总书记来到南阳专题调研南水北调，在中线工程陶岔渠首，乘船考察丹江口水库，并端起一杯新打上来的水库水查看水质。一周年之际，工作人员到丹江口库区总书记取水样的同样位置，又采集了一些水样，捐赠给中国水利博物馆。博物馆工作人员将这瓶珍贵的“南水”与布满水垢的“北壶”一起展出，让参观者不仅能够看到南水北调引水水源的“色、香、味”，还能够直观感受到北方水质的改善。

截至 2022 年 5 月 13 日，南水北调工程累计调水超过 530 亿立方米，为沿线 50 多条河流实施生态补水 85 亿立方米，为受水区压减地下水超采量 50 多亿立方米。

在这个伟大的新时代，我们一起见证着“南水”穿越一道道天堑改变“北壶”的命运，见证着从长江向黄河、海河、淮河大调水梦想的一步步实现。

灵渠“世界灌溉工程遗产”牌匾

2018 年 8 月 14 日，在加拿大萨斯卡通召开的国际灌排委员会第 69 届国际执行理事会全体会议上，灵渠成功入选 2018 年（第五批）世界灌溉工程遗产名录，荣膺“世界灌溉工程遗产”证书和牌匾。

见证新时代

灵渠是世界古代山区越岭运河工程的杰作，也是人类文明中历史最悠久、影响最深远的运河之一，是『世界古代水利建筑明珠』和『民族文化瑰宝』。

灵渠『世界灌溉工程遗产』牌匾

灵渠『世界灌溉工程遗产』证书

长期以来，各级党委政府高度重视灵渠保护工作，始终坚持“在保护中发展，在发展中保护”，持续推进灵渠保护提升工作。2017 年，兴安县启动了灵渠申报世界灌溉工程遗产工作，完成了申报文本、价值研究等材料的编制，同时完成了遗产点的修缮、重要节点的环境综合整治、申遗专题片的拍摄、灌溉设施的维修等大量工作。经过各级专家实地考察、现场评估以及激烈角逐，灵渠最终成功被列入世界灌溉工程遗产名录。

灵渠，古称秦凿渠、零渠、陡河、兴安运河、湘桂运河，位于广西壮族自治区桂林市兴安县境内，始建于秦始皇三十三年（公元前 214 年），全长 37 千米，是秦始皇开拓岭南，为完成中国统一大业而开凿。它沟通着湘江和漓江，连接了长江水系与珠江水系，打通了南北水上交通大动脉，是古代海上丝绸之路的纽带，促进了中原和岭南的政治、经济、文化交流，对于汉族和岭南百越民族的融合，对于中国与东南亚各国的友好往来，发挥着十分重要的促进作用。

灵渠与都江堰、郑国渠并称中国古代三大水利工程，是世界古代山区越岭运河工程的杰作，也是人类文明中历史最悠久、影响最深远的运河之一，两次被列入《中国世界文化遗产预备名录》。习近平总书记 2017 年、2021 年视察广西时，分别称赞灵渠为“世界古代水利建筑明珠”“民族文化瑰宝”。

灵渠流经之地属湘桂走廊，沿途土地肥沃，历代统治者都注重农业生产的发展，重视发挥灵渠的灌溉作用，素有“灌田甚多”“民田赖之”“溉田万顷”“灌溉发达”等史料记载，灌溉的方式主要有自流灌溉和提水灌溉两种。灵渠水利遗产要素构成完整，有精巧绝伦的枢纽工程、设置精当的防洪工程、精致智慧的渠系工程、功能完备的调蓄工程，不仅保留了渠道全程，还保存有不同功能的水利设施，形成了一套集陡门、堰坝、水涵等为一体的综合水工系统。

灵渠历经两千多年，仍持续绽放光彩，福泽万千民众，成为全国乃至世界遗产保护与展示的典范。据 1938 年扬子江水利委员会调查，当时灵渠保灌面积为 8000 余亩（约 5.3 平方千米）。20 世纪 70 年代之后，灵渠的灌溉工程体系进一步发展完善，目前灵渠总灌溉面积已达 6.5 万亩（约 43.3 平方千米），灌区覆盖兴安县的 5 个乡镇、100 余个自然村。因灵渠的福泽，兴安县农业产业兴旺，农民人均收入一直在全区名列前茅。

当下，灵渠不仅在农业灌溉方面仍发挥着重要的作用，同时，它在铸牢中华民族共同体意识，在促进民族大团结大融合和巩固边疆安宁方面也具有重大现实意义。在桂林打造世界级旅游城市这一全新的命题之下，灵渠被赋予了新的时代内涵，古老的灵渠焕发着勃勃生机，灵渠正以全新姿态走进新时代！

国家级耕地土壤样品库

耕地是粮食生产的命根子，是中华民族永续发展的根基。建设国家级耕地土壤样品库，对于全面掌握耕地质量现状及变化趋势，贯彻落实习近平总书记加强耕地保护的一系列重要指示批示，深入实施“藏粮于地、藏粮于技”国家粮食安全战略等，具有重要现实意义。

耕地是粮食生产的命根子，是中华民族永续发展的根基。

灌淤土

褐土

耕地土壤样品库浓缩了耕地质量主要性状信息，客观代表了一定区域、一定土壤类型的耕地质量状况。英国洛桑试验站保存了1843年以来的20万份土壤样品，澳大利亚国家土壤藏馆保存了1920年以来的7万多份土样标本，美国农业部自然资源中心保存了数十万份土壤样本，这些样品在土壤性状变化、农业活动效应、土壤碳库变化分析等方面发挥了不可或缺的重要作用。

2017年，农业农村部耕地质量监测保护中心（以下简称“耕地质量中心”）成立，承担起了国家级耕地土壤样品库建设工作。国家级耕地土壤样品库保存样品主要有耕作层土壤样品和整段土壤标本样品。耕作层土壤样品，主要是从我国两次土壤普查和2498个县的县域耕地质量调查评价等工作采集的大量耕地土壤样品中，遴选的3000余个典型样品，并包含采样地块基本情况、土壤样品理化性状等数据信息10余万项次。整段土壤标本样品，是耕地质量中心联合中国农业科学院农业资源与农业区划研究所、中国科学院南京土壤研究所、华中农业大学等单位，在全国26个省采集制作的120个土壤剖面整段标本样品，是我国目前涵盖农业土壤类型最多，最能系统反映耕作土壤形态和质量差异的土壤标本样品，同时配有景观照片120张，地表环境条件和剖面分层形态描述5.5

万字、理化测定数据 1.8 万余个。

通过近年来的努力，国家级耕地土壤样品库目前已初具雏形，具有覆盖土壤种类全（涵盖了全国 49 个土类 113 个亚类）、土壤样品数量多（耕作层土壤样品 3000 余个 + 整段标本样品 120 个）、土壤信息更新及时（通过云端土壤样品库以保障土壤理化性状等信息的及时更新）等特点，在服务耕地质量长期定位监测、研究耕地质量在不同时空上的演变规律及突出问题、耕地退化防治、加强我国耕地质量管理和决策等各个方面，都发挥了非常重要的基础支撑保障作用。

耕地保护，功在当代，利在千秋。下一步，国家级耕地土壤样品库将进一步丰富样品库内容，充分利用第三次全国土壤普查契机，在全国范围内建立健全土壤监测网络，定期收集补充典型土种的耕作层土壤样品，以及典型土壤土类、亚类和部分土属剖面标本样品。进一步加强样品库规范化建设，开展样品库建设与维护等方面研究，制定样品制备与保存等系列标准，指导各地土壤样品库规范化建设；进一步加强国际合作，积极与 FAO 等国际合作组织沟通，推动国际间耕地土壤样品库建设交流合作；进一步完善云端样品库，实现土壤样品信息数据的整合、管理和共享，为耕地质量管理和决策等提供实时服务。

· 供稿 · 农业农村部耕地质量检测保护中心

首张绿色产品认证证书

绿色产品指在全生命周期内具有资源能源消耗少、污染物排放低、低毒少害、易回收处理和再利用、健康安全和质量品质高等特征的产品。

2015 年 9 月，中共中央、国务院印发《生态文明体制改革总体方案》，提出了“建立统一的绿色产品体系”的任务目标，要求“建立统一的绿色产品标准、认证、标识体系，将分头设立的环保、节能、节水、循环、低碳、再生、有机等产品统一整合为绿色产品”，同时为有效推动绿色产品的

见证新时代

绿色产品认证是提升绿色产品供给质量和引领绿色消费的重要举措，要积极推动绿色产品认证与标识制度体系建设，服务碳达峰、碳中和目标的实现。

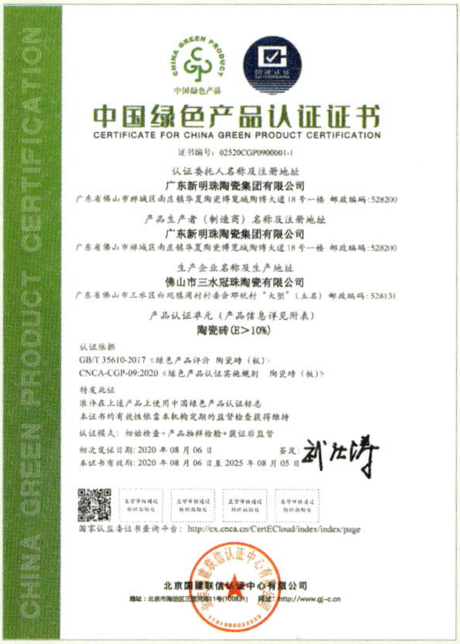
CHINA GREEN PRODUCT CERTIFICATION

中国绿色产品

中国绿色产品认证证书

CERTIFICATE FOR CHINA GREEN PRODUCT CERTIFICATION

证书编号：02520CGP0900001-1

认证委托人名称及注册地址

广东新明珠陶瓷集团有限公司

广东省佛山市禅城区南庄镇华夏陶瓷博览城陶博大道18号一楼 邮政编码：528200

产品生产者（制造商）名称及注册地址

广东新明珠陶瓷集团有限公司

广东省佛山市禅城区南庄镇华夏陶瓷博览城陶博大道18号一楼 邮政编码：528200

生产企业名称及生产地址

佛山市三水冠珠陶瓷有限公司

广东省佛山市三水区白坭镇周村村委会邓坑村“大塱”（土名） 邮政编码：528131

产品认证单元（产品信息详见附表）

陶瓷砖(E>10%)

认证依据

GB/T 35610-2017《绿色产品评价 陶瓷砖（板）》

CNCA-CGP-09:2020《绿色产品认证实施规则 陶瓷砖（板）》

特发此证

准许在上述产品上使用中国绿色产品认证标志

本证书的有效性依靠本机构定期的监督检查获得维持

认证模式：初始检查+产品抽样检验+获证后监督

初次发证日期：2020年08月06日

本证书有效期：2020年08月06日至2025年08月05日

签发：

国家认监委证书查询平台：http://cx.cnca.cn/CertECloud/index/index/page

北京国建联信认证中心有限公司

地址：北京市海淀区三里河路11号(100831) 网址：http://www.gj-c.cn

第一张中国绿色产品认证证书

绿色产品在国家重点工程中应用

应用和市场认可，对配套措施提出了要求，“完善对绿色产品研发生产、运输配送、购买使用的财税金融支持和政府采购等政策”。

2016 年，认监委在广泛调查、深入研究的基础上，会同 13 个部委报请国务院办公厅印发《关于建立统一的绿色产品标准、认证、标识体系的意见》，明确绿色认证的产品就意味着在全生命周期内具有资源能源消耗少、污染物排放低、低毒少害、易回收处理和再利用、健康安全和质量品质高等特征。进一步将绿色产品认证定位为提升绿色产品供给质量和引领绿色消费的重要举措。

2022 年，国务院印发《2030 年前碳达峰行动方案》，提出“完善绿色产品认证与标识制度”，市场监管总局（认监委）高度重视，从完整、准确、全面贯彻新发展理念的战略高度加以深刻领会，积极推动制度体系建设，服务碳达峰、碳中和目标的实现。

截至2022年6月，已将建材、快递包装、电器电子产品、塑料制品、洗涤用品等近90种产品纳入绿色产品认证范围，已颁发统一的绿色产品认证证书2万余件，获证企业2000余家。2020年8月6日，北京国建联信认证中心有限公司向广东新明珠陶瓷集团有限公司颁发了我国第一张绿色产品认证证书。2020年9月28日，全国绿色产品认证与标识宣传周启动仪式上对该认证证书进行授牌。目前，已经有200余个政府采购工程优先采购获证绿色建材，货值达400亿元。经测算，全面推广绿色建材，按现有建材生产应用规模，将可促进相关企业在产品生产环节减少碳排放4805万吨，在产品使用环节减少碳排放1263万吨，有效推动绿色低碳发展。

· 供稿 · 国家市场监督管理总局认证监管司

白鹤滩水电站百万千瓦机组试验模型转轮

电是国民经济发展的命脉，是人类社会赖以生存和进步的重要物质基础。水电是中国现阶段仅次于煤电的第二大电力能源，是清洁可再生能源的主力军。1910 年，中国大陆第一座水电站——石龙坝水电站动工兴建，开启了中国水电事业艰难而辉煌的征程。一百多年来，中国水电事业历经了从无到有、从小到大、从弱到强的发展过程，水电技术创新勇攀高峰、各项成就举世瞩目，自 2004 年起中国水电总装机容量持续稳居世界第一，水电综合技术和管理水平逐步迈入世界先进行列，形成了“世界水电看中国”的发展格局。

见证新时代

白鹤滩水电站实现了我国高端装备制造的重大突破，实现了从『中国制造』到『中国创造』的历史性跨越。

白鹤滩水电站零配重转轮通过验收

白鹤滩水电站百万千瓦机组转轮加工配重静平衡焊接施工

三峡工程建设时期，我国正在巨型水轮发电机组国产化的道路上艰辛探索，用 7 年时间成功实现从 30 万千瓦到 70 万千瓦水电机组的历史性跨越，带领中国水电实现从跟跑到并跑甚至领跑。以此为新起点，在一座座超级水电工程的建设中，中国水电的技术、工艺、管理等得到全方位创新提升。溪洛渡水电站 77 万千瓦机组、向家坝水电站 80 万千瓦机组……2021 年，白鹤滩水电站 100 万千瓦机组成功投运，惊羡世界。

白鹤滩水电站是党的十八大以来核准、开工建设的千万千瓦级巨型水电工程，是我国实施西电东送战略、构建清洁低碳安全高效能源体系的国家重大工程，是新时代推进西部大开发、形成新格局、推动长江经济带高质量发展的标志性工程。作为世界第二大水电站和当今世界在建规模最大、技术难度最高的水电工程，白鹤滩水电站主要特性指标均位居世界水电工程前列。建造过程坚持科技自立自强，勇攀科技新高峰，攻克了以百万千瓦水电机组为代表的一系列世界级技术难题。

白鹤滩水电站安装有 16 台我国自主研制、单机容量最大功率百万千瓦的水轮发电机组，实现了我国高端装备制造的重大突破，促进了中国重大装备制造技术的全产业链升级，实现了从“中国制造”到“中国创造”的历史性跨越，推动中国水电成功进入世界水电“无人区”。

白鹤滩水电站百万千瓦机组研发工作从2006年开始，转轮作为水轮发电机组的核心部件，是驱动机组运行的动力心脏，也是机组中研发难度最大、制造难题最多的关键部件之一，决定着水轮机的过流能力、水力效率、空蚀性能以及整个水轮发电机组的运行稳定性。2019年1月12日，在经过24道工序、12个月加工后，白鹤滩水电站首台精品转轮完工，最大直径8.65米、高3.92米，总重约346吨。

2021年6月28日，在致白鹤滩水电站首批机组投产发电的贺信中，习近平总书记发出“社会主义是干出来的，新时代是奋斗出来的”伟大号召。中国水电人将牢记领袖嘱托，发扬精益求精、勇攀高峰、无私奉献的精神，团结协作、攻坚克难，不断推动实现高水平科技自立自强，为实现碳达峰、碳中和目标，促进经济社会发展全面绿色转型，助力实现中华民族伟大复兴作出更大贡献。

· 供稿 · 中国长江三峡集团有限公司三峡工程博物馆

远眺白洋淀的望远镜

在雄安新区安新县文物局的陈列柜内，摆放着一副便携式双筒望远镜，它通体黑色，20 倍率，50 毫米口径，铝合金材质，长宽高为 19.2 厘米 ×6 厘米 ×7.5 厘米，重约 0.6 千克。这副望远镜，与“千年大计”的雄安新区同龄，见证着这一方水土的蓝绿交织，水城共融。

见证新时代

雄安新区设立伊始，就把环境治理和保护作为优先工程大力推进，坚持以水定城，把白洋淀生态环境治理和保护作为重中之重，着力建设绿色、森林、智慧、水城一体的新区。

望远镜

白洋淀风光——荷塘苇海

“打造优美生态环境，构建蓝绿交织、清新明亮、水城共融的生态城市”是习近平总书记对规划建设雄安新区提出的生态任务。2017年2月23日，总书记到安新县进行实地考察，在白洋淀栈道长廊木制观景台，通过这副望远镜，远眺白洋淀，他强调：“建设雄安新区，一定要把白洋淀修复好、保护好。将来城市距离白洋淀这么近，应该留有保护地带。要有严格的管理办法，绝对不允许往里面排污水，绝对不允许人为破坏。”2019年1月16日总书记再次来到雄安新区，望着“千年秀林”一株株摇曳的小树幼苗，他说：“让它们跟着雄安新区一起慢慢生长。不要搞急就章，不要搞一时的形象工程。绿水青山就是金山银山，雄安新区就是要靠这样的生态环境来体现价值、增加吸引力。”

按照总书记指示，雄安新区设立伊始，就把环境治理和保护作为优先工程大力推进，坚持以水定城，把白洋淀生态环境治理和保护作为重中之重。这座华北平原最大淡水湖泊，自2019年起，实现了由Ⅴ类到全面Ⅳ类局部Ⅲ类、再到全淀Ⅲ类“三年三个台阶”的连续突破，进入全国良好湖泊行列，成为生态修复的又一个“中国案例”。白洋淀新苇吐绿、水鸟翩跹，全球极危物种“鸟中大熊猫”青头潜鸭在这里安家落户，生态环境治理和水质发生历史性变化，“华北之肾”功能加快恢复。

起笔是世界眼光，落笔为时代标杆。“要坚持生态优先、绿色发展，划定开发边界和生态红线，实现两线合一，着力建设绿色、森林、智慧、水城一体的新区。”总书记的谆谆嘱托，为雄安新区建设发展指明方向。在城市建设中，兼顾传统与现代的建筑风貌设计，安全便捷的三级道路系统，推窗见绿、开门入园的景观环境，尊重城市开发建设规律，合理把握开发节奏，稳扎稳打，高起点规划、高标准建设、高质量发展，蓝图正一步步变为现实。

这副望远镜，记录着历史，见证着总书记“绿水青山就是金山银山”思想的生动实践，见证着一方城、两轴线、五组团、十景苑、百花田、千年林、万顷波的生机勃勃的未来之城拔节生长，见证着一批批雄安建设者正朝着“妙不可言”“心向往之”的愿景踔厉奋发。

· 供稿 · 河北雄安新区宣传网信局

丰满水电站新大坝坝体芯样

丰满水电站始建于 1937 年日伪时期，于建国前夕回到人民怀抱。电站在党的领导下恢复生产，支援新中国经济建设，建立“两票三制”等电力行业基础管理制度，为我国电力行业发展输送 2000 多名人才，被誉为“中国水电摇篮”。受历史条件限制，丰满大坝存在先天质量缺陷，虽经多年改造加固，但仍存在大坝混凝土强度低，整体性差，渗漏、冻胀、溶蚀及防洪能力不足等隐患。我国先后邀请美国和苏联专家编制、设计补强改造方案，但最终问题难以根治。

见证新时代

『丰满水电站新大坝坝体芯样』作为中国水电发展史的见证物，反映了新时代取得的历史性成就和历史性变革。

2017年4月6日至2017年4月8日，成功取出两根超20米芯样

重建后的丰满大坝保留部分老坝坝段作为历史见证，形成『一址双坝』的奇观（拍摄于2020年7月27日）

党中央国务院一直十分关心丰满水电站，共和国三位总理和习近平总书记都曾经到丰满大坝实地考察，并提出具体工作要求。20世纪60年代，周恩来总理决策在丰满大坝左岸修建战备防空洞，避免大坝损毁危及下游千百万人民生命财产安全。20世纪90年代，李鹏总理提出将战备防空洞进行改造并引水发电，使丰满电站装机容量跨入百万千瓦级电厂行列。2010年和2011年，温家宝总理和习近平总书记先后到丰满水电站考察，现场查看了大坝中取出的芯样，对丰满大坝存在的问题有了更深的了解，大坝的重建迎来了新的契机。

在国家有关部委和吉林省委省政府的大力支持下，以国家发改委确定的“彻底解决、不留后患、技术可行、经济合理”十六字方针为指导，国家电网公司站在对历史、对人民负责的高度，从“加固”和“重建”两个方面重点对7个方案进行全面深入论证比选，最终确定重建方案。重建方案按电站原任务和功能，在原坝下游120米处新建一座碾压混凝土重力坝，坝长1068米，最大坝高94.5米，总库容103.77亿立方米，形成“一址双坝”的世界奇观。新大坝最大泄洪能力提升1倍，达到抵御500年一遇洪水的设计标准。新老坝轴线相距120米，建设期间老坝仍然正常挡水，需采取切实可行的工程和技术措施，确保施工期老坝安全运行，同时满足防洪及下游供水需求。老坝拆除，实现了新坝投运老坝退役的无缝衔接，确

保了下游人民的防洪安全和供水安全，引领了水电治理领域的新发展。这一重建工程在世界水电史上史无前例、地位特殊，社会影响大，受关注度高。马洪琪院士赞扬道：千米长的大坝，坝基渗水量低于 8 升每秒，远低于世界现有的同类坝，堪称国际领先。

在 2017 年新大坝质量检验时，取出的坝体芯样完整美观，表面光滑平顺，骨料分布均匀，层间结合良好，证明新坝质量优良。工程建设始终践行习近平总书记提出的生态文明思想，首开先河采用“鱼道集鱼 + 升鱼机运鱼 + 仿生鱼道过鱼”的两级综合性过鱼设施，世界首创利用老坝拆除缺口分层取水技术提升下游河道水温，修复了松花江 467 千米的鱼类生态环境，打通了中断 80 年之久的鱼类洄游通道。工程建设全过程实现污水“零排放”，中国四大自然奇观“吉林雾凇”持续绽放。

“丰满水电站新大坝坝体芯样”作为中国水电发展史的见证物，充分体现了中国共产党为中国人民谋幸福、为中华民族谋复兴的初心使命，反映新时代取得的历史性成就和历史性变革。在党和国家领导人的关怀下，崭新的丰满水电站将被打造成为绿色能源基地、教育培训基地、旅游观光基地和经济可持续发展基地，继续推动我国水电事业发展，见证中国水电的富强，传承红色基因，续写新的篇章！

· 供稿 · 中国科学技术协会、松花江水力发电有限公司

海洋塑料垃圾回收再生手机壳

手机壳的历史可以追溯到20世纪90年代中后期。随着移动电话的“瘦身”和智能手机的发展，手机壳开始盛行。随着种类的多样化、功能化，手机壳逐渐走入人们的生活，成为必不可少的生活物件。

在浙江东部沿海，有一座海洋资源丰富、海岸线绵长、岛屿众多的城市——台州。2022年4月，首批海洋塑料垃圾

见证新时代

昔日的海洋垃圾，再生为生态共富的推手，是习近平生态文明思想在海洋领域的生动实践。

海洋塑料垃圾回收再生手机壳

收集海洋垃圾

回收再生手机壳在台州诞生。每一个手机壳含海洋塑料 8.4 克，约等于 5 个饮料瓶盖。手机壳的设计采用海洋生态环境保护理念，标绘有海水、海浪、海豚、乌龟、水母等海洋元素，意在提醒大家“人类共有一个海洋”。

这些手机壳里的海洋塑料来自台州市椒江区大陈岛——一个习近平总书记牵挂着的红色岛屿。几十年来，大陈人凭借“艰苦创业、奋发图强、无私奉献、开拓创新”的大陈岛垦荒精神，创造了旅游和渔业发展的奇迹，但随之而来的海洋垃圾却成了“大难题”。2022 年 3 月 17 日，浙江蓝景科技有限公司工作人员登上椒江大陈岛，通过“蓝色循环”模式，组织渔民、保洁人员等开展海洋垃圾收集，历时 30 天，回收塑料瓶子约 44000 个，收集海洋塑料垃圾约 880 千克，这些塑料瓶子被运输到相关企业进行破碎、分拣、清洗、造粒、生产，全过程都被拍摄记录下来。因为海洋塑料成分复杂且手机壳制造对原材料要求高，技术人员反复研究，克服了改性复合、注塑成型、图案印刷等一系列难题，成功制造出第一批 2000 个海洋塑料手机壳。当地 12 位一线收集人员也因参与“蓝色循环”前端收集工作，额外增加收入 22600 元。

海洋塑料手机壳背面有一个小小的二维码，通过“扫一扫”就可以进行溯源，轻松查看手机壳里的海洋塑料是谁捡的、存哪里、谁转运、谁再生、谁制造。这就是台州市探索出的海洋塑料污染治理“蓝色循环”新模式。

2022 年，台州“蓝色循环”项目被列入浙江省生态环境厅数字化改革试点，并成功获评浙江省高质量发展建设共同富裕示范区最佳实践（第一批）名单。目前台州市 6 个沿海县市区已设立海洋垃圾暂存点 16 个，海洋垃圾收集点“小蓝之家”15 个。通过构建立体化收集网络，已收集 27 万个塑料瓶，经过认证的海洋塑料粒子已被制作成 27000 个海洋塑料垃圾回收再生手机壳，后期这些手机壳的溢价收入和海洋塑料的碳交易收入将汇入“生态共富基金”，为一线收集人员提供收入和社会保障。

昔日的海洋垃圾，再生为生态共富的推手，是习近平生态文明思想在海洋领域的生动实践。在习近平生态文明思想的指引下，海洋生态环境保护领域还将会有更多的更丰富的理念与实践，为共治海洋环境、共保海洋生态、共护海洋繁荣贡献中国智慧、中国方案。

· 供稿 · 浙江省台州市生态环境局

红旗渠建设者“最美奋斗者”奖牌和证书

2019年，为庆祝中华人民共和国成立70周年，中央多部委联合部署在全国城乡开展“最美奋斗者”学习宣传活动，共评选出300名“最美奋斗者”（278名个人、22个集体）。林州市红旗渠建设者从众多英雄模范集体中脱颖而出，成为新中国22个“最美奋斗者”集体中的一员。2019年9月25日上午，“最美奋斗者”表彰大会在京举行，林州市红旗渠建设者被授予“最美奋斗者”称号。

见证新时代

红旗渠精神历久弥新，始终是我们与时俱进、永葆生机的动力源泉。过去的辉煌由红旗渠精神引领创造，未来的理想依然靠红旗渠精神引领实现。

『最美奋斗者』奖章

『最美奋斗者』荣誉证书

20世纪60年代，林县人民为了改变干旱缺水的困境，在中国共产党的领导下，坚持苦干10个春秋，靠着一锤、一钎、两只手，逢山凿洞、遇沟架桥，顶酷暑、战严寒，克服了难以想象的困难，在太行山悬崖峭壁上修成了全长1500千米的大型引水灌溉工程——红旗渠。红旗渠的建成，形成了引、蓄、灌、提相结合的水利网，从根本上改变了人民群众的生存条件，促进了当地经济和社会事业的发展，并孕育形成了“自力更生、艰苦创业、团结协作、无私奉献”的红旗渠精神。红旗渠至今仍然发挥着不可替代的重要作用，被林州人民称为“生命渠”“幸福渠”。

今天，在推进改革发展各项工作中，党员干部更是牢记当年在林县群众中流传的话：“党员干部流汗水，我们就不怕流血水；党员干部搬石头，我们就有决心搬山头。”他们紧紧抓住群众路线这条生命线，以自己的身体力行激发群众中蕴藏的强大力量。

红旗渠风景区在自我发展壮大的同时，也给当地三省四镇十村范围内带来了产业和市场活力，在助力脱贫攻坚促乡村振兴方面发挥了巨大的带动作用。红旗渠风景区安置众多公益性岗位，包括保洁人员50名、安保人员20名、景区讲解员 20 名，其他工作岗位人员 180 名；田园综合体项目工程建设中，依靠水稻种植、工程用工等安置 120 余名村民就业；景区红立方餐厅安排贫困人员就业，带动 50 余人脱贫；景区商铺等商业经营项目提供就业岗位 80 余个。

同时，红旗渠坚持将旅游业发展与精准扶贫、精准脱贫深度整合，创新景区与旅游扶贫发展思路，创新发展“公司 + 农户”旅游扶贫示范基地，充分利用“帮扶模式”“合作社模式”等，支持贫困村由传统农业向旅游观光农业转型，支持贫困户联合建设旅游商铺、乡村客栈、宾馆、农家乐等，依托旅游服务业自主创业。红旗渠景区通过与周边村民联合经营商铺 50 余个，实现年收入 360 余万元。当地的核桃、板栗、民居等“三农”资源也通过加工转化为旅游产品，为农村经济的发展创造了新的增长点。以红旗渠精神为核心的乡村旅游、农业旅游、工业旅游、水利旅游等多领域旅游产品体系逐步构建，林州市成功创建成为全国文明城市、国家卫生城市、国家全域旅游示范区。

红旗渠精神历久弥新，始终是我们与时俱进、永葆生机的动力源泉。过去的辉煌由红旗渠精神引领创造，未来的理想依然靠红旗渠精神引领实现。

八步沙开沟犁

2019年8月21日，习近平总书记专程来到八步沙林场考察调研。来到眼窝子沙治沙现场，总书记第一个下了车，在展板前听完汇报后，便向林场正在压沙的职工走去，大家顿时激动地欢呼起来！林场职工紧紧围拢到了总书记的身边，总书记对大家说："你们就是新时代的愚公，要向你们学习！"大家听后非常激动和兴奋，不断地报以热烈的掌声！

讲完这些话，总书记便拿起沙滩上的开沟犁，在沙地上开起了沙沟。他一边开沟，一边和职工们交谈，询问开完沟后再怎么弄……

见证新时代

不忘初心，牢记使命，多栽树，栽好树，让古浪大地沙漠涌绿，山清水秀，用实际行动回馈人民。

开沟犁

如今，林场职工每每想起总书记在八步沙考察的情景，总是激情难抑，热血沸腾，浑身充满奋斗的力量！大家跟着总书记，在八步沙上构筑了一行行沙障，也绘就了基层务林人人生道路上一段铭心刻骨的美好时光。总书记在八步沙的殷殷嘱托，成为八步沙林场广大职工战胜困难、砥砺前行的强大精神力量，他们感到肩上的责任更加重大，内心充满强烈的责任感和使命感，应不忘初心，牢记使命，多栽树，栽好树，让古浪大地沙漠涌绿，山清水秀，用实际行动回馈人民，回报总书记的亲切关怀。

40 年来，八步沙“六老汉”三代人始终牢记修复生态、守护家园的使命和初心，以“献了青春献子孙、一代接着一代干”薪火相传的坚定意志，以“黄沙不退人不退、草木不活我不走”的执着，前赴后继，接续奋斗，同风沙展开了旷日持久的抗争，使八步沙从风沙肆虐的荒漠戈壁变成了草木葱郁的生态绿洲，不仅书写了“艰难困苦，玉汝于成”的绿色篇章，更是孕育了“困难面前不低头、敢把沙漠变绿洲”的当代愚公精神，概括起来就是：矢志坚守、接续奋斗的创业精神，不畏艰难、实干苦干的拼搏精神，敢为人先、勇于探索的进取精神，任劳任想、担当作为的奉献精神。一代代八步沙人把“六老汉”三代人的当代愚公精神与林场的企业文化、质量文化深度融合，形成了独具特色的八步沙文化体系。

在长期的治沙实践中，八步沙林场坚持因地制宜、综合治理的科学态度，积极引进先进的治沙造林技术，充分吸收最新的治沙造林科技成果，深入研究经济适用有效的治沙工程技术，经过三代人的不懈努力，从“一棵树、一把草，压住沙子防风掏”“先治窝、再治坡、后治梁”到“网状格双眉式治沙”“打草方格、细水滴灌、地膜覆盖”，创造出阻、固、阻、封“四带一体”治沙模式，采取“乔灌草结合、封管造并举”“抢墒造林”“落水栽植”“固体水造林”“泥浆蘸根造林”“草方格沙障造林”“大树移栽，大苗定植”“覆膜保墒”等造林方法。同时，建立健全《沙漠治理工程规范》、各类人员岗位职责等质量管理体系，以沙漠治理工程过程控制为手段，通过“严把入口、控制过程、确保结果”的全过程质量管理，开展质量过程预警和干预，强化质量难题攻关，防沙治沙工程质量及造林成活率、保存率大大提高，破解了世界公认的治沙难题。

新时代，八步沙林场确立了“以生命价值为最高追求，构筑西部生态安全屏障”的新使命，以“打造国内治沙造林第一品牌”为发展愿景，以提高防沙治沙质量为重点，加强林场后续产业发展，打造全国重要的生态文明建设基地、全国“绿水青山就是金山银山”实践创新基地，建设沙漠生态旅游景区，实现生态效益、社会效益、经济效益互促共赢。

“建设美丽新疆 共圆祖国梦想”贺匾

在新疆人民会堂的一楼大厅正中，摆放着中共中央总书记习近平题词的“建设美丽新疆 共圆祖国梦想”贺匾，格外引人注目。

贺匾蔚为大观，高 3.1 米、宽 6 米，以鲜艳的中国红为底色，正面是贴金的习近平总书记题词“建设美丽新疆 共圆祖国梦想”，背面是维吾尔文、哈萨克文、蒙古文、柯尔克孜文 4 种少数民族文字对习近平总书记题词的译文。

见证新时代

『建设美丽新疆 共圆祖国梦想』贺匾见证了新时代新征程上新疆各族人民坚决把总书记的殷殷嘱托转化为建设美好新疆的实际行动。

『建设美丽新疆 共圆祖国梦想』贺匾正面

『建设美丽新疆 共圆祖国梦想』贺匾背面

匾额内圈回纹、外圈水纹，回纹寓意连绵不断、吉利永长，象征各民族团结和睦、共同繁荣；水纹代表中华民族的母亲河黄河和新疆人民的母亲河塔里木河源远流长，各族人民生生不息。

新疆是祖国的一块宝地，也是一片洒满党的阳光雨露的热土。这块贺匾讲述着习近平总书记关心关怀新疆的故事。

习近平总书记对新疆非常熟悉。早在20世纪80年代初，他就到过新疆。在浙江任主要领导期间，他曾就对口支援和田地区建设、推进浙江和新疆两省区经济合作同新疆的同志多次交流和探讨。2003年8月，他带领浙江党政代表团在新疆考察8天，走的地方比较多，天山南北留下了他的足迹。

2014年4月27日至30日，中共中央总书记、国家主席、中央军委主席习近平来到新疆考察时，语重心长地说，在党和国家大力支持下，新疆各族干部群众要进一步行动起来，坚定决心、增强信心，勇于进取、埋头苦干，把祖国的新疆建设得越来越美好。

为庆祝新疆维吾尔自治区成立60周年，习近平总书记题写了“建设美丽新疆 共圆祖国梦想”。中共中央、国务院决定将其制成贺匾，激励新疆各族人民守望相助、手足相亲，同全国各族人民一道，为实现中华民族伟大复兴的中国梦而团结奋斗。

2015年10月1日，庆祝中华人民共和国成立66周年暨新疆维吾尔自治区成立60周年大会在新疆人民会堂隆重举行。体现总书记对新疆各族人民的特殊关怀的贺匾，成为人们争相合影的最美“新物件”。

2022年7月12日至15日，时隔8年，总书记再次莅临新疆视察。强调要完整准确贯彻新时代党的治疆方略，在新时代新征程上奋力建设团结和谐、繁荣富裕、文明进步、安居乐业、生态良好的美好新疆。

“建设美丽新疆 共圆祖国梦想”贺匾，见证了习近平总书记对新疆2500多万各族群众的关心和关怀，将继续见证新时代新征程上新疆各族人民坚决把总书记的殷殷嘱托转化为建设美好新疆的实际行动。

607 · · 供稿 · 新疆维吾尔自治区人大常委会办公厅

千岛湖配水工程见证物

历史上的杭州，饮水苦咸，唐代杭州刺史李泌就曾建“六井”，引西湖水解决人民生活用水问题，受到杭州市民的代代传颂。现代杭州城市飞速发展，饮水水源再度成为最受关注的民生问题之一，有关部门自 20 世纪 70 年代开始就对新安江、富春江引水等问题进行了研究。

见证新时代

新安江引水解决浙北缺水问题，是事关浙江省长远发展的一项重大战略任务。

气腿式风动钻孔机，是千岛湖配水工程隧洞开挖爆破前钻孔设备

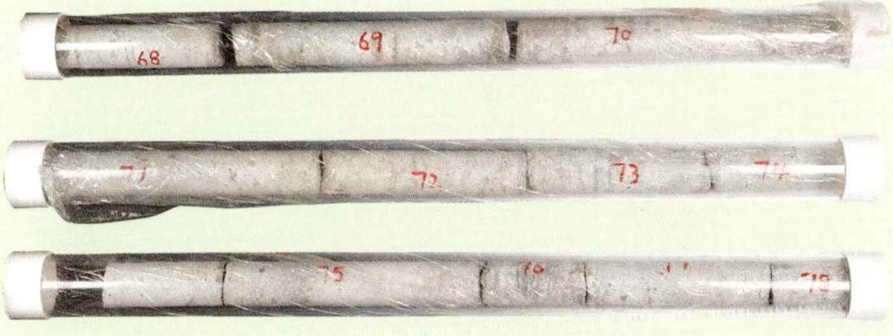

千岛湖配水工程地勘岩芯

2003 年 6 月，时任浙江省委书记习近平提出把从新安江引水解决浙北缺水问题，作为事关浙江省长远发展的一项重大战略任务，列入省委、省政府的议事日程。

千岛湖配水工程首批标段于 2014 年 12 月 24 日开工。2018 年 2 月 7 日，千岛湖配水工程在爆破开挖作业时，遇到了一个大溶洞，轴向长 20 米以上，横向最大跨度 25 米以上，高度 8 米以上，底部充填淤泥及夹砂粉质黏土厚度 3 米以上，中上部内壁钟乳石钙华发育较稳定。地质人员推测该溶洞与洞外莲花溪连通。

溶洞的出现，意味着地质条件和支护建基面都变得异常的复杂，给地质人员和设计人员的专业能力带来了极大的考验。同时，天然形成的溶洞，因揭露前后环境的变化，极易发生险情。在多次论证后，工程人员确定了《溶洞段隧洞处置方案》，经过20多个昼夜的努力，成功突破了溶洞这个“拦路虎”，溶洞内的钟乳石也被戏称为“拦路石”，施工队员将最为典型的一块和隧洞施工工具一同保存下来，就是我们今天所见的千岛湖配水工程的见证物。

2018年12月，隧洞主洞全线贯通，2019年9月29日建成通水。配水工程从千岛湖金竹牌附近水域取水，沿线经过淳安县、建德市、桐庐县、富阳区和余杭区境内，通过113.22千米的全封闭输水隧洞将千岛湖水引至闲林水库，同时在输水线路上设置向建德市、桐庐县及富阳区部分区域供水的分水口。配水工程规划供水人口806万，后期将通过嘉兴域外配水工程向嘉兴输送原水，规划受益人口1400多万。

《共产党好 黄河水甜》剪纸作品

这幅名为《共产党好 黄河水甜》的剪纸作品，出自红寺堡区移民群众。作品充分展示了在美丽的罗山脚下，扬黄水浇灌着土地，火红的枸杞茁壮成长，移民群众喜笑颜开，在田间地头享受采摘枸杞的喜悦，红寺堡人民深切感受到党的温暖、祖国的伟大和日子的甜美，发出了“共产党好，黄河水甜”的感恩心声。

见证新时代

红寺堡移民群众用剪刀剪出了老百姓的新生活，表达了对党、对新时代最质朴、最热烈的赞美。

《共产党好 黄河水甜》剪纸作品

剪纸是流传于我国民间的传统工艺美术，它是基于民俗活动，通过剪、刻、撕、染、烫等技术在平面材料上创作出来的作品，是一种平面镂空艺术。剪纸艺术最早出现在春秋战国时期，唐代剪纸开始大发展，当时有“剪纸为小幡”的记载；宋代造纸的成熟，为剪纸的普及提供了条件，促进了剪纸艺术的发展；明代剪纸已经达到了很高的艺术水平；清代是民间剪纸的鼎盛时期。宁夏的剪纸也源远流长。剪纸在宁夏民间俗称窗花、贴花，剪纸活动被称作“铰窗花”，它是表达、记录人们美好生活的一种纯朴的艺术。中国剪纸的根在民间，宁夏剪纸的根在乡村，在田野，在女人的手里，在小小的剪刀和薄薄的纸张里。

九曲黄河出甘入宁，造就了富饶的河套平原，也留下了宁夏中部干旱带近在咫尺却“望黄兴叹”的千年渴水遗憾。20个世纪90年代，党中央在红寺堡兴建了扬黄灌溉水利枢纽

工程，把黄河水上扬了 305.8 米，开发出更多的土地，集中安置了 23 万移民，把红寺堡打造成为全国最大的易地单体生态移民扶贫集中安置区。这项工程使红寺堡从“天上无飞鸟，地上砂石跑”变成“荒漠变绿洲，沙丘起高楼”，移民生活发生翻天覆地的变化。

黄河水浇灌了土地，移民发展了产业，各族移民群众经过二十多年的奋斗与发展，将昔日的荒凉土地，变为了脱贫致富的“聚宝盆”。黄花菜、枸杞、葡萄酒、肉牛滩羊、新能源和文旅六大特色产业，从零起步，渐成规模，移民生活一年一个样。现在的红寺堡，正在朝着创建全国易地搬迁移民致富提升示范区的目标稳步前进。

《共产党好 黄河水甜》剪纸作品，具有很强的地域和民俗特色。红寺堡移民群众用剪刀剪出了老百姓的新生活，表达了对党、对新时代最质朴、最热烈的赞美。

· 供稿 · 宁夏移民博物馆

后记

本书在编纂出版中，得到了中央有关部门和单位的大力支持（详见致谢名单），得到了各级各地文物主管部门和革命纪念馆、博物馆的积极协助。在此，谨向所有支持本书编辑和为本书编纂工作贡献了智慧的同志致以诚挚的谢意。

由于时间紧凑，本书存在的瑕疵和不当之处，敬请各位专家和广大读者指正。

本书编委会

2022 年 10 月

致谢名单

中华人民共和国外交部

中华人民共和国教育部

中华人民共和国科学技术部

中华人民共和国国家民族事务委员会

中华人民共和国公安部

中华人民共和国民政部

中华人民共和国人力资源和社会保障部

中华人民共和国自然资源部

中华人民共和国生态环境部

中华人民共和国住房和城乡建设部

中华人民共和国交通运输部

中华人民共和国水利部

中华人民共和国农业农村部

中华人民共和国退役军人事务部

中华人民共和国应急管理部

国务院国有资产监督管理委员会

中华人民共和国海关总署

国家税务总局

国家市场监督管理总局

国家新闻出版署（国家版权局）

国务院港澳事务办公室

中国科学院

中国证券监督管理委员会

国家移民局

中国民用航空局

国家中医药管理局

国家知识产权局

中华全国总工会

中华全国妇女联合会

中国文学艺术界联合会

中华全国归国华侨联合会

中国科学技术协会

中国作家协会

中国红十字总会

中国国家铁路集团有限公司

中国核工业集团有限公司

中国航天科技集团有限公司

中国兵器工业集团有限公司

中国海洋石油集团有限公司

国家电网有限公司

中国南方电网有限责任公司

中国长江三峡集团有限公司

中国航空集团有限公司

中国建筑集团有限公司

中国铁道建筑集团有限公司

中国民航信息集团有限公司

图书在版编目（CIP）数据

见证新时代 / 国家文物局编. -- 南京 : 南京出版社, 2022.10
（中国革命文物故事）
ISBN 978-7-5533-3854-5

Ⅰ. ①见… Ⅱ. ①国… Ⅲ. ①革命文物－介绍－中国 Ⅳ. ①K871.6

中国版本图书馆CIP数据核字（2022）第177916号

书　　名　见证新时代
编　　者　国家文物局
出版发行　南京出版传媒集团
南　京　出　版　社
社址　南京市太平门街53号　　邮编　210016
网址　http://www.njcbs.cn　　电子信箱　njcbs1988@163.com
联系电话　025-83283893、83283864（营销）　025-83112257（编务）

出 版 人　项晓宁
出 品 人　卢海鸣
责任编辑　朱天乐　金　欣
责任校对　舒之仪
书籍设计　王　俊
责任印制　杨福彬

排　　版　南京新华丰制版有限公司
印　　刷　南京互腾纸制品有限公司
开　　本　787毫米×1092毫米　1/32
印　　张　20　插页 4
字　　数　318千
版　　次　2022年10月第1版
印　　次　2022年10月第1次印刷
书　　号　ISBN 978-7-5533-3854-5
定　　价　180.00元

用微信或京东APP扫码购书

用淘宝APP扫码购书